21世纪普通高等院校系列教材

跨境电子商务

理论与实务

主　编◎罗　霞
副主编◎崔风暴　朱彦羲
参　编◎赵龚燕

西南财经大学出版社
中国·成都

图书在版编目(CIP)数据

跨境电子商务理论与实务/罗霞主编;崔风暴,朱彦羲副主编.—成都:西南财经大学出版社,2022.12
ISBN 978-7-5504-5658-7

Ⅰ.①跨… Ⅱ.①罗…②崔…③朱… Ⅲ.①电子商务 Ⅳ.①F713.36

中国版本图书馆 CIP 数据核字(2022)第 224869 号

跨境电子商务理论与实务
KUAJING DIANZI SHANGWU LILUN YU SHIWU
主　编　罗　霞
副主编　崔风暴　朱彦羲

责任编辑:张　岚
责任校对:廖　韧
封面设计:墨创文化
责任印制:朱曼丽

出版发行	西南财经大学出版社(四川省成都市光华村街 55 号)
网　　址	http://cbs. swufe. edu. cn
电子邮件	bookcj@ swufe. edu. cn
邮政编码	610074
电　　话	028-87353785
照　　排	四川胜翔数码印务设计有限公司
印　　刷	郫县犀浦印刷厂
成品尺寸	185mm×260mm
印　　张	11.5
字　　数	271 千字
版　　次	2022 年 12 月第 1 版
印　　次	2022 年 12 月第 1 次印刷
书　　号	ISBN 978-7-5504-5658-7
定　　价	32.80 元

▶▶ 内容简介

本教材围绕国际贸易应用型人才培养的目标，结合当前行业、企业对新型国际贸易人才的技能要求，以跨境电商 B2B 业务过程为主线进行内容编排。本教材共分 9 章，分别为跨境电商概述、跨境电商平台、跨境电商选品发布与定价、跨境电商网络营销、跨境电商商务谈判、跨境电商通关业务、跨境电商物流、跨境电商支付、跨境电商交易风险。本书结构体系设计合理、图文并茂，理论结合实际，通过实训指导操作，对教材使用者具有一定的帮助。

前言

互联网的蓬勃发展、国家政策的对外开放布局，使跨境电子商务（跨境电商）成为一种新型的贸易方式。跨境电商将现代信息化技术融入传统国际贸易的各个环节，综合了国际贸易、电子商务和外语能力运用，已经成为对外贸易中的一种重要的交易模式。2022 年 11 月 14 日，国务院同意在廊坊市等 33 个城市和地区设立跨境电子商务综合试验区，至此，中国跨境电子商务综合试验区数量达到 165 个，覆盖 31 个省份。新模式的迅猛发展，导致跨境电商人才需求量激增。本教材以实践为导向，以 B2B 跨境电商岗位设置对人才技能的需求为核心，针对传统的国际贸易应用型人才培养面临校内课堂教学内容与实际企业人才市场需求步调不一致，培养的人才达不到行业、企业对新型外贸人才的技能要求等痛点和难点问题，结合课程教学改革不断深化的成果进行编写，详细介绍了跨境电商的理论基础知识和实践操作技能。

本教材首先介绍了跨境电商岗位设置与技能要求、跨境电商实训系统架构，随后对跨境电商平台选品、店铺管理进行了分析，最后利用仿真系统深入浅出地介绍跨境电商业务开展、贸易谈判、通关业务及物流、支付的相关知识和操作技能。本书实战操作内容翔实，图文并茂，结合当前行业、企业对新型国际贸易跨境电商人才的技能要求，以跨境电商 B2B 业务过程为主线，理论结合实际，力图为高等院校跨境电子商务、国际经济及贸易等专业的实践教学或想要涉足跨境电子商务的企业、个人创业者等提供帮助。

本教材由罗霞、崔风暴、朱彦羲、赵龚燕等老师共同编写，编写过程中参考了国内外专家学者的研究成果，在实践操作部分采用了相关企业模拟操作平台进行实训分析，在此向这些专家学者及实训平台方表示衷心的感谢。

跨境电商是一个多学科交叉的新兴领域，由于编者水平和经验有限，书中难免有不足之处，敬请广大读者批评指正。

编者

2022 年 9 月

▶▶目录

第 1 章 跨境电商概述

1.1 跨境电商基础知识

我国跨境电商增势迅猛，近 5 年交易规模复合年均增长率（compound annual growth rate，CAGR）达 16.2%，已成为稳外贸的重要力量。这主要得益于两个方面：一是我国跨境电商监管政策不断完善，跨境电商综合试验区加速扩容。据商务部统计，截至 2022 年 11 月，全国共设立跨境电商综合试验区 165 个，行业进入规范健康发展阶段。二是以大数据、云计算、人工智能、区块链等为代表的数字技术全面渗透跨境电商各个环节，成为模式创新、效率变革的重要动力，使跨境电商迎来发展的新机遇。

1.1.1 跨境电商概念

跨境电商是跨境电子商务（cross-border e-commerce）的简称。广义的跨境电商是指分属不同关境的交易主体借助电子网络信息技术从事各种商业活动的行为。狭义上来说，跨境电商是将传统的国际贸易转变为在线国际贸易（online international trade），分属不同关境的国际贸易主体通过互联网或移动网络及各种智能终端达成交易意向，通过国际物流、国际结算完成交易的一系列过程的国际商业活动。

跨境电商通过互联网技术融合了国际贸易和电子商务两个方面的特征，主要表现在：一是信息流、资金流、物流等多种要素流动必须紧密结合，任何一方面的不足或衔接不够，都会阻碍跨境电子商务活动的完成；二是交易流程复杂，国际贸易活动牵涉海关、检验检疫、外汇、税收、国际物流等多个环节，而跨境电子商务作为新兴交易方式，其通关、支付、税收等领域的法律法规目前还不太完善；三是风险触发因素较多，容易受到国际政治经济宏观环境和各国政策的影响。

1.1.2 跨境电商主要类型

按照不同划分标准，跨境电商可以分为如下几种类别：

根据货物流向，分为出口跨境电商和进口跨境电商。

根据交易主体的不同，常见的有 B2B、B2C 和 C2C 模式。

B2B 是“business-to-business”的缩写，是指企业与企业之间通过互联网进行数据信息的交换、传递，开展交易活动的商业模式。在跨境电商中，B2B 是大多中小企业的首选模式。目前从出口规模上来看，B2B 模式是我国跨境电商出口的主要形式。随着信息技术的发展和国家对跨境电商行业的重视，目前广州、北京等综合试验区已经开通线上平台，助力跨境电商便捷通关。

B2C 是“business-to-customer”的缩写，是指企业通过互联网为消费者提供的新型网上商店。该模式以销售个人消费品为主，物流方面主要采用航空小包、邮寄、快递等方式。其报关主体是邮政或快递公司，目前大多未纳入海关登记。

C2C 是“customer to customer”的缩写，是个人与个人之间的电子商务。跨境电商 C2C 经营模式主要有无形产品和劳务的电子商务模式（如网上订阅模式、付费浏览模式、广告支持模式、网上赠予模式等）、实物商品电子商务模式和综合模式三种。

根据运营模式，跨境电商可以分为以下几种：

（1）外贸电子商务代运营服务商模式。中小企业在对拓展海外业务的过程中可以选择外贸电子商务代运营服务。外贸电子商务代运营服务商模式是指服务提供商不直接参与任何电子商务的买卖过程，而是为从事跨境外贸电子商务的中小型企业提供不同的服务模块如“市场研究”“海外营销解决方案”等。通常这些企业以电子商务服务商身份帮助出口企业建设电子商务网站平台，提供完善的电子商务解决方案，帮助外贸企业把商品销售给国外零售商或消费者。

（2）第三方跨境电子商务平台模式。第三方跨境电子商务平台模式提供统一的销售平台，平台一方是作为卖方的国内外贸企业，另一方是作为海外买方的消费者。第三方平台为外贸企业自主交易提供信息流、资金流和物流服务的中间平台，但第三方平台不参与物流、支付等中间交易环节。其盈利方式是在交易价格的基础上增加一定比例的佣金作为收益，一般来说微小企业或者刚起步的新企业常常选择第三方平台开展外贸业务。

（3）独立站，也称为自建跨境电子商务平台模式。一些规模和实力比较强大的外贸企业自己搭建网站用以展示或销售自身产品。这些平台拥有配套的物流、支付服务体系，直接与国外消费群体实现在线交易。相比于平台式跨境电商，自建平台省去了许多中间环节，降低了企业渠道成本，实现了交易双方直接对接，是跨境电子商务商业模式的一大创新。这类企业自己联系外贸企业作为供货商，直接从外贸企业采购商品、买断货源，然后通过自建的平台将产品销往海外，其盈利模式以利润为导向，企业本身是独立的销售商。

三种不同分类标准下跨境电商的主要特点如表 1-1 所示。

表 1-1 跨境电商类别及特点

分类标准	主要类别	主要特点
货物流向	出口跨境电商	本国商品通过电子商务销售到国外市场
	进口跨境电商	外国商品通过电子商务销售到国内市场
交易主体	B2B	大批量、小批次、订单集中
	B2C	小批量、多批次、订单分散
	C2C	小批量、小批次、订单分散
运营模式	代运营模式	可以快速切入电商业务、风险低、代运营团队能力不一
	第三方跨境电子商务平台模式	门槛低、流量大、限制多、同质化竞争激烈
	独立站模式	有利于数据沉淀和品牌建设、自主权高、流量成本高

1.1.3 跨境电商对国际贸易的影响

1.1.3.1 跨境电商对国际贸易管理方式的影响

主要表现在以下几个方面：

（1）创新管理方式。跨境电商采用现代网络信息技术，使传统的国际贸易方式逐步得到创新，有效化解了传统国际贸易所具有的地理因素限制，拥有更为广阔的市场空间，实现了无国界贸易，进而推动传统国际贸易在更大的市场环境中进一步完善贸易管理运营手段，从而与其相辅相成、共同发展。

（2）创新管理工作格局。跨境电商在不断发展的过程中改变了传统的国际贸易信息交流的时空差异，贸易双方可以即时进行信息交流，为传统国际贸易提供了更为科学化的工作格局，促使传统的单向信息传输转变为“一对多”或者“多对多”的形式，最终高效地完成了管理方式的转变。

（3）创新贸易渠道管理。在跨境电商发展的影响下，传统国际贸易在交易开展的过程中省去了很多中间环节，降低了贸易的门槛，使国际贸易变得简化、透明，节约了交易成本，形成了以信息流为核心、资金流为中心的管理方式，最终节省了大量的交易时间，从而为外贸企业提供全方位的服务，而贸易渠道的便捷化促使外贸企业的市场范围进一步扩大。

1.1.3.2 跨境电商对国际贸易营销模式的影响

随着跨境电商的快速发展，传统的国际贸易营销模式也受到影响。它摒弃了传统的先生产后顾客的观念，把现代科技运用到营销手段上，优化营销途径，从而为自身的发展带来更大的经济效益。在传统的国际贸易营销模式中，买卖双方通过电话、面谈，最终达成交易。这种国际贸易营销模式耗费大量的谈判时间，会对国际贸易的效率产生一定的影响。由于跨境电商的影响，传统的国际贸易营销模式发生了很大的转变，逐步推广电子营销模式，最终优化营销手段，同时促使买卖双方通过网络平台交换意见，达成最终协议。

1.1.3.3 **跨境电商对国际贸易监管模式的影响**

跨境电商对传统国际贸易的影响同时也体现在监管方式的转变上。首先，跨境电商在不断发展的过程中逐渐呈现出无形化、网络化的特征，这就要求海关监管部门必须针对跨境电商的特点构建相应的监管体系，简化、规范进出口的监管环节，在海关、商检、外汇管理等监管部门实现网络监管操作，以确保跨境电商的安全。其次，由于跨境电商的影响，我国政府有关部门改变了对国际贸易的传统监管模式，通过线上集约化大数据管理，促使外贸企业在开展国际贸易交易的过程中规范自身操作行为，采用合理的交易手段，进一步增强了我国国际贸易监管的有效性。

1.1.3.4 **跨境电商对国际贸易产品的影响**

网络信息技术在国际贸易中的应用，使得传统的服务贸易和信息贸易分离开来，信息产品和信息服务形成新的信息产业，以独立的贸易形式出现，传统国际贸易中不可交易的或是高成本的贸易产品，如技术、信息商品、信息服务和国际运输、国际旅游等服务贸易等一切可以数字化的产品，都进入了进出口贸易商品的范畴。公司或个人可以足不出户为全球各地的客户同时提供服务，这种从贸易洽谈、提供服务产品到提供售后服务的全过程只需借助网络和计算机或是移动终端即可完成，极大地促进了我国对外贸易朝着信息和知识密集型方向快速发展。

由此可见，跨境电商的发展为传统国际贸易的创新提供了良好的空间。随着以计算机网络信息技术为核心的跨境电子商务系统的飞速发展，外贸企业对网络营销、在线交易、在线支付、国际物流等环节进行整合，改变了以往高成本、低效率的营销方式，为贸易双方提供了全方位、多层次、多角度的互动式的商贸服务，促进了进出口贸易的发展。

1.1.4 跨境电商相关机构

跨境电商是国际贸易的新形式，国际贸易的主角为进出口商，他们在行使其权利与完成义务的过程中需要不同的相关机构或行业管理监督介入协助，保障整个交易过程顺利完成。

1.1.4.1 **贸易主管部门**

中华人民共和国商务部（Ministry of Commerce of the People's Republic of China）是目前主管我国国内外贸易和国际经济合作的国务院组成部门，对外贸易司（Department of Foreign Trade）则为商务部下设办公机构，直接管理进出口贸易，其主要职能为拟订进出口商品管理办法和进出口商品目录，拟订进出口配额、关税配额管理制度以及进行贸易推广，制定发展战略等事项。

1.1.4.2 **相关政府机构**

与贸易有关的政府机构繁多，仅选择较具代表性的部门概述如下：

（1）出入境检验检疫局（China Entry-exit Inspection and Quarantine，CIQ）：主要实施进出口商品、动植物产品的法定检验，办理进出口商品鉴定业务，对进出口商品的质量和检验工作实施监督管理。

（2）国家税务总局（State Taxation Administration，SAT）：统筹规划管理全国的税

务工作。

（3）国家知识产权局（China National Intellectual Property Administration，CNIPA）：主管专利工作和统筹协调涉外知识产权事宜。

（4）国家外汇管理局（State Administration of Foreign Exchange，SAFE）：主管外汇流向，并统计贸易金额。

（5）海关总署（General Administration of Customs，GAC）：负责进出境监管、征收关税和其他税、查缉走私以及编制海关统计等事项。

（6）财政部（Ministry of Finance，MOF）：主管国家财政收支、财税政策、国有资本金基础工作。

（7）外交部（Ministry of Foreign Affairs，MOFA）：对外商洽经济与技术援助、推广贸易、签订商务协议、协助企业联络参加国际商展等事宜。

（8）国防部（Ministry of Transport，MOT）：管理军品与军用武器等战略物资的进出口。

（9）教育部（Ministry of Education，MOE）：审理教育文化用品的进出口。

（10）交通部（Ministry of Transport，MOT）：扩展国际交通电信及航运业务。

（11）国家药品监督管理局（National Medical Products Administration，NMPA）：进出口药品、医疗器材、食品及添加物、化妆品等的审核。

1.1.4.3 **相关地方机构**

这主要包括各地分支机构，如各省市出入境检验检疫局、海关等。

1.1.4.4 **相关民间机构**

（1）中国国际贸易促进委员会（China Council for the Promotion of International Trade，CCPIT）：由中国经济贸易界有代表性的人士、企业和团体组成的全国民间对外经贸组织。其宗旨为遵循国家的法律政策，开展促进对外贸易、利用外资、引进外国先进技术及各种形式的中外经济技术合作等活动，促进中国同世界各国、各地区之间的贸易和经济关系的发展，增进中国同世界各国人民以及经贸界之间的了解与友谊。

（2）中国国际经济贸易仲裁委员会（China International Economic and Trade Arbitration Commission，CIETAC）：是以仲裁的方式，独立、公正地解决合同性或非合同性的经济贸易等争议的常设商事仲裁机构，同时也受理当事人提交的国内仲裁案件。

（3）中国海事仲裁委员会（China Maritime Arbitration Commission，CMAC）：设在中国国际贸易促进委员会内，以仲裁的方式，独立公正地解决产生于远洋、沿海和与海相通的水域的运输、生产和航行过程中的合同性或非合同性的海事争议，以保护当事人的合法权益。

（4）中国海商法协会（China Maritime Law Association，CMLA）：是由全国从事海商、海事、经贸、保险及法律工作的个人和单位组成的专业性民间团体。其主要任务：组织会员对海商法律、国际公约、海运惯例和习惯做法进行调查和研究；向政府及有关主管机关就海商法立法、司法和行政管理方面的问题提出建议或报告；组织会员搜集、整理和编译出版国内外海商法规、案例和有关的文献资料；开展对外交流活动，加强同各国和国际海商法组织、人士的联系，研究国外海商法的发展动向，积极参加国际海事委员会和其他有关国际组织的活动。

（5）中国检验认证（集团）有限公司［China Certification & Inspection (Group) Co., Ltd., CCIC］：其主要职能是接受对外贸易关系人的委托，办理各项进出口商品检验鉴定及认证等业务，为之提供顺利交接结算、合理解决索赔争议等方面的服务。

（6）各行业进出口商会：其职能在于借组织力量帮助会员搜集资料，促进贸易。例如中国医药保健品进出口商会（网址:www.cccmhpie.org.cn）、中国纺织品进出口商会（网址:www.ccct.org.cn）等。

（7）进出口银行：办理各种进出口融资、担保等业务，为中国企业提供政策性金融服务。

（8）邮局：负责进出口邮件的传递工作。

（9）电信局：提供电话、电报和传真等信息的传递。

（10）保险公司：承办进出口货物运输保险业务。

（11）运输公司：从事出口货物的运载工作。

（12）公证行：对进出口货品提供质、量、包装或价值上的公证报告。

（13）报关行（customs broker）：受进出口商委托代办报关、报检、冲退税、代订舱位、仓库及提领货物等事宜。

1.2 跨境电商岗位设置及人才素质要求

1.2.1 跨境电商岗位设置及岗位职责

跨境电商企业的发展，必须要有一个与团队发展相匹配的组织架构，最重要的就是各个部门必须分工明确，各司其职，共同维护公司的运转。根据工作岗位性质的不同，一般跨境电商主要岗位及岗位职责如表 1-2 所示。

表 1-2 跨境电商主要岗位和岗位职责要求

运营岗位	技能要求
产品岗位	根据跨境电商市场情况进行选品，选择供应商，进行产品再开发，分析产品销售数据，根据消费者反馈对产品进行优化
运营岗位	首要的工作就是产品的上架和优化。产品部门确定选品后，运营岗需要根据产品部发来的相关信息寻找产品的亮点，拟定产品的标题、描述，再和美工一起制作图片。后续还要不断优化这些内容
推广岗位	推广分为站内推广和站外推广。产品上架以后，需要持续进行 CPC（cost per click，付费广告）推广或者寻找合适的 KOL（key oppinion leader，意见领袖）进行合作
美工岗位	店铺活动海报、产品详情图编辑美化，定期制作促销图片和页面，配合店铺销售活动；提高店铺的视觉效果，促进转化率、浏览时长、访问深度等指标的提升；店铺页面常规调整，协助运营做好店铺日常推广广告设计

表1-2(续)

运营岗位	技能要求
客服岗位	建立客户档案，定期进行客户回访，进行质量跟踪记录等售后服务，进行促销赠品以及返修实物等盘点，根据客户的反馈，积极跟客户进行沟通，尽快解决客户提出的问题；定期配合运营等其他部门反馈产品问题，进行产品信息汇总
辅助类岗位	主要有供应链管理部门，负责供应链计划、供应链采购及仓库物流方面的工作，其他支持管理部门有财务、账务、法务。如财务需要负责境外收款、进出口报关、退税、公司账务、海外主体账务，与第三方对接及关注政府对跨境电商的政策，申领政府补贴等相关事项

1.2.2 跨境电商从业人才素质要求

“互联网+”的信息技术变革，使传统的外贸业务从单一的实体店演变成网店或者“线上+线下”的经营模式，形成新的生产、交易、消费特点。市场要求跨境电商人才具备适应数字经济时代发展所需的创新思维、实践技能，是具备外语、计算机技能和商业思维的复合型、应用型多学科交叉融合的人才。

（1）具备基础操作能力，具有创新创业思维。跨境电商是不同关境的交易主体以互联网平台为载体完成信息流、物流、资金流的国际商业活动。跨境电商从业人员必须掌握最基本的如网络推广、客服服务、产品运营、订单处理等基础操作。网络信息量巨大，需要具备创新创业思维；只有充分利用平台统计数据，在统计分析的基础上发现问题、寻找规律，才能让自家的产品和企业在海量信息中脱颖而出，取得成功。

（2）掌握专业技能，融合交叉学科知识。跨境电商是国际贸易在信息化技术发展过程中互联网技术与国际商务的深度结合，但又不是简单地将传统的国际贸易转接到网络的过程。在实际操作中，跨境电商人才必须掌握国际贸易的业务信息化流程、国内外主流运营平台的营销推广规则，至少精通一门外语，能熟练进行商务沟通，同时还必须具备电子商务、国际运输及物流、外贸会计、市场营销、国际贸易等交叉学科的知识，具有较强的实践操作水平。

（3）综合素质高，具备一定的管理能力。跨境电商是传统国际贸易在新时期的信息化表现，但在具体内容上又有差别，国际贸易一般是大宗交易，强调报关报检、跟单及单证方面的操作，但是当前的跨境电商订单具有短周期、小批量、小金额、多频次的特点，与传统国际贸易既相联系又有区别，因此跨境电商人才培养需要有较高的综合素质，能掌握基层的跨境电商平台操作，还必须具备全球化运营的战略视野，具有全局公关运营管理的综合能力。

1.3 跨境电商实务操作概述

1.3.1 实训系统选择

本教材实训操作选择世格跨境电商实训模拟平台，以阿里巴巴国际站为例，充分利用“互联网+新技术”，实现信息技术与专业教学的深度融合。该平台是一个涵盖日常教学、课程实训、专业实践全过程的智慧教学闭环平台。选择该系统主要是其在实际的教学中具有以下优点：

1. 有利于信息化国际贸易人才培养

世格跨境电商实训模拟平台满足人才培养方案中国际贸易实务、国际结算、报关与报检、电子商务（网）、外贸单证等一系列国际经济与贸易专业实践课程的综合应用。随着“一带一路”“中国企业走出去”“讲好中国故事”等国家倡议的提出，新的国际经济环境对国际化人才提出了更高的要求，培养高素质、高技能的“外语+商务”人才势在必行。跨境电商实训立足“语言+专业技能”的人才培养目标，着力培养学生的外语综合运用能力和专业实践技能，可以有效提升学生的商务沟通能力、商务实际操作能力、信息技术应用能力与职业素养，契合培养复合型、应用型、创新型人才的目标。

2. 有利于满足技能操作的实训需求

当前世界贸易增速趋于放缓，为开拓市场、提高效益，越来越多的商家开始着力于减少流通环节、降低流通成本、拉近与国外消费者距离，而跨境电子商务正为此提供了有利的渠道。2018 年之后外贸企业及跨境电商企业的通关业务基本全部由线下转为线上，通关流程及业务单据都发生了颠覆性转变。传统国际贸易流程及单证操作已经与市场现实脱节。经试用，我们发现世格跨境电商实训模拟平台不但具有 1：1 全仿真的特点，而且是跨境电商交易平台、跨境物流、跨境支付、海关监管系统四位一体，其高度真实的平台能达到岗前培训的效果，强化学生的参与度，学生只要熟练掌握便可以到外贸企业直接上岗。这种实训教学可以提升学生的学习兴趣，并将极大地提高学生在外贸企业的对口就业率和市场竞争力，解决了课堂教育理论滞后于市场需求的问题。

3. 有利于多维度评价学生的学习情况

该模拟平台界面采用模块化、菜单式设计，界面友好直观，在内容上模拟 B2B 电子商务中心，每个参与跨境电商平台实习的学生都将按照实习计划扮演进出口业务流程中的不同当事人，共同组成模拟贸易环境。通过这样相互竞争和协作的角色扮演，他们将面对出口商、进口商、供应商甚至银行的日常工作，熟练掌握各种业务技巧。

总的来说，该平台充分考虑到国际贸易专业技能要求，既能进行分组实验，也满足独立角色交互实验。系统模拟跨境电商的现实过程，学生在使用该系统之前必须系统掌握国际贸易的相关专业知识，并需要综合应用分析才能完成实训过程。该系统深度的参与性，能让学生在实训中得到充分的实践锻炼。作为教育培训的系统，该平台基于实训的全过程，对学生的学习成果有一套完整的考核方法和评分机制，可以从多个角度客观公正地进行评分。

1. 3. 2 跨境电商实训教学目的和任务

（1）实训教学目的：本教材实训拟采用世格跨境电商实训模拟平台，通过模拟操作让学生进行跨境电商店铺开通、选品及店铺管理，加深学生对跨境电商业务展开相关的交易准备、交易磋商、签订合同、履行合同等环节中所需要涉及的跨境电商函电业务、通关业务、国际物流、跨境电商支付及税收等业务的理解，增强学生的动手能力。

（2）实训任务：掌握跨境电商的基本概念、相关模式、主流平台及跨境电商 B2B 业务的基本流程等内容，依托理论知识，以培养学生动手能力为目的，将实践与理论相结合，加强学生对国际贸易、跨境电商原理的理解。

1.3.3 实训项目名称及学时分配

相关内容如表 1-3 所示。

表 1-3 相关内容

实训项目名称	学时	项目类型	实验要求
项目 1：跨境电商平台介绍及选择	4	演示性、验证性	必做
项目 2：跨境电商店铺开通	4	验证性、设计性	必做
项目 3：跨境电商选品与发布	12	验证性、设计性	必做
项目 4：跨境电商营销	4	验证性、设计性	必做
项目 5：跨境电商贸易谈判	8	验证性、设计性	必做
项目 6：建立跨境电商交易业务	8	验证性、设计性	必做
项目 7：跨境电商通关业务	8	验证性、设计性	必做
项目 8：跨境电商物流	8	验证性、设计性	必做
项目 9：跨境电商支付	8	验证性、设计性	必做
总计	64		

第 2 章 跨境电商平台

2.1 跨境电商平台基础知识

2.1.1 跨境电商平台概念

跨境电商平台是跨境电子商务的交易核心，是其不可缺少的一部分。跨境电商平台将全球各地的客户连接在一起，是跨境电子商务交易主体沟通与交流的平台，也是商品陈列、展示和销售的平台。

2.1.2 跨境电商平台分类

2.1.2.1 不同类型的分类方式

按照服务类型分类：信息服务平台、在线交易平台。

按照平台运营方分类：平台型跨境电商、自营型跨境电商。

按照涉及的行业范围分类：垂直跨境电商、综合跨境电商。

按照商品流动方向分类：跨境进口电商、跨境出口电商。

按照交易双方类型分类：B2B 平台、B2C 平台、C2C 平台。

2.1.2.2 B2B、B2C、C2C 平台的特点

2.1.2.2.1 B2B 平台

这类平台服务于境外的企业或集团会员，传递相关信息促使交易顺利进行，同时也帮助我国企业拓展海外市场。这一模式的代表公司为阿里巴巴国际站，其运营方式为“线上平台+线下交易”。其优势为产品丰富，提供供求信息和询盘、支付等服务。其劣势为物流、通关按传统模式，效率低，费时长。

2.1.2.2.1 B2C 平台

B2C 平台又分为综合型 B2C 平台和垂直型 B2C 平台。综合型 B2C 平台可以使国内

企业进入国际终端市场，将国内品牌销售给国外个人。这一模式的代表公司为大龙网，其运营模式为国内供应商搭建跨境电商平台。其优势为供应链控制力强，产品有保障，资金足，物流快。其劣势为前期招商慢，资金需求大，产品种类有限。在垂直型 B2C 平台企业可以自由联系国内品牌供货商，建立属于自己的 B2C 平台后将产品销往国外。这一模式的代表公司为米兰网，其运营方式为特定商品供应商垂直自营平台。其优势为供应链控制力强，提供品牌真货，物流快。其劣势为资金需求大，限于特定商品，用户流量受限。

2.1.2.2.3 C2C 平台

这类平台通常被称为国际版的淘宝，是将卖方的信息通过自身发布到全球。这一模式的代表公司为阿里巴巴全球速卖通，其运营方式为代购平台。其优势为产品丰富，用户流量大，商品进入门槛低。其劣势为供应链控制力弱，货物质量难以保证，物流慢。

2.1.3 跨境电商平台运营模式

中国跨境电商的主要模式一个是企业对公司的 B2B 模式，另一个是公司对个人的 B2C 模式。在这两个模式下，跨境电商按照平台运营方又分为第三方开放平台模式、自建电商平台模式、外贸电商代运营模式。

2.1.3.1 第三方开放平台模式

第三方开放平台是一种非买方也非卖方、必须依靠网络的力量才能发挥作用而且对技术要求非常严格的平台。在特殊的贸易规范下，产品购销各方均独立于贸易网络平台，经由第三方网络平台实现共同需求，其业务包含但不仅限于供求信息发送和查询、交易方式的建立、付款和配送。在产品购买贸易中，一方是作为卖方的国内或外贸企业，另一方则是作为买方的消费者，主要有速卖通（AliExpress）、亚马逊（Amazon）、易贝（eBay）、敦煌网（DHgate）、环球资源网（GLOBAL SOURCES）、阿里巴巴国际站（ALIBABA）。敦煌网是全球电子商务最早的一批参与者，是国内首个中小型企业实现 B2B 网上交易的网站。环球资源网致力于促进世界各地供货商与购买者在各个产业市场中的贸易，具体而言，环球资源网搜集并整合世界各地出口的商品图像与资讯，协助生产商向世界各地购买者宣传其商品。同时，环球资源网还提供国际贸易软件和咨询服务，从而推动跨区域国际贸易。

1. 速卖通

速卖通（图 2-1）是采用支付宝进行担保、用海外物流方式发货的世界第三大英文在线购物网络平台，是由我国阿里巴巴集团为协助中小型企业对接终端市场批发商与零售商进行小批次发货、扩大获利空间而全力打造的集订货、付款、配送于一身的面向全球市场的跨境电商 B2C 在线交易平台。速卖通于 2010 年 4 月上线，面向全球 200 多个国家的个人消费者，由中国和新加坡等地方的小企业为国际在线买方提供产品。

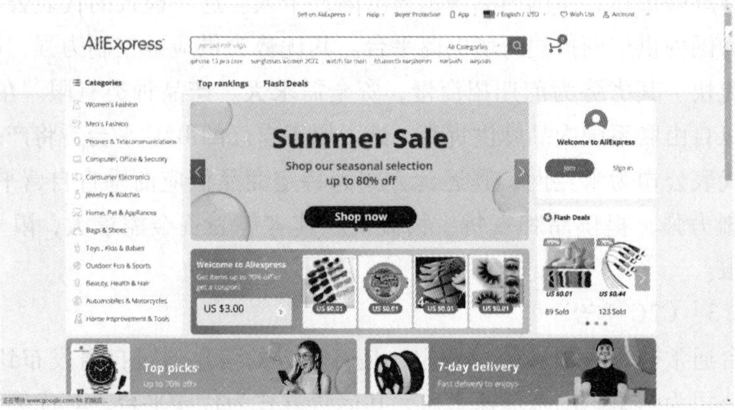

图 2-1　速卖通首页

速卖通常被称作“国际版淘宝”，它在俄罗斯、乌克兰、巴西等一些国家的市场占有率很高，拥有很大的客户群体、流量和产品价格优势，着重向产品的专业化及品牌化发展。网站上的卖方可以是公司或个人。它与美国亚马逊公司的不同之处在于它仅是电子商务平台，不直接向消费者销售产品。它将中国公司和境外买方连接起来，与淘宝不同的是它面向的是国际客户。

2. 亚马逊

亚马逊是一家总部位于美国西雅图的跨国电子商务企业，拥有庞大的客户群体和流量，在北美和欧洲地区的市场占有率比较高。它是全球最大的互联网线上零售商之一，也是美国《财富》杂志 2016 年评选的全球最大 500 家公司的排行榜中的第 44 名。该平台对卖方产品品质要求高，故该平台的商品品级相对较高。其特有的 FBA 配送模式也是一大亮点，一般面向中高端客户。2020 年 2 月，亚马逊市值正式达到 1 兆美元，仅次于苹果公司、微软、Alphabet 旗下谷歌，为第四家市值破兆美元的美国上市公司。

亚马逊是最早进入跨境电商行业的平台，拥有庞大的国外市场。亚马逊的流量占据了全球流量的一半，其点击率高，影响力已深入欧美市场，获取订单的概率大。根据图 2-2 亚马逊平台卖方的国家分布的数据可发现，中国卖方占亚马逊平台卖方中的很大一部分。而根据 2022 年最新发布的亚马逊官方数据，2021 年 60 000 名以上亚马逊中国卖方的销售额超过 10 万美元，相比于过去的 3 年利润率增长了一倍之多，可见亚马逊平台的红利之大。

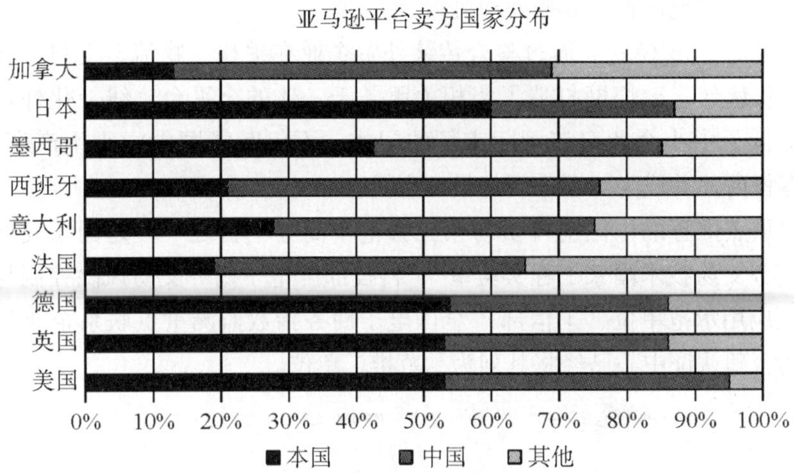

图 2-2　亚马逊平台卖方的国家分布

数据来源：Marketplace. pulse

图 2-2 的彩色高清图

3. 易贝

易贝（图 2-3）成立于 1995 年，是全球第二大的 B2C 在线购物网站，其主要市场也是欧美国家及地区。易贝在流量上稍逊于亚马逊，但也拥有不小的客户群体和流量。该平台还有线上拍卖的业务，可以让全球各地的客户通过这个平台来进行信息交流和商品交易。

易贝有三个业务，分别是以 eBay 为代表的网络交易平台、以 PayPal 为代表的网上支付业务、以 Skype 为代表的通信服务。eBay 拥有约 3. 8 亿海外买方客户资源，范围包括欧美发达国家消费市场和新兴经济体市场。

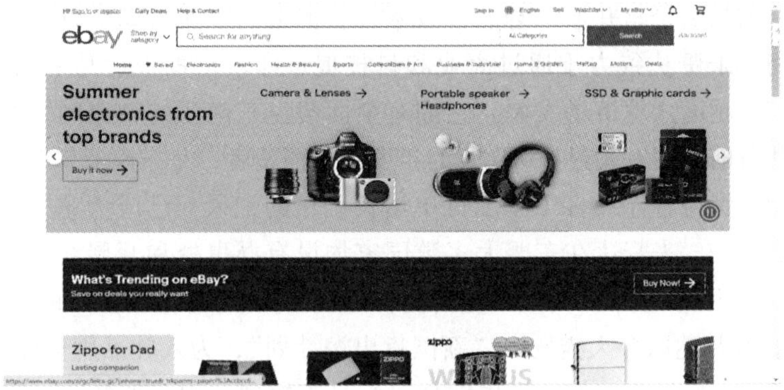

图 2-3　eBay 首页

4. 敦煌网

敦煌网（图 2-4）于 2004 年创立，是目前国内交易额最大的 B2B 跨境电商交易平台，也是国内首个为我国中小型企业提供 B2B 网上交易的网站。截至 2020 年，敦煌网已拥有累计 230 万以上的注册供应商，在线产品数量超过 3 200 万，累计注册买方超过 3 550万，覆盖全球 222 个国家及地区，拥有 100 多条物流线路和 10 多个海外仓，68 个币种的结算能力，在全球多地设置有业务办理机构。

敦煌网专注跨境电商 B2B 模式。通过整合传统外贸企业在关检、物流、支付、金融等领域的生态圈合作伙伴，敦煌网打造了集相关服务于一体的全平台、线上化外贸闭环模式，极大地降低了中小企业对接国际市场的门槛，不仅赋能国内中小生产商，也惠及全球中小微零售商，并成为二者之间的最短直线。

敦煌网是商务部重点推荐的中国对外贸易第三方电子商务平台之一，是国家发展改革委“跨境电子商务交易技术国家工程实验室”、科技部“电子商务交易风险控制与防范”标准制定课题应用示范单位、工信部“全国电子商务指数监测重点联系企业”。工信部电子商务机构管理认证中心已经将其列为示范推广单位。

图 2-4　敦煌网首页

5. 来赞达

来赞达（Lazada）是 2012 年成立的电子商务公司，总部位于新加坡，在东南亚经营网上购物平台，2016 年被阿里巴巴收购。来赞达自 2016 年起成为阿里巴巴集团东南亚旗舰电商平台，获阿里巴巴集团前沿科技的支持。阿里巴巴将来赞达视作集团全球化战略的重要增长引擎，并通过理念、技术、数据上的赋能帮助来赞达构筑起强大的竞争力护城河。来赞达致力于通过商业和科技促进印度尼西亚、马来西亚、菲律宾、新加坡、泰国和越南六地市场发展。它拥有全面覆盖东南亚的物流网络和领先的支付体系。来赞达目前已拥有超过 8 000 万的年度活跃消费者，是东南亚知名且增长迅猛的电子商务平台，保持着连续多个季度订单增长翻倍的记录，已成为东盟规模最大、最受欢迎的平台之一。来赞达在东盟大多数国家均设有办事处和开展线上业务，共有本地和国际商家 135 000 余家，为 5. 6 亿消费者持续提供 3 000 余个品牌的跨境电商服务。

2020 年，来赞达联合天猫发布“新国货出海计划”，为入驻品牌商城 LazMall 的天猫品牌设立快速入驻通道，使入驻周期从一个月缩短到一周。来赞达（图 2-5）已成为新国货出海东南亚电商市场的首选电商平台。

图 2-5 来赞达首页

6. Wish

Wish（图 2-6）在 2011 年成立于硅谷，有 90%的卖方来自中国，也是北美和欧洲最大的移动电商平台。Wish 使用优化算法大规模获取数据，并快速了解如何为每个客户提供最相关的商品，让消费者在移动端便捷购物的同时享受购物的乐趣，被评为硅谷最佳创新平台和欧美最受欢迎的购物类 App，目前已经是北美最大的移动电商平台和世界第六大电商平台，是全球第五家 4 年内电商交易总额达到 30 亿美元的互联网公司。平台现拥有 3 亿海外买方，基本已经做到覆盖全球，在 2020 年全年，每月活跃用户同比增长 19%，超过 1.07 亿。平台特色是移动购物，复购率高达 75.5%，是近年来跨境电商行业中一家拥有强劲竞争力的高科技独角兽公司。

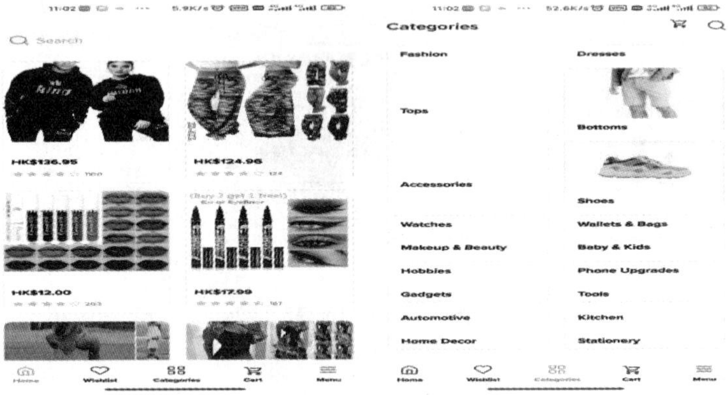

图 2-6 Wish 首页

7. 虾皮购物

虾皮购物（Shopee）于 2015 年在新加坡成立，是东南亚最大的电商平台之一。截至 2017 年，已有超过 400 万商家在虾皮购物注册，应用程序下载量超过 8 000 万次。其主要领域是家居、3C 电子等。

在移动端体验优化方面，虾皮购物推出了简洁干净、易于使用的交互页面，使消费者顺畅使用 App 的每个功能，为消费者提供便捷、安全、互动的购物体验。同时虾皮购物也为消费者提供来自东南亚和全球大大小小的品牌的各种产品。2021 年虾皮购物开始进驻南美洲。目前虾皮购物业务覆盖了新加坡、马来西亚、菲律宾、泰国、越南、巴西、墨西哥、哥伦比亚、智利等 10 余个市场，同时在中国深圳、上海和香港设立跨境业务办公室。2020 年虾皮购物总订单量达 28 亿，同比增长 132.8%。虾皮购物的成功给跨境电商企业自主品牌提供了很多的借鉴，虾皮购物的总体品牌战略是利用大众市场和高频细分市场，为其母公司冬海集团的闭环生态系统创造流量，利用本地化控制和治理进一步支持，来保持战略的一致性。

为闭环生态系统带来流量，虾皮购物借助自有平台和资源不断完善生态系统，包括电商平台、电子支付、消费金融服务、数字银行、最后一公里物流和食品配送等，完善了体系，给消费者带来了更好的体验，从而增加了品牌资产。

虾皮购物集团具有高效强大的运营能力，对于产品和服务的把控较为全面，同时和本地的商业模式及优秀团队进行结合，从决策到落实执行中间的层级较为清晰透明，缩短了跨境的沟通时间，提高了沟通效率。

8. TikTok

TikTok（图 2-7）即海外版的抖音，是跨境电商直播平台的代表，是一个帮助用户表达自我、记录日常生活的短视频平台。TikTok 短视频已经成为中国产品在海外获得成功的又一杰出代表，被视为中国移动产品出海的新模式。TikTok 电商已逐渐进入全球各大主流市场，其目标是通过短视频、直播、橱窗等形式将中国商家带入全球市场。2021 年，TikTok 小店开始进入英国、印度尼西亚市场。2022 年初，TikTok 小店新增泰国、越南和马来西亚站点。东盟国家成为 TikTok 小店开发的重要市场。

图 2-7　TikTok 首页

9. 美客多

美客多（MercadoLibre）（图 2-8）是拉美地区最大的电商平台，业务覆盖 18 个国家，每月流量 6.42 亿，远超该地区其他电商平台（Americanas、亚马逊）。美客多 39% 的流量来自其巴西站，随后是阿根廷站、墨西哥站、哥伦比亚站和智利站。目前，美客多平台买方用户达到 3.2 亿，将近拉美地区总人口的一半（拉美有 6.51 亿人口）。仅 2021 年，美客多 App 下载总量就有 4 400 万次。在 3.2 亿买方的支持下，美客多平台每秒钟产生 6 000 次搜索，消费者搜索量最多的关键词类别为服装、鞋类、电脑和家电、保健和美妆、家居和花园、运动、玩具等。美客多是世界上访问量较大的零售网站，也被称为“拉美地区的亚马逊”或“南美版的易贝”。

图 2-8　MercadoLibre 首页

10. Allegro

Allegro 是在波兰最受欢迎且最大的电商平台，也是东欧最大的拍卖网站。

Allegro 于 1999 年由波兰人创立，75%的波兰人都知道该网站。Allegro 的品牌认知度在波兰高达 98%，被称为波兰版 eBay，还有人认为 Allegro 在波兰的地位就相当于天猫和京东在中国的地位。

根据 Lengow 法国乐售的调查数据，作为波兰本土排名第一的电商平台，Allegro 目前在波兰拥有电子商务零售市场份额的 57%，每月活跃用户 1 400 万，每月访问量 1.65 亿次，创造了 20 亿页面的浏览量。

图 2-9　Allegro 首页

2.1.3.2　自建电商平台模式

自建电商平台是指企业通过自行建立 B2C 网站，同时在网络上展示自身的品牌信息，与国外客户交流并将产品销往国外。采用该模式的企业国外主要有沃尔玛（Walmart），国内主要有帝科思（Deale Xtreme）、炽昂网络科技、兰亭集势（Light In

The Box）、大龙网（DinoDirect）。其中，帝科思是一家综合的外贸 B2C 电子商务网站，其业务主要是电子类产品，同时包括通信及其他类产品，其客户遍及欧美。炽昂网络科技是一个 B2C 电子商务企业，目前立足中国深圳，核心服务是利用网络技术将商品以零售及小批次的形态销售到世界各地，给顾客带来令人满意的商品，并利用各种渠道给国内外的顾客带来优质服务。目前其业务主要集中在北美、西欧、南美、东南亚等区域。兰亭集势是整合了国内供应链业务的在线 B2C。它有成系列的供货商服务，并设有独立的数据仓储及长途物流配送。大龙网是中国跨境进口贸易电商 O2O 模式的先驱和倡导者，旗下设有 OSell 跨国 O2O 交易平台、OSell 速卖宝供应商服务平台、OSell 跨国 O2O 网贸会、18985 综合服务平台、DinoDirect 国际旗舰店等众多品牌，业务范围遍及全球，在世界各地设有十多个子公司，遍布俄罗斯、美洲、英国、巴基斯坦和巴西等地，国内外雇员达千余名。

1. 沃尔玛

沃尔玛（图 2-10）是一家美国的跨国零售企业，总部设在阿肯色州本顿维尔，成立于 1962 年，到 20 世纪 80 年代末已经成长为美国最著名的品牌之一。沃尔玛 2009 年开始推出电商平台 http://Walmart.com，是美国第二大在线零售商；直到 2016 年，沃尔玛才以 30 亿美元收购了在线零售网站 Jet.com，进军电商领域。此举被广泛认为是为了与亚马逊展开直接的竞争，而当时亚马逊已经超过沃尔玛成为美国最大的跨境电商平台。

图 2-10　沃尔玛首页

2020 年 5 月，由于“沃尔玛品牌的持续强大”，以及新冠肺炎疫情加剧期间的财务亏损和运营问题，沃尔玛停止了收购 Jet. com，并将其电商的发展重心重新放在 Walmart. com 上。

2021 年，沃尔玛美国站正式对中国卖方开放入驻，而且仅半年时间即增加了5 000 位中国卖方。截至 2021 年 11 月 10 日，沃尔玛共有 121 269 名卖方，相比于 2020 年，新增 51 919 名新卖方。到 2022 年底，预计沃尔玛卖方数量将达到 20 万。

同时，沃尔玛也开始打造类似亚马逊 Prime 的沃尔玛会员生态。沃尔玛是当之无愧的美国第二大平台，并且起步比亚马逊还要早，在美国的受欢迎程度与亚马逊相当。官方数据显示，沃尔玛官网每月独立访客量高达 1. 2 亿，连续 3 年销售额增速超过市场平均增速，2020 年第三方卖方销售额增长达到 79%，其中家居家具、日用杂项、3C 类产品、玩具、季节用品、消费类产品、服装服饰类产品卖方发展尤为迅速。2021 年，沃尔玛全球全渠道的电商总额达 750 亿美元。

2. 大龙网

大龙网（图 2-11）成立于 2010 年 3 月，是国家商务部首批跨境电商试点企业之一，为博鳌亚洲论坛官方合作伙伴，是 1 500 万家中国制造企业成为全球品牌商、全球供应商、全球跨境电商的孵化台，是目前国内最大的中国制造走出去的跨境电商 B2B 商机服务平台及跨境实业互联服务平台。

图 2-11　大龙网首页

大龙网采用移动跨境 O2O 的方式做跨境 B2B 贸易，通过线上移动 App 商务社交工具“约商”与产品及品牌线下体验馆联动的方式，帮助出口供应商及进口采购商实现在线无缝连接与本地化商务往来，快速建立信任，促成交易；并提供跨境贸易全程解决方案，联合第三方提供各地本土化的交付体系、售后服务体系、商务服务体系的综合服务，方便全球商人沟通交易。

目前大龙网集团在俄罗斯莫斯科、波兰华沙、越南胡志明、阿联酋迪拜、印度新德里、加拿大多伦多、德国杜伊斯堡、印度尼西亚雅加达、柬埔寨金边、巴西圣保罗等地区和沙特阿拉伯、巴林等国家分别设立了海外本土化服务办公室及中国品牌样品体验中心，在各地组建了本土化的海外团队，聚集了海外本土的品牌、营销、运营、物流以及渠道建设等方面的优秀人才，整合了全球本土化资源。同时，大龙网集团在重庆、深圳、上海、北京、广州、苏州、徐州、杭州、台州、合肥、贵阳、绵阳、青岛、洛阳、焦作、西安、梧州等全国多个城市设立了分公司，全球员工 1 000 人左右。

3. 兰亭集势

兰亭集势贸易公司（以下简称“兰亭”）成立于 2007 年 6 月，总部设在北京，在深圳、上海、香港、苏州、广州、义乌等分公司共拥有 1 000 多名员工。公司通过运营跨境 B2C 网站（www.lightinthebox.com）将中国的产品直接卖给国外终端消费者。兰亭网站销售的商品包括服装（其中以婚纱产品最为著名）、电子通信产品及其零件配件、园艺产品、家居装饰产品、美容产品、遥控模型等（图 2-12）。

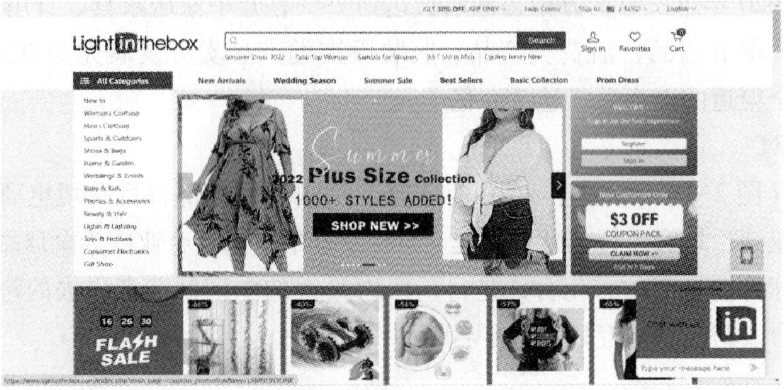

图 2-12　兰亭集势首页

由于其良好的产品策略、适合互联网的外贸零售运营模式以及对传统供应链的再造和整合，兰亭目前已经成长为年销售额超过 2 亿美元的跨境电商企业，并于 2013 年 6 月在美国纽交所挂牌上市。

兰亭是在线跨境 B2C 市场的开拓者，网站销售的商品涵盖服装、电子产品、玩具、食品、家居用品、体育用品等 14 大类共 50 多万种，产品销售至全球 200 多个国家和地区，主要地区为欧洲和北美。

兰亭具有多样的营销手段，包括搜索引擎营销、展示广告、邮件营销和社交网站上的口碑营销。网络销售的特点是能够记录和利用海量的数据，这些数据是传统交易中很难获取的，所以优秀的电子商务公司必须具备良好的数据分析能力，利用数据指导科学决策，兰亭模式也不例外。在利用搜索引擎营销方面，兰亭目前积累了包含 17 种语言的几百万个关键词以及这些关键词的绩效数据，开发了一套算法用以排列关键词的组合以实现广告投入回报率的最大化。

2. 1. 3. 3　外贸电商代运营模式

这类企业的代表是四海商舟（BizArk）。四海商舟是一个以电商为载体的提供海外营销整体解决方案的公司。四海商舟 2005 年成立于南京，自创立伊始就进入海外互联网在线交易领域，并致力于研究互联网与新经济，专注于电子商务的模式创新与商业实践。2009 年四海商舟推出以电子商务为载体的海外营销整体解决方案，帮助外向型企业包括国内知名品牌企业和大中型国外品牌定制企业实现其海外互联网营销、打造自有品牌、掌握定价权的战略目标。

四海商舟在北京、上海、常州、南京、杭州、宁波、广州、深圳设有研发中心、实施总部和销售机构，并在美国和日本设有运营基地。

2. 2　跨境电商平台注册

2. 2. 1　注册个人信息

在学生机上访问世格跨境电商实训模拟平台，点击首页的“下载中心”，按照顺序安装好相关插件程序，进入登录界面（图 2-13），进行软件注册并填写。注意填写个人真名和学号信息（系统随机分配个人角色、国籍等信息）。在门户网站的右上方点击“登录”，输入用户名（同账号）和密码，点击“修改个人信息”，修改个人信息及密码。

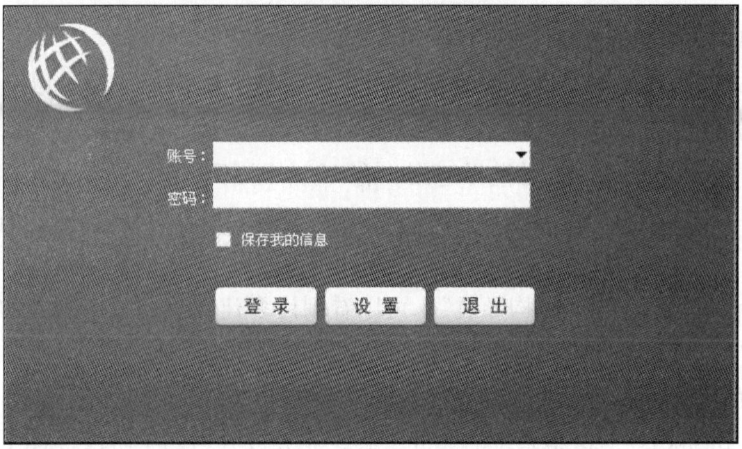

图 2-13　登录界面

2.2.2　注册贸易公司及开通海外银行账户

2.2.2.1　注册贸易公司

公司名称：第一次进入系统，显示“没有注册公司”。点击“没有注册公司”字样，打开公司资料画面，逐项填写。完成注册贸易公司后才可以开展进出口业务，注册后的公司名称将直接显示在首页上。

2.2.2.2　注册银行

不少有规模的跨境电商拥有不同国家、地区的业务，对资金周转期有相应要求，海外银行账户不仅能降低资金综合成本，同时还能加快资金周转，提高资金使用效率。一个完整的跨境支付流程包含三大环节：收单、收款、结售汇。因此，对于需要收款、结汇的外贸和跨境电商企业或者个人来说，拥有一个海外银行账户，可以给收付款带来极大的便利。

进入系统，点击“My City”，进入机构导航，找到“银行”，点击“开户业务”，按照提示进行操作即可为选择的货币种类开通海外账户。

2.3　跨境电商平台店铺开通

2.3.1　实训平台模块功能介绍

2.3.1.1　主页面功能模块

图 2-14 为主页面上方的各个功能按钮。

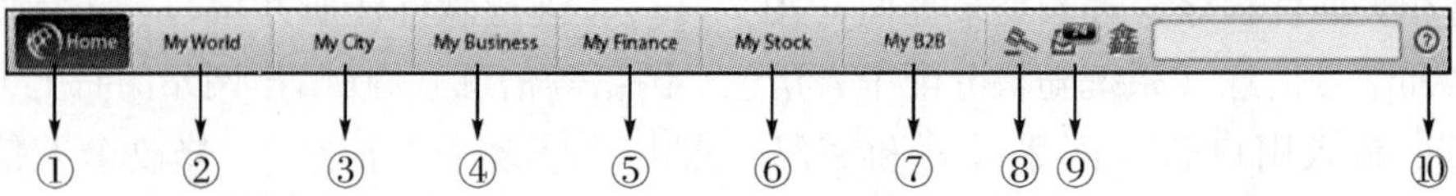

图 2-14　模拟平台功能模块

2.3.1.2　各个功能按钮主要功能

①“Home”：可以查看自己的贸易公司相关信息、操作总成绩，以及跨境电商学习能力、业务能力、跟单能力。

②“My World”：可以查看世界地图，有 10 个国家可点击进入并查看其国家相关信息。这 10 个国家为中国、美国、英国、日本、德国、俄罗斯、巴西、南非、古巴和澳大利亚。

③“My City”：点击“机构导航”，可以看到许多建筑物，每个建筑物都代表一个机构，如银行、海关等，把鼠标放到建筑物上即可显示其相应名称。在系统的进出口业务中，所有与机构相关的业务都需要到这里来办理。

④“My Business”：这是系统的业务中心，业务被分为四个阶段（图 2-15），即市场开发、业务磋商、业务履约及历史业务。每笔业务都是由进出口双方其中一方在“市场开发”模块点击右下方“开始新业务”建立贸易往来，每笔业务在列表中都将显示成一条记录。

图 2-15　业务中心菜单栏

⑤“My Finance”：相当于公司的财务中心，可以查看三项内容——账户列表、财务流水与贷款明细。注册完公司资料后，系统会随机分配“初始资金”。“当前资金”包括账户列表里每个账户资金的总和（系统自动换算成本币）和未偿还的贷款总额。公司的盈利=当前资金-未偿还的贷款总额-初始资金。

⑥“My Stock”：相当于公司的库存中心。货物分为国内生产与国外进口两种性质，随着业务的进展，系统将根据进货后库存量增加、销货后库存量减少的原则自动统计库存。

⑦“My B2B”：这是一个仿真模拟阿里巴巴国际站的跨境电商平台，可以在这里发布产品、发布采购需求、经营公司店铺，从这些产品与店铺信息中找寻合适的交易对象。

⑧“仲裁”：在系统交易中如果遇到对方恶意违约且协商无果，可以申请仲裁。点击此图标可以进入仲裁委员会申请仲裁，维护自身合法权益。

⑨“消息”：该图标显示为红色时，点击它即可查看具体的消息内容，比如贸易中的函电往来或者系统发来的审批单据信息等。

⑩“百科”：这是系统自带的详细的使用帮助，包括国际贸易基本知识及各种常见问题的处理。

2.3.2 跨境电商平台店铺开通

2.3.2.1 “My B2B”主页面介绍

点击“My B2B”，打开B2B跨境电商首页界面（图2-16），主要有产品、供应商、采购需求的搜索框，热门大类产品的促销活动，各大类产品，采购需求，所有公司，公司广告，热门产品，各国公司信息等等。

①产品界面：列出所有产品大类以及各大类包含的具体产品，点击具体的产品可直接查看该产品的搜索结果。②Top Companies界面：展示发布公司广告的供应商，可查看公司广告详情。③各国供应商界面：可按照国家查看供应商。④Markets（B2B Source）界面：展示所有采购需求，可查看采购需求详情。⑤All Companies界面：展示所有供应商，可查看供应商店铺。⑥My B2B（后台操作）：B2B网站后台操作平台，可进行B2B网站的各项操作，如发布产品、管理产品、发布采购需求、管理采购需求、完善公司信息、装修店铺等。

图2-16 My B2B界面

2.3.2.2 店铺开通填写要求

（1）管理公司信息：完善公司信息，填写主营产品，选择公司形象图，查看营业执照、专利证书、荣誉证书、商检证书等等。

（2）A&V认证：A&V认证为实地认证，实地认证是为了完善供应商准入机制，保证网站供应商身份真实有效，为买方提供更加真实有效的交易环境，确保买方在网站上放心交易。完成认证后，相应的公司信息前有醒目的认证标识。

（3）管理能力评估报告：可以查看企业能力评估报告（supplier assessment report）与主营产品认证报告（main product lines verification report）。

（4）管理全球旺铺：个性化装修店铺，可以更换横条幅等。填写店铺信息之前，先要点击“send”，然后逐项用英文填写相关信息，填写后查看公司信息完整度的百分比，达到100%才算完成店铺开通相关任务。

第3章 跨境电商选品发布与定价

3.1 跨境电商选品

对于跨境电商而言，选品的重要性不言而喻，店铺产品结构和品质直接体现店铺的定位和风格且关系到用户的复购率。如何对产品进行合理定位，选择合适的产品，需要通过调研来进行决策。

3.1.1 跨境电商选品调研

3.1.1.1 国际市场调研

3.1.1.1.1 国际市场调研的概念

市场是复杂多变的，市场运动规律往往隐藏在大量的现象和事实之中，这就要求企业针对市场进行全面的调查和研究，通过大量的市场调研获取、处理和分析从环境中反馈回来的信息，并据此进行决策。

国际市场调研是指在一个以上的国家里开展市场调研，以获得国际市场营销决策所需要的信息。

3.1.1.1.2 国际市场调研与国内市场调研的区别

国际市场调研与国内市场调研的基本程序和方法是一致的，都包括定义调研问题、确定调研目标、制订调研计划、设计抽样方案、选择调查方法、搜集和分析数据、报告结果等内容。同时，国际市场调研与国内市场调研也存在着明显的不同，这些差异表现在以下几个方面。

（1）国际市场营销环境更加复杂。市场调研对宏观环境的关注，主要集中在五个方面——自然地理环境、政治环境、经济环境、社会文化环境和科学技术环境，即

GPEST 分析①。国际市场营销环境在这五个方面都表现得比国内市场营销环境复杂。比如国家政治因素不仅影响企业的营销决策，还从根本上影响企业的国际化战略。国际市场调研不仅需要获得一个国家的政治环境信息，还需要对在这个国家开发业务的风险做出分析，这将有助于企业确定实施国际化的方式、规模和营销策略。

（2）影响营销决策的要素发生变化。营销决策的要素集中在产品、价格、渠道和促销方面，但是它们在决策中的地位并不相同。比如在国内市场上影响营销决策的要素可能是价格，而在国际市场上影响营销决策的要素可能是渠道，而渠道的调研往往是比较复杂的。再比如市场细分，一个国家的市场细分特征与另一个国家的市场细分特征并不相同，而且用于描述细分市场的信息（如收入水平等）也可能不容易获得。

（3）文化差异给市场调研带来严峻挑战。文化对于营销的影响是深远的，这种影响并不因为各国消费偏好的趋同而很快减弱或消失。比如，问卷调查在某个国家可能很容易，在另外的国家可能因为调研目的受到怀疑而遇到很大的阻力。与国内市场调研不同，对文化的调研是国际市场调研的一个重要内容。

3.1.1.1.3　国际市场调研的类型

（1）描述性调研和比较性调研。根据市场调研的性质，可以将国际市场调研分为描述性调研和比较性调研。描述性调研是指搜集市场信息并陈述企业所面临的市场现状，比如一个国家中消费者的态度和行为、经济发展水平、企业产品的市场占有率、顾客对企业产品和服务的满意度等。比较性调研要涉及对两个或更多的国家中的消费者的态度或行为进行比较，以发现二者之间的相似性和差异性。

（2）单一国家调研和多国市场调研。根据调研开展的对象，可以把国际市场调研划分为单一国家调研和多国市场调研。单一国家调研是指在单个国外市场上实施的调研活动。在一些情况下，国际营销人员打算检验在本国成功的营销组合策略是否也同样适用于另外一个国家，这时候就需要开展单一国家调研。更多的时候国际市场调研是在多个国家进行的，这就是多国市场调研。多国市场调研可以是单独进行的，也可以是连续或者同时进行的。多国市场调研的目的在于获得可以比较的结果。

3.1.1.1.4　国际市场调研的步骤

国际市场调研需要按照一定的程序进行。调研的程序为调研项目提供了一个系统而有计划的方法。调研的程序通常包括定义问题、确定调研目标、制订调研计划、选择调研方法、抽样设计、搜集和分析数据、报告调研结果等内容。市场调研可以用来评估产品、促销、渠道或定价的选择，也可以用于发现和评估新的市场机会。

（1）定义问题和识别机会：一个国际市场营销经理可能会面临“应该开拓哪一个国家的市场”“现行的营销策略在那个国家是否可行”等问题。

（2）确定调研目标：目标应该根据回答市场调研问题和机会所需的具体信息加以描述。

（3）制订调研计划：制订计划主要需要权衡调研成本和决策信息的质量、时间限

① GPEST 分析，其中 G 代表 geographical（地理的），P 代表 political（政治的），E 代表 economical（经济的），S 代表 sociocultural（社会文化的），T 代表 technological（科技的）。

制和调研类型。

（4）选择调研方法：通常使用三种基本的获得数据的调研方法——调查法、观察法和实验法。

（5）抽样设计：先确定所涉及的总体，总体界定后，再确定使用随机样本还是非随机样本。

（6）搜集数据：可以是通过雇用临时现场调研人员或委托营销调研现场服务公司搜集数据。

（7）分析数据：分析的目的是解释所搜集的大量数据并提出结论。

（8）准备和撰写调研报告：数据分析完成后，调研人员还必须准备报告并向管理者沟通结论和建议，要确保依据所搜集的数据得出的结论是可信的和公正的。

3.1.1.1.5 国际市场需求预测的主要方法

（1）购买者意向调查法。购买者意向调查法是指通过一定的调查方式选择一部分潜在购买者，直接向他们征询未来某一时期购买商品的意向，并以此为基础对市场需求做出预测的方法。

（2）销售人员综合意见法。由具有丰富的销售经验的人员利用平时掌握的信息再结合提供的背景，对市场需求前景提出自己的预测意见，最后由预测者进行综合分析，得出预测结论的方法。

（3）专家意见法。这是集合有关领域的专家的意见、经验、知识和判断能力进行市场预测的一种方法。其主要方式有专家小组法和德尔菲法。

（4）市场试销法。这是指在小范围内进行产品销售实验，调查消费者对试销产品的反应和购买态度，测试其对企业营销计划的反应，搜集其购买、重复购买的相关数据，并以此为基础进行市场预测的方法。

（5）时间序列法。将经济发展的趋势、企业销售额的周期变动和时间变动以及不确定事件等观察值按照时间序列加以统计，并运用数理方法进行时间推移研究。

（6）移动平均法。移动平均法是通过对时间序列按一定的项数（间隔长度）逐期移动平均从而修匀时间序列的周期变动和不规则变动，显示出现象的发展趋势，然后根据趋势变动进行外推预测的一种方法。

（7）直线趋势法。直线趋势法又称线性趋势法，是指运用最小平方法，以直线斜率表示增长趋势的外推预测方法。

（8）统计需求分析法。统计需求分析法就是运用统计学方法发现影响企业销售的最重要的因素，研究这些因素与产品销售之间的关系，将产品销售量看作一系列独立的需求变量的函数，运用多元回归分析建立反映需求变量与销售量之间关系的预测模型，进行市场需求预测的一种方法。

3.1.1.2 目标市场调研

3.1.1.2.1 目标市场选择及市场容量调研

企业在进入国际市场时，不可能一举进入所有国家的市场，而是要选择某个或某些国家作为目标市场，这就需要将各国市场根据市场的潜力大小予以排列。市场潜力越大、次序越靠前的国家，企业越要优先进入。在评价一国或一个地区的潜力大小时，需要搜集的资料包括市场潜力、市场竞争情况、目标国或地区的政治法律状况等。

目标市场容量是跨境电商卖方在选品时需要考量的一个重要指标，也是决定运营成功的重要因素。了解目标市场容量需要先回答以下的问题：该产品每年消费多少？产品的消费者是谁？是各种类型的人或工厂都消费该产品，还是仅局限于某些人或某些工业用户？产品在哪里消费？

例如：洗衣机是全国各地都消费，还是集中在某一部分地区？各类购货人多长时间买一次该企业的产品？是每周一次，每月一次，还是季节性地购买？产品是如何使用的？

3.1.1.2.2 评估国际目标市场的标准

企业在进行国际市场细分后，要选择一个或几个细分市场作为自己的目标市场。选择的细分市场应符合以下四个标准：

（1）可衡量性。细分的市场必须是可衡量的，即用来划分市场大小和购买力的特征程度应该是能够测定的，包括市场范围及市场容量的大小。

（2）可进入性。可进入性指的是企业能有效到达细分市场并为之提供服务的程度，即企业通过努力，能够在该细分市场上把自己的产品或服务推销出去的能力。

（3）可盈利性。可盈利性指的是企业能从所选定的细分市场获利的程度，即细分市场必须达到一定的规模，使企业能从该市场上获得一定的利润。

（4）差异性

差异性是指细分市场在观念上能被区别，并且对不同的营销组合因素和方案有不同的反应。

3.1.1.2.3 影响国际目标市场选择的因素

（1）目标市场的规模和潜力。目标市场规模太小，企业无法发挥资源优势，无法实现规模经济效益；目标市场规模过大，企业则无法有效控制或占有市场，反而为竞争对手的进入创造了条件或提供了缺口。

（2）目标市场的竞争结构及竞争强度。企业应避免进入竞争激烈或已经被竞争对手控制的子市场，而应选择那些竞争对手力量薄弱或竞争尚未充分而自身又拥有相对竞争优势的细分市场作为自己的目标市场。

（3）目标市场应符合企业的经营目标和资源条件。某些目标市场虽然潜力很大，但与企业的战略目标相背离，或者可能分散企业的资源而致其无法实现战略目标，对于这些目标市场只能放弃。另外，即使目标市场符合企业的战略目标，企业还须在该市场具备一定的竞争优势，如低成本、产品差异性等。否则，企业也不能选择自身无竞争优势的细分市场作为自己的目标市场。

3.1.1.3 竞争对手调研

企业进入国际市场，需要充分了解竞争对手的情况，做到“知己知彼，百战不殆”。比如竞争对手的性质，所在的国家、地区，产品结构，产品的性能、包装、商标、品牌，产品生命周期，消费者的接受程度，市场销售情况，准备的生产规模，竞争对手的人力、物力、财务和技术力量、生产能力、管理水平、信誉、经营历史，竞争对手的销售渠道、促销活动、售后服务质量等等，这都是一个企业进入国际市场时需要充分了解的信息。企业可以从两个方面对竞争对手情况进行调研：

3.1.1.3.1 竞争者市场份额分析

分析竞争者市场份额的一个重要指标是市场占有率。市场占有率是评价企业业绩、反映企业竞争能力的重要指标。某一时期某一品牌产品在某地区的市场占有率是指这一时期该品牌在该地区的实际销售占整个行业的实际销售的百分比。例如，相对于三个最大竞争者的市场份额，是指企业的销售量与市场上最大的三个竞争者的销售总量之比。假如企业的市场份额是30%，而它的三个最大竞争者的市场份额分别为20%、10%、10%，则该企业的相对市场份额就是30%÷40%=75%。如四个企业各占25%，则该企业的相对市场份额为33%。一般来说，一个企业拥有33%以上的相对市场份额，就表明它在这一市场拥有一定实力。相对于最大竞争者的市场份额，是指一个企业的销售量与市场上最大竞争者的销售量之比；若高于100%，表明该企业是这一市场的领袖。

3.1.1.3.2 竞争者营销活动分析

（1）竞争对手广告活动分析。分析的内容包括：竞争对手的广告渠道及所做的宣传广告是否定期推出、版面有多大、具体内容是什么；竞争对手采用的广告媒体，广告宣传时间、覆盖面、播出成本；竞争对手所选择的各种广告媒体组合如广告牌、宣传画等各占多大的广告预算比例；竞争对手采取的公关措施。在分析本企业的市场状况时，同时要分析竞争对手广告措施的实施效果。

（2）竞争对手分销服务分析。分析的内容包括：竞争对手对产品分销的重视和依赖程度；竞争对手拥有多大市场份额；竞争对手实施的分销方针是什么，依靠何种销售渠道，有何促销活动；竞争对手的分销成本如何，销售渠道的形象如何等。

3.1.1.4 商品价格调研

在国际市场上，价格的决定受多种因素的影响。只有深入地调查研究，才能掌握最低价格与最高价格之间的尺度，灵活应变。价格调研的内容包括政府对价格的管制状况、税率对商品价格的影响、竞争产品、相关替代商品对现行价格的影响、新产品的定价策略、生命周期不同阶段的定价原则、产品在市场国需求弹性等。因此，企业进行跨国营销的时候，需要进行适当的商品价格调研，获得尽可能多的信息。商品价格调研应包括下列内容：影响价格变化的因素；该国政府对价格的管制状况；进口税则、税率以及各种国内税对商品价格的影响；各种不同的价格政策对销售量的影响；竞争产品、相关替代商品现行价格、变相提价或降价的方法；新产品的定价策略；出口产品生命周期不同阶段的定价原则。

3.1.2 国际市场定位

市场定位（market positioning）是在20世纪70年代由美国营销学家艾·里斯和杰克特劳特提出的，其含义是指企业根据竞争者现有产品在市场上所处的位置，针对顾客对该类产品某些特征或属性的重视程度，为本企业产品塑造与众不同的、给人印象鲜明的形象，并将这种形象生动地传递给顾客，从而使该产品在市场上确定适当的位置。

国际市场定位是指对国际整体市场进行细分，确定目标消费者，根据选定的目标市场上的竞争者现有产品所处的位置、市场需求以及企业自身的条件，为本企业的产品塑造有别于竞争者产品的鲜明个性，从而使该产品在目标市场上确定自己恰当的位置，以满足目标消费者。其实质是取得目标市场的竞争优势，确定产品在顾客心目中的适当位置并留下深刻的印象，以便吸引更多的顾客。它主要包括以下几个方面：产品定位（侧重于产品实体定位质量、成本、特征、性能可靠性、款式）；商业模式定位（公司提供产品的方式和途径）；竞争定位（企业相对于竞争者的市场位置）；消费者定位（企业的目标顾客群）。

3.1.2.1 目标市场定位原则

各个企业经营的产品不同，面对的顾客也不同，所处的竞争环境也不同，因而其国际定位所依据的原则也不同。总的来讲，市场定位所依据的原则有以下四点：

（1）根据具体的产品特点定位。构成产品内在特色的许多因素都可以作为市场定位所依据的原则，比如所含成分、质量、价格等。

（2）根据特定的使用场合及用途定位。为老产品找到一种新用途，是为该产品创造新的市场定位的好方法。

（3）根据顾客得到的利益定位。产品提供给顾客的利益是顾客最能切实体验到的，也可以用作定位的依据。

（4）根据消费者类型定位。企业常常试图将其产品指向某一类特定的使用者，以便根据这些顾客的看法塑造恰当的形象。

事实上，许多企业进行市场定位所依据的原则往往不止一个，而是多个原则同时使用。因为要体现企业及其产品的形象，市场定位必须是多维度、多侧面的。

3.1.2.2 目标市场定位策略

随着互联网和类似的传播渠道的发展，当前市场上流行三种国际市场定位方法，分别是全球消费者文化定位、外国消费者文化定位和当地消费者文化定位。

（1）全球消费者文化定位。全球消费者文化定位是指认同相近文化且处于不同国家、不同地域的个人共享某些和消费相关的符号；当这些符号和具体的产品类型产生关联时，可以以具有某些特征的人们在全球各地都在消费某个品牌的产品进行定位。相对而言，高科技和高情感产品更适于全球消费者文化定位。因为高科技产品的技术高端复杂，消费者的购买动机相对理性全面；而高情感产品的诉求点比较简单，强调了产品所体现的自我形象和社会地位以及认可。

（2）外国消费者文化定位。外国消费者文化定位是将品牌的使用者、使用的场合或原产地与某个国家或某种外国文化联系起来。

（3）当地消费者文化定位。当地消费者文化定位是指将品牌和当地的文化含义相联系，反映当地的文化准则，使品牌具有当地人按本地文化消费的品牌形象，或表明该品牌是在当地为本土消费者生产的。通常说来，在食品、个人非耐用消费品和家庭非耐用消费品中，当地消费者文化定位通常占主导地位。更关注责任义务的消费者也更倾向于当地消费者文化定位。

3.1.2.3 目标市场选择策略

在对不同子市场进行评估后，企业必须决定进入哪些市场和为多少子市场服务。企业一般有四种策略可以选择。

（1）选择单一子市场。选择一个子市场，提供一种非常有特色的产品和服务。在避免激烈竞争的同时，企业可以集中优势兵力在很小的范围内或市场上专注经营，以形成竞争优势。其优点在于企业通过专注单一市场能够深入了解子市场的需要，树立特别的声誉，建立和巩固市场地位。另外，企业通过生产、销售和促销的专业化分工，可以使总成本大大降低。其缺点在于选择一个单一子市场的风险较大，一旦该子市场不景气，企业的整体销售状况就会急剧恶化。

（2）选择多个子市场。这是指选择几个子市场，提供不同的产品和服务。各个子市场之间联系很少或没有任何关系，然而每个子市场都可能盈利。选择多个子市场可以分散企业的风险，即使在某个子市场失败了，企业仍可在其他子市场获取利润。

（3）产品专门化。这是指企业集中生产一种产品，向几个子市场提供这种产品。通过这种战略，企业在某个产品上可以树立起很高的声誉。但产品专门化战略见效快，风险也比较大。因此随着企业资源的不断丰富，一般都应扩大经营范围，以分散投资风险。

（4）市场专门化。这是指企业选择一个子市场，提供这个子市场的顾客群体所需要的各种产品。

3.1.3 跨境电商选品

3.1.3.1 确定产品线

选品，即选择售卖的产品或品类，也可以理解为二次开发产品。在跨境电商行业内有“七分靠选品，三分靠运营”的说法。选品的实质是选择产品的质量、价格符合消费者和目标市场需求。除此之外，还应该能够将自身的竞争优势凸显出来。正确合理的选品会让跨境电商企业在运营中少走许多弯路。

选品就是要解决卖什么、怎么卖的问题。在整个跨境电商供应链中，产品线的选择至关重要。因为它决定着商家的目标客户群、销售渠道、竞争对手、运营成本、赢利能力及最终的收获。目前大多数的跨境电商商家仍旧处于一种跟卖的状态，即看别人卖什么、卖得好就跟着进，结果由于没有很明显的价格等方面优势，很难有好的收益。对于跨境电商商家，尤其是一些中小型企业，产品线的选择需要考虑如下因素：

（1）细估毛利。选择产品的出发点是企业的生存，企业靠盈利生存。所以，选择产品时，必须仔细评估这个产品的毛利。只有能给企业带来利润的产品，才是一款值得放进企业产品线的产品。计算一个产品毛利的公式可以简化如下：

单产品毛利=销售单价-采购单价-单品运费成本-平台费用-其他费用

其他费用包含引流成本、运营成本等。综合考虑后，确定有合适的毛利空间，再去选品。

（2）明确店铺定位。包括确定目标市场企业的定位、目标市场的定位、产品的定位、不同的发展阶段店铺运营不同的定位等。跨境电商企业需要目标明确，灵活变通，充分了解自身的优势和短板，根据资金优势、技术优势、产品优势、人才优势等进行决策。

首先，明确是想做品牌还是销量。品牌是关键的因素，好的品牌可以带来更多的销量和关注度，甚至还可以带动店铺内其他品牌、单品的销量，因此不能忽视产品的品牌效应。如果考虑销量，则需要时刻关注热门类目和单品。若要稳定和利润，可以多关注一些冷门类目。

其次，明确目标客户是谁。弄明白这个问题，就能把握目标客户的消费特点、喜欢的品牌，以及这些品牌的市场占有率、这些品牌的卖方情况等信息。

（3）选择合适的跨境电商平台。以速卖通为例，其支柱行业是：服装配饰、手机通信、运动娱乐、珠宝手表、消费电子、假发配件、汽摩配件、鞋子、家居园艺、电脑网络、箱包、美容健康、母婴玩具、灯具照明。从以上 14 个支柱行业可以看出速卖通热销商品大部分为生活快消品，这些商品总共占据速卖通 92%的交易额。而生鲜食品不适合跨境物流运输，只有茶叶、咖啡、糖果、干货、坚果适合跨境电商销售，因此跨境电商选品要考虑产品特性、跨境电商平台特点等因素。

（4）不同地区买方的购物特点。如速卖通主流市场俄罗斯、美国、巴西等国家的买方都非常喜欢在节假日大量购物，卖方们不仅要积极参与平台组织的营销活动，也要积极使用自主营销工具。欧美人的体型比亚洲人魁梧，因此大码的衣服、鞋子等更符合他们的需求。

3.1.3.2 选品的基本原则

1. 确保产品不触犯法律法规和平台规则

商家在选品时要注意不能违反各国和地区的法律法规和平台知识产权规则、禁限售规则。值得一提的是，部分中国卖方的知识产权意识较为薄弱，会有意或无意地忽略知识产权保护问题。来赞达、虾皮购物等平台都严厉打击侵权、售假行为，包括假冒产品、商标侵权、文案侵权、专利侵权、包装设计侵权。平台对相关行为零容忍，卖方的侵权成本非常高。例如，卖方若在来赞达上销售假冒产品或上传的内容未经知识产权所有人授权许可，一旦被平台发现，都将面临相应的下线、资金冻结、罚款、扣分甚至关闭账号的处罚。所以卖方要尤其注意这一点。

2. 选择供应链稳定的商品

入驻跨境电商平台的大部分中国卖方是中小卖方，其中很多卖方出于节约成本的考虑，先从 1688 等国内平台上采购再发货。其实供货稳定、质量保证的供应商更能体现其成本优势。找到源头厂家，卖方在买方下单之后能够尽快发货，有利于提升客户体验度。卖方也能在客户提出个性化需求的时候和供应商合作，满足消费者的需求，提供定制化服务。在数量逐渐增长的跨境卖方中，有供应链优势的中国卖方可以利用完整的产品链路，拿下更多市场份额。

3. 确保产品的合理利润空间

进军国际市场的中国卖方不能单纯依靠价格战来获取市场。压低价格势必降低产品质量，这只能造成恶性循环，影响整个跨境电商市场。卖方要瞄准具有良好利润潜力的产品，进行成本及利润核算，并参考平台中竞品的价格，以综合考察产品的利润空间。要考虑到卖方运营店铺的所有成本，包括但不限于采购成本、包装费、国内外运费、清关费、平台佣金、交易手续费和运营推广费用等。在进行产品定价时，根据卖方的销售和运营成本设置合理的定价，才能保证不会亏本。注重产品的投入产出比，才能抵御风险。

4. 规避物流等风险

在选品时要考虑商品的物流成本和售后成本，尽量选择方便运输、不易破损、售后流程简单、容易清关的商品。一般来说，要选择体积小、重量轻的产品，否则会增加物流成本，货物在运输途中也容易遭受损坏，导致客户投诉率上升。平台对货物寄送体积和重量也有一定的要求。例如通过虾皮购物自有物流 SLS（shopee logistics service）寄送货物，如果产品包裹的体积超过平台规定的重量或者尺寸限制，订单会被取消，产品不能按时发货，进而影响卖方店铺的整体绩效。

5. 了解目标市场的文化背景

国际市场有着不同国家地区、不同民族的消费者，他们的宗教、文化影响他们的消费习惯。卖方要透过文化背景了解不同地域消费者的消费习惯。

6. 研究产品生命周期

跨境电商卖方要研究产品处于生命周期的哪个阶段，是否存在明显的淡旺季等。一般不建议卖方从产品的进入期就进入市场，因为这时大部分顾客对产品还不是很了解，只有少数追求新奇的顾客可能购买，销售额增长缓慢。卖方需要投入大量的促销费用，以对产品进行宣传。同时由于生产技术还不完善，产品不能大批量生产，因而单件商品生产成本较高，卖方可能盈利较少甚至亏损。

卖方可以考虑从商品的成长期切入，这时买方已经可以接受此类产品，大量的新顾客开始涌入市场，市场逐步扩大。产品的生产成本通过大批量生产得以降低。企业的销售额迅速上升，利润也迅速增长。卖方要判断产品的生命周期，可以在平台上搜索目标产品的历史销售数据。通过对比历史销售额和当前销量，判断产品当前属于哪个阶段。如果产品的销量和价格都逐渐下降，就可能已经处于饱和期或者衰退期，此时不建议卖方入场。当所选的参照商品上架时间已经超过 1 年，市场需求趋于饱和，建议卖方慎重选品；超过 2 年，很可能已经进入衰退期，则不予考虑该产品。

7. 善于利用各种数据

利用各种数据分析工具，避开红海市场，找到更精准的蓝海。每一个大类目都可以细分为很多子类目，要深入到三级类目、四级类目去挑选产品，找到利基市场，避免竞争大的细分市场。卖方要善于搜集跨境电商平台内外的销售数据、行业报告、展会数据等。例如虾皮购物的虾皮大学每周市场周报会提供热搜关键词、热卖产品信息等资讯。卖方可以参考平台热销类目下的热销产品，为自己提供选品参考，选择感兴趣的类目，从产品周边入手，挖掘一些具有潜在流量的产品。

8. 注意平台选品的审核规则

由于跨境电商是一种国际商业活动，在过程中会利用电子商务平台，因此卖方在选品时需要考虑跨境电商平台对产品的审核规则，如侵权、产品的认证和其他审核规则。以速卖通为例，关于侵权产品的认定，卖方常遇的侵权类型主要分为几下几种：

一是商标侵权。没有得到产品品牌官方的正规授权，擅自使用对方的商标。

二是发明专利侵权。发明人对发明的产品申请了专利保护，卖方未经允许不能擅自生产销售，也就是说不能销售仿品。例如曾经非常火爆的平衡车就涉及发明专利纠纷。

三是外观专利侵权。外观专利指对产品的形状、图案、色彩或者其结合所做出的富有美感并适合于工业生产的新设计。外观有60%以上相似的产品就被视为侵权假货，更不能有伪造授权文件等这些严重的规范问题。

具有第三方权威机构出具的产品认证，也是跨境电商平台允许产品入驻的重要条件。产品的种类多样且证明文件多样，平台为了保证产品安全稳定的推广，设置了产品认证门槛。如球泡灯，要求产生耗能的23类灯都提供FTC能源标签；儿童玩具，需要在检测机构做CPC认证以及CPSI、ASTM测试报告；在加利福尼亚州，有可能会影响空气质量的某些商品如净化器等必须符合加利福尼亚州空气资源委员会（CARB）的相关要求。因跨境销售的产品本身需要借助跨境电商平台销售，所以平台有其对应的产品审核规则，由选品不符合平台要求导致的产品下架或禁止销售也会成为供应商开展跨境贸易的一个阻碍。因此，卖方在选品初期就要做好认证的准备。

3.1.3.3 选品的方法与技巧

3.1.3.3.1 选品的方法

1. 谷歌趋势分析法（Google Trends）

谷歌趋势分析法是指利用谷歌的数据分析工具，对行业信息和经营信息进行分析，并挖掘出有价值的信息，以此作为选品参考。通过Google Trends工具可以分析品类的周期性特点；通过Keyword Spy工具可以发现品类搜索热度和品类关键词；通过Google Analytics工具可以获得已上架产品的销售信息，分析哪些产品销售好、整体动销率如何等。

2. 差评数据分析法

差评数据分析法是指以抓取平台上热卖商品的差评数据为主，找出客户不满意的地方，然后进行产品改良或选择能解决客户痛点的供应商的产品。差评数据分析法侧重于抓取差评数据，同时也注重分析商品的好评数据，分析出客户真正的需求点和期望值。换言之，差评数据分析法既从产品好评中找参考，也从差评中挖掘出有用的信息。选择能满足客户需求的产品，自然就容易获得相应的曝光，销量也能迅速提升。

3. 选品组合分析法

选品组合分析法是指以产品组合的思维来选品，即在建立产品线时规划20%的核心产品用以获取高利润，倾向于选择小众化、利润高的产品；规划10%的爆款产品用以获取流量，倾向于选择热门产品或与紧跟热点并将流行的产品；规划70%的常态产品用以互相配合，倾向于选择性价比较高的产品，即客户认为价值较高但价格适中的产品。选品要针对不同的目标客户，不能把所有的产品都选在同一个价格段和同一个品质上，一定的价格和品质阶梯能产生更多的订单。

4. 分析市场容量与竞争状态

在对产品的市场竞争情况进行评估时，需要了解市场上的竞争对手数量、竞品数量以及此类目产品的销量。如果某类商品总体销量大且分散于各种类型的卖方，说明没有大卖方的垄断，这时新的中小卖方可以进入。如果大卖方大品牌的市场占比超过了50%，就说明这些卖方垄断了该产品的市场，中小卖方再去销售这类产品难度很大。新卖方要尽可能选择市场容量大、竞争又不是太激烈的商品。如果仅仅是蓝海产品，但是没有市场容量，产品也没有市场前景。

5. 挖掘消费者需求

卖方可以通过分析平台上用户对于同类产品的评价，从好评中总结消费者的共性需求，从差评中找出买方反映的产品缺陷，提炼出消费者未满足的需求，从而对产品进行改进。卖方还可以从目标市场的社群中获得选品思路。比如从国际上受大众欢迎的脸书（Facebook）、照片墙（Instagram）、油管（YouTube）等社交媒体上了解新品趋势和消费者的需求，获得选品的灵感。受新冠肺炎疫情的影响，各地经济重启程度不同，消费者对商品的需求也各不相同。根据虾皮购物发布的数据，2021年5—6月，各市场对于居家神器、室内健身器材的需求仍在不断上涨。在泰国，姿势矫正器、泡泡减压玩具、手机支架是飙升热销产品；在新加坡，海绵架皂液器、瑜伽垫、电脑支架则占据飙升榜前几位。

综上分析，适合跨境电商的产品种类主要有以下几种：

第一，大众消费品。任何一个企业都必须考虑资金周转率。产品销售周期越短，资金利用率越高。而大众消费品日常销量大，周期短，能给企业带来巨大生机。比如女装需求量大，更换快，周期短。

第二，易于发货的产品。选择的产品需考虑物流问题，易碎品、超大超重品都不是一般的跨境电商企业的首选。比如水晶吊灯、运动器材等，不易于发货，国际物流费用高昂。

第三，获得授权的产品。美国、英国、欧盟各国都是视品牌为产品生命的国家，跨境电商卖方必须重视侵权问题，一切产品都必须建立在尊重品牌拥有者、知识产权拥有者的基础上。在没有获得相关授权之前，再有优势的产品都不能销售，比如LV包包、三星平板电脑、手机等。

第四，小而精、有特点的产品。选择的产品除了小，更应该精。

3.1.3.3.2　选品的技巧

跨境电商选品其实就是在找货源，分为站外选品和站内选品两种。所谓站外选品就是指运营平台之外的产品出处。比如在速卖通平台进行销售，那么在易贝、亚马逊上选品就是指站外选品。而站内选品就是指在运营平台之内通过各种工具进行选品。因此，在提到跨境电商选品技巧时，就需要从站外、站内两方面进行分析。

1. 站外选品技巧

（1）站外货源。站外货源基本上有两种：第一，线上货源，包括线上跨境电商出口贸易中选品的思路及技巧。第二，线下货源，主要来自本地批发市场，比如浙江一带的卖方就会到义乌或温州商品批发市场去选购产品；广东一带的卖方就可能会到深圳华强北等地选购产品。线下站外货源还包括一些实体店或者亲戚朋友的工厂。

（2）站外选品思路。根据货源的不同，站外选品也有不同的思路。

线上货源选品思路：①跟卖平台热销产品或热销类似产品，但必须是不需要品牌授权的产品，否则很容易涉及侵权。②查找跟平台热销产品有差异的产品，即寻找差异化机会，即使是同一款女童靴，在价格上也要有优势。③上传平台没有的产品，即做第一个吃螃蟹的人。

工厂货源选品思路：建议最好选择那些货源稳定、有做代工经验、国内有运营电商的团队，这样会省掉很多产品图片拍照、产品描述及网络运营等工作。

批发市场货源选品思路：批发市场货源也分为供货线下实体店和供货线上电商。但批发市场货源有几个特点：货源流转快；货源季节性强；热销产品分销商众多，市场和价格竞争力大。因此，批发市场货源的选品思路应该是：选择供货线上电商的货源，产品资料齐全；选择本季节库存稳定，拿货价格稳定的货源；选择近期热卖款、热卖类似款或者有差异化的特色款式。

综上所述，站外选品的本质是找出好卖的产品，淘汰不好卖的产品，挖掘热卖类目的蓝海产品。因此，站外选品时要注意几点：一是产品在于精，不在于多；二是认准一个类目做，做精做细；三是不能盲目跟风；四是与同类目产品要存在适当的差异。

2. 站内选品技巧

站内选品实际上是要选择判断主推的产品。以下几个维度可以作为选择主推产品的依据。①平台热卖趋势：热卖排行榜、市场流行趋势、季节等。②产品价格区间：参考平台热卖产品。③数据：销售量、添加购物车数量、收藏量、转化率、产品关键词曝光量等。④产品成本：扣除平台抽点、联盟佣金、直通车广告等费用后是否还有利润；如果没有，那么要分析引来流量的价值。⑤产品库存：主推产品是否有库存、同类产品销售的延续性。

3.1.3.4　跨境电商卖方选品决策因素

1. 市场容量

市场容量是卖方在选品时需要考量的一个重要指标。一个商品若没有市场容量或市场容量较小，基本上意味着没有什么市场前景可言，更别谈爆款打造。反之，只要市场容量够大，加上卖方在运营中用心打造，就很有可能取得辉煌的成绩。因此，卖方在选品时，应尽可能选择市场容量较大的类目和商品。

2. 竞争热度

不同类目和商品的竞争热度是有区别的。一个商品市场容量大但竞争热度小，意味着该商品处于蓝海期，选择此类商品对卖方是非常有利的。然而在现实中，一般商品的竞争热度与市场容量是成正比的，市场容量越大，竞争越激烈，反之则越小。那么，如何判断某类目下商品的竞争热度呢？

可以从亚马逊的畅销商品列表（best seller list）着手，观察该类目商品的销量及评论数量（review）。若某类产品销售量大却评论较少，说明该产品有着较大的市场容量，可能仍处于新品期，卖方应快速跟进此类商品，在短期内可能获得较大收益。当然，仅从销量和评论数量来确定产品的竞争热度远远不够。在亚马逊选品时，要排除品牌垄断的商品。一个成熟的品牌，代表着商品优秀的质量、售后服务以及稳定的客户群体，已形成了较为牢固的壁垒。如果某类商品具有较高程度的品牌垄断性，卖方进入该市场的壁垒就较高，应果断放弃此类选品。如何判断该商品是否为品牌垄断商品？

以电动牙刷为例，在 Amazon.com 上输入关键词“electric toothbrush”，就会发现商品页面基本被 Oral-B 和 Philips 两大品牌占领。此外，还可以结合 Jungle Scout（一款支持亚马逊选品与运营的软件）搜索亚马逊平台上电动牙刷的销量。可以发现，销量排名前 12 的电动牙刷中有 5 个 Oral-B 品牌和 3 个 Philips 品牌，它们占据了 50%以上的“江山”，据此可推断电动牙刷商品已经形成了品牌垄断。

3. 利润

利润是每个卖方的最终目的，因此卖方在选品时需要考虑商品的成本和利润，尽可能选择利润绝对值较高的商品。如今，随着卖方数量的增多，竞争日益激烈，市场环境也变得愈发复杂，卖方的运营已不再如初期一般，凭借某一维度的优势便可备受消费者青睐。卖方若要通过平台运营赢得订单，就必须充分运用各种运营技巧，并投入一定数量的资金。站内广告这种主动型的运营方法成本较高，如果选择的商品利润绝对值较低，就不足以支撑起这种方法。一般来说，商品销售利润=销售价格-成本，其中，亚马逊商品的成本=产品成本 + 物流 + 关税（浮动）+ FBA 费用 +平台佣金 +广告费及其他费用，亚马逊商品的成本比较复杂。最后要注意的是，卖方选品时要慎重考虑，避免选择 FOB 成本太高的商品，或者销售中售价太低的商品。

4. 季节趋势

一般情况下，卖方选品时会选择常规商品，因为它能带来长期稳定的销售利润。卖方抓住国外季节或节假日文化，如在圣诞节、感恩节提供圣诞装饰、感恩礼品，就更容易利用巨大的购买热潮在短期内提高销量，获得超预期收益。然而高收益必然存在较高的风险。比如 2019 年 12 月，美国遭遇“暖冬”，亚马逊平台羽绒服销售周期缩短，许多卖方因无法及时清空库存而遭受损失。因此卖方在选品时还需考虑季节趋势，若选择季节性或者节假日商品，只有提前选品、备货并发到 FBA 海外仓，才能准确把握销售时机。判断选品是否属于季节性商品可通过软件 Google Trends 进行。以滑板（wakeboard）和键盘（keyboard）为例，在 Google Trends 上分别输入这两个关键词，会发现 wakeboard 这个词的搜索热度呈现规律性波动，每年夏天达到最高点，冬天则降到最低点，属于季节性商品；而 keyboard 的搜索热度总体比较平稳，属于非季节性商品。

5. 其他选品依据

除以上四种选品依据外，卖方也可以从资源优势以及个人偏好来选品。若在某种商品上卖方具有资源优势，则意味着他能以更低的成本取得货源，这不但能使该商品在同类商品竞争中拥有成本竞争优势，也在后期的品质保障和工艺水准改善等方面具备更多的可能性。个人偏好是指卖方对某类商品情有独钟，在后期运营中更愿意挖掘该商品的卖点和特质，把最好的商品推到消费者面前，这大大提高了将该商品打造成爆款的可能性。

综上所述，多维度选品的思路主要是先浏览、分析站内外渠道的商品，获取选品灵感，找到选品方向，再结合选品的依据进行理性筛选。选品依据具体包括市场容量、竞争热度、利润以及季节趋势四个维度。

3.2 跨境电商产品发布

3.2.1 产品发布流程

模拟阿里巴巴国际站发布产品界面，登录世格跨境电商实训模拟平台→My B2B→产品管理（Products）→发布产品（Display a New Product），选择产品大类后再填写详情（产品详情包括产品名称、产品关键词、产品图片、产品属性、交易信息、物流信息、产品详细信息等），填写后点击保存→检查→提交，即完成产品发布（图3-1）。

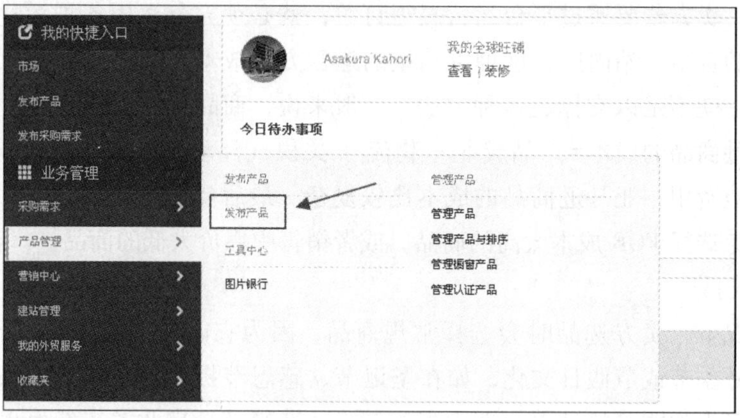

图3-1 产品发布

3.2.2 产品发布内容

3.2.2.1 产品类目选择

（1）进入My City→机构导航→国内工厂→购买产品→点击开始办理此项业务，可以查看所有本国工厂可以生产的产品（注意：模拟系统中只能选择国内工厂可以生产的产品），选择好所需产品，点击查看商品详情（图3-2）。

（2）根据所选的产品，在搜索框中输入产品的英文名全称，搜索相应类目。

（3）选择对应的类目。

3.2.2.2 产品详细信息填写

1. 产品标题制作

采取三段法制作：核心词，可以通过搜索排序规律进行选取；属性词，如描述产品的外观长宽高、颜色、材质、功能、款式、配置等；流量词，即能带来流量的词。

2. 关键词设置

关键词设置步骤：确定核心词汇，围绕核心词向上延伸扩大覆盖面，向下延伸增加针对准确性，平行延伸选取同义、近义词进行替代。

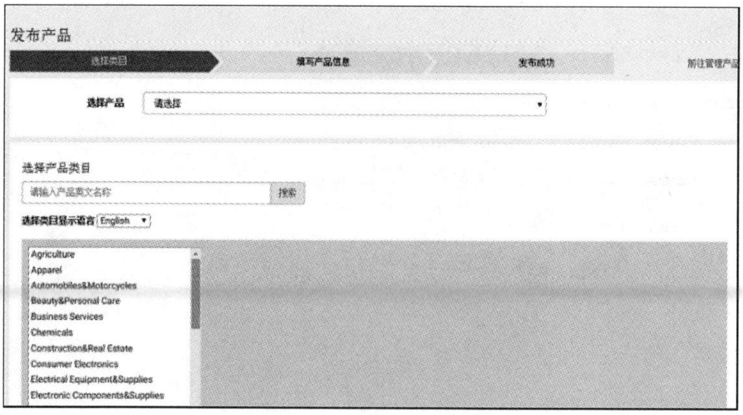

图 3-2　产品发布内容界面

3. 图片选取

选择高清、无水印图片，要求主图、附图区分开，使图片尽量体现更多产品信息。注意图片不能侵权、盗用，不能图文不匹配。模拟系统中可以点击“从图片银行选取”，通过国内工厂信息查看产品五位数编号，输入产品五位数编号（例如 01018），搜索到该产品的图片后，上传并设置其中一张为主图。

4. 原产地及产品属性选择

在模拟平台里通常根据系统分配的国籍选择自己账号所在的国家。

可以根据模拟平台里国内工厂提供的产品信息进行填写，注意填写需要英文。

产品发布详情见图 3-3。

5. 交易信息

根据银行提供的汇率信息选择合理的交易货币；根据进口预算或者出口报价表的计算结果填写相应价格；产品的销售单位可以在国内工厂→产品基本资料中查找；根据国内工厂的生产日产量及成本，填写合理的起订量；付款方式注意与报价对应，考虑不同付款方式的汇率问题，至少选择一个付款方式，可多选。此处报价信息仅作为买方参考，具体的信息以买卖双方签订的业务合同为准。

6. 物流信息

港口信息填写所分配的账号对应的国家港口，通过 My City→机构导航→国际货运公司（海运部）相关网站中的“航程及运费查询”里查找；航空机场的名称可在 My City→机构导航→国际货运公司（空运部）相关网站中的“常用查询”里查找。发货时间考虑物流距离和国际惯例。

7. 产品详情

通常情况下，产品详情包含以下几个方面：商品参数和信息，如服装的材质、颜色、尺码等，使用说明，包装，物流方式，支付方式，售后服务及退换货说明，公司实力，其他。

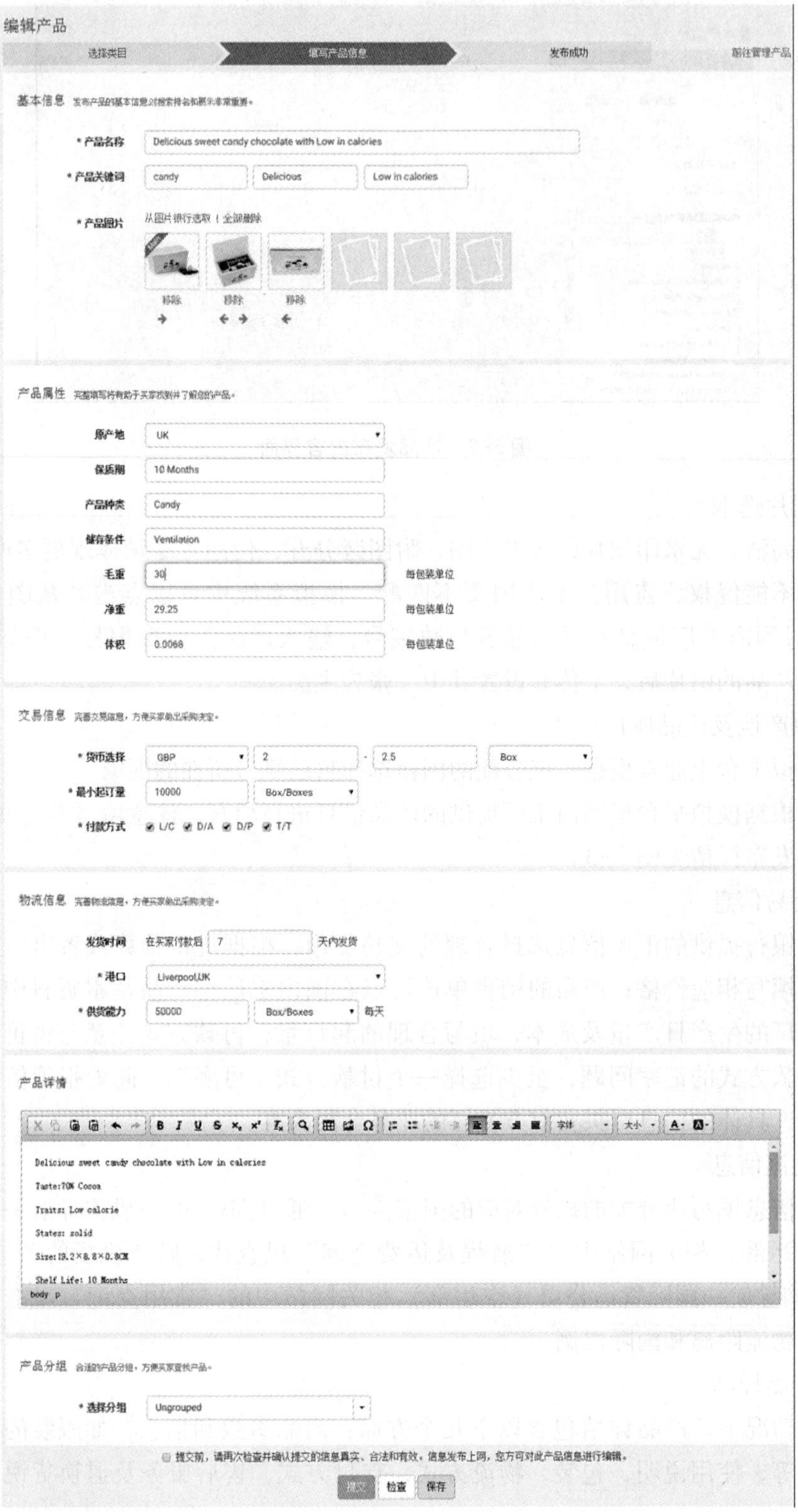
编辑产品
选择类目
填写产品信息
发布成功
前往管理产品
基本信息
* 产品名称
Delicious sweet candy chocolate with Low in calories
* 产品关键词
candy
Delicious
Low in calories
* 产品图片
移除
产品属性
原产地
UK
保质期
10 Months
产品种类
Candy
储存条件
Ventilation
毛重
30
每包装单位
净重
29.25
体积
0.0066
交易信息
* 货币选择
GBP
2
2.5
Box
* 最小起订量
10000
Box/Boxes
* 付款方式
L/C
D/A
D/P
T/T
物流信息
发货时间
在买家付款后
7
天内发货
* 港口
Liverpool,UK
* 供货能力
50000
每天
产品详情
Delicious sweet candy chocolate with Low in calories
States: solid
Shelf Life: 10 Months
产品分组
* 选择分组
Ungrouped
提交
检查
保存

图 3-3 产品发布详情页

3.2.3 产品详情页优化

产品标题和图片的质量优劣决定了客户是否愿意点击继续了解详细信息，而产品描述则直接影响商品的转化效果。对于大多数跨境电商商家而言，仅需调整商品描述，就能让商品在同类商品或竞品中脱颖而出。优化产品详情页描述需要把握以下几个方面：

1. 场景化产品描述

卖方可以利用大数据（虾皮购物知虾数据、来赞达萌啦数据）进行分析，了解市场行情、产品信息、店铺数据等，分析出产品的热销词，并添加到产品描述中。

同时，针对产品的卖点描述不能只是产品功能的罗列，需要把产品功能以场景和痛点的形式呈现出来。比如吸尘器产品，可以强调该吸尘器在家里使用不仅可以快速清理包括床铺、沙发、衣物上的所有毛发，还非常静音，使用图片还可以更直观地展现吸尘器吸力、缝隙角落清洁能力、对灰尘的反应、通用性和清理设备本身的便利性。如果产品有特别的功能或者用法比较复杂可以考虑为产品页面添加视频。

2. 增强信任背书

把握消费者的从众心理，用真实案例（如买方的产品评价/评分）为商品提供“社会证明”。此外，塑造专业可信任的形象能带来更显著的效果，比如展现品牌、产品认证、权威人士代言等等。

3. 突出自身优势

客观且直观地展现自家产品和竞争对手/竞争款式相比的优势，从技术、成分、效果、原理等多个角度，去挖掘等价对比的参照体，进而凸显产品的某个核心亮点，让顾客更容易理解和记忆，巧妙地突出自身的优点。同时要简化那些复杂/过于专业的描述，将顾客不熟悉的点与其熟悉的事物或概念类比，让顾客更容易理解。

4. 强调为用户解决哪些问题

产品的价值体现在解决问题上，可以通过使用前与使用后的差距对比，提示产品可以改变不好的现状。但也需要提供科学的数据来说服消费者。比如描述美白面膜，可以强调成分浓度，展示该成分与其他成分抑制黑色素能力的对比，体验者使用产品多次后的肌肤色度改变，并附上专利证书等证明信息。

5. 强化产品卖点的可感知性

某些商品因为产品自身的因素使得客户无法直接对产品产生触感，因此，卖方可以通过语言/视频/图片先让客户有类似的体验。消费者多数会凭借一些表象或者感觉做出判断，此时需要卖方集中展示自己产品的某些特性，用事实说话。

6. 突出产品带来的服务价值

这通常表现在提供更快的物流时效、退换售后服务等。比如加入 Lazada 海外仓的产品，同样的产品能提供本地发货，物流快至 1 日送达等。比如美甲工具，商家可以提供视频教程以及持续的时兴款式 DIY（自己动手制作）教学等。

3.3 跨境电商产品定价

在进出口贸易中，商品的价格是买卖双方磋商的焦点，有时也是成交的决定性因素。正确掌握进出口商品价格构成，合理采用各种定价方法，选用有利的计价货币和贸易条件，准确核算成本、利润，具有十分重要的意义。在跨境电商的贸易中，通常在出口商起草合同，进口商签字后确认合同时，或者进口商将合同起草完毕，在发送给出口商时，需要先填写进口预算表，预估各项费用。进口商根据出口商的报价计算各项费用及利润，如利润满足预期则接受报价，反之可向出口商还盘。

3.3.1 报价基本计算方法

1. 毛重、净重、体积计算

首先到世格跨境电商实训模拟平台的“产品展示”中记下产品每箱的重量、体积，其次查询产品的销售单位与包装单位是否相同。

在计算重量时，对销售单位与包装单位相同的产品（如食品类产品），可直接用交易数量×每箱的毛（净）重；对销售单位与包装单位不同的产品（如玩具类、服装类产品），须先根据单位换算计算出单件的毛（净）重，再根据交易数量计算总毛（净）重。

在计算体积时，对销售单位与包装单位相同的产品（如食品类产品），可直接用交易数量×每箱的体积；对销售单位与包装单位不同的产品（如玩具类、服装类产品），须先根据单位换算计算出包装箱数，再计算总体积。注意：包装箱数有小数点时，必须进位取整箱，如不满整箱亦按整箱计算毛净重。

【例 1】玩具类产品 08001 项，销售单位是 UNIT（辆），包装单位是 CARTON（箱），单位换算显示是每箱装 6 辆，每箱毛重 23KG，每箱净重 21KG，每箱体积 0. 080 52CBM。如果交易数量为 1 000 辆，试分别计算毛重、净重、体积。

解：

体积的计算：

包装箱数＝1 000÷6≈166. 6（CARTON），取整为 167CARTON。

总体积＝167×0. 080 52≈13. 447（CBM）

毛重的计算：

总毛重＝单件的毛重×包装箱数＝23×167＝3 841（KG）

净重的计算：

总净重＝单件的净重×包装箱数＝21×167＝3 507（KG）

【例 2】食品类产品 01001 项，销售单位是 CARTON（箱），包装单位也是 CARTON，每箱毛重 11. 2KG，每箱净重 10. 2KG，每箱体积 0. 014 739CBM。如果交易数量为 2 000CARTON，试分别计算毛重、净重、体积。

解：

毛重=2 000×11. 2=22 400（KG）

净重=2 000×10. 2=20 400（KG）

体积=2 000×0. 014 739=29. 478（CBM）

因该类产品销售单位与包装单位相同，故计算时可不考虑单位换算的内容。

2. 进口数量核算

在国际货物运输中，经常使用的是20′集装箱和40′集装箱。20′集装箱的有效容积为25CBM，限重17. 5TNE；40′集装箱的有效容积为55CBM，限重26TNE。其中1TNE=1 000KG。进口商在做进口核算时，可以按照集装箱可容纳的最大包装数量来计算进口数量，以节省海运费。

在世格跨境电商实训模拟平台中的“产品展示”中查看产品详细情况，根据产品的体积、包装单位、销售单位、单位换算来计算进口数量。

【例1】商品08003（儿童踏板车），销售单位UNIT（辆），包装单位CARTON（箱），单位换算为每箱装6辆，每箱体积为0. 057 6CBM，毛重为21KG，试分别计算该商品用20′、40′集装箱运输进口时的最大可装箱数及进口数量。

解：

每20′集装箱：

按体积算可装箱数=25÷0. 057 6≈434. 028（CARTON）

按重量算可装箱数=17. 5÷21×1 000≈833. 33（CARTON）

取两者中较小的值，因此最大可装箱数取整为434箱，相应进口数量=434×6=2 604（辆）。

每40′集装箱：

按体积算可装箱数=55÷0. 057 6≈954. 861（CARTON）

按重量算可装箱数=26÷21×1 000≈1 238. 095（CARTON）

取两者中较小的值，因此最大可装箱数取整为954箱，相应进口数量=954×6=5 724（辆）。

【例2】商品01005（甜玉米罐头），销售单位与包装单位都是CARTON（箱），每箱体积为0. 025 736CBM，毛重为20. 196KG，试分别计算该商品用20′、40′集装箱运输进口时的最大可装箱数及进口数量。

解：每20′集装箱：

按体积算可装箱数=25÷0. 025 736≈971. 402（CARTON）

按重量算可装箱数=17. 5÷20. 196×1 000≈866. 51（CARTON）

取两者中较小的值，因此最大可装箱数取整为866CARTON。

由于销售单位与包装单位相同，相应进口数量为866CARTON。

每40′集装箱：

按体积算可装箱数=55÷0. 025 736≈2 137. 084（CARTON）

按重量算可装箱数=26÷20. 196×1 000≈1 287. 35（CARTON）

取两者中较小的值，因此最大可装箱数取整为1 287CARTON。

由于销售单位与包装单位相同，相应进口数量为 1 287CARTON。

3. 合同金额计算

合同金额即双方议定的合同金额，需换算成进口商的本币。如合同以 CIF 术语成交，则 CIF 总价=合同金额；如不是 CIF 价，则要进行换算。

由 FOB 换算成 CIF 价：CIF=FOB+海运费+保险费

由 CFR 换算成 CIF 价：CIF=CFR+保险费

如不是以本币订立的合同，则要进行换算。假设合同以美元计价，合同金额为 USD36 900，而进口商的本币为日元（JPY），在世格跨境电商实训模拟平台“B2B”模块的“银行”中查到美元的汇率为 6.826 1，日元的汇率为 0.073 049，则合同金额为：USD36 900×6.826 1÷0.073 049≈JPY3 448 138.78。

4. 内陆费用

根据所分配的账号，查询所在账号的国籍内陆费用，如内陆运费为 RMB60/立方米（CBM）。假设进口商的本币为美元，在“银行”页中，查到当前美元的汇率为 6.826 1。由此可得：内陆运费=出口货物的总体积×60÷6.826 1。

5. 报检费

在世格跨境电商实训模拟平台跨境电商平台的“其他费用”中查到报检费率为 RMB200/次，当前美元的汇率为 6.826 1。由此可得

报检费=RMB200÷6.826 1≈USD29.3。

6. 报关费

在世格跨境电商实训模拟平台的“其他费用”中查到报关费为 RMB200/次，当前美元的汇率为 6.826 1。由此可得

报关费=RMB200÷6.826 1≈USD29.3。

7. 关税

进入世格跨境电商实训模拟平台的“税率”页，输入商品海关编码进行查询（例如输入商品 01001 的海关编码 2003101100，查到进口优惠税率为 25%）。注意：在本模拟平台中的国家基本上都适用于优惠税率，因此可直接取优惠税率计算，如果没有则填“0”。如果一笔合同涉及多项商品，则须分别计算再累加。由此可得

商品进口税=该项商品 CIF 总价×进口优惠税率

8. 增值税

进入世格跨境电商实训模拟平台的“税率”页，输入商品海关编码进行查询（例如输入商品 01001 的海关编码 2003101100，查到增值税率为 17%）。如果一笔合同涉及多项商品，则须分别计算再累加。由此可得

商品增值税=（该项商品 CIF 总价+进口关税税额+消费税税额）×增值税率

9. 消费税

进入世格跨境电商实训模拟平台的“税率”页输入商品海关编码进行查询（例如输入商品 10001 的海关编码 3304100092，查到消费税从价计算，为价格的 30%）。如果一笔合同涉及多项商品，则须分别计算再累加。如果没有消费税，则填入“0”。由此可得

$$\text{从价商品消费税}=\frac{\text{（该项商品 CIF 总价+进口关税税额）×消费税税率}}{\text{1-消费税税率}}$$

$$\text{从量商品消费税}=\text{应征消费税的商品数量×消费税单位税额}$$

10. 海运费

在进口交易中，采用 FOB 贸易术语成交的条件下，进口商需核算海运费。如为 CIF 或 CFR 方式，则填“0”。在进出口交易中，集装箱类型的选用、货物的装箱方法对于进口商减少运费开支起着很大的作用。集装箱的尺码、重量，货物在集装箱内的配装、排放以及堆栈都有一定的讲究，需要在实践中摸索。海运费的具体计算方法参考第 7 章跨境电商物流运费测算实训章节的内容。

11. 保险费

进口交易中，在以 FOB、CFR 条件成交的情况下，进口商需要到世格跨境电商实训模拟平台中“保险费”页查询保险费率，用以核算保险费。如系 CIF 方式则保险费为 0。公式如下：

$$\text{保险费}=\text{保险金额×保险费率}$$

$$\text{保险金额}=\text{CIF 货价×（1+保险加成率）}$$

保险金额具体计算方法如下：

在进出口贸易中，根据有关的国际贸易惯例，保险加成率通常为 10%，当然，出口人也可以根据进口方的要求与保险公司约定不同的保险加成率。

由于保险金额的计算是以 CIF（或 CIP）货价为基础的，因此，对外报价时如果需要将 CFR（或 CPT）价格变为 CIF（或 CIP）价格，或是在 CFR（或 CPT）合同项下买方要求卖方代为投保时，均不应以 CFR 价格为基础直接加保险费来计算，而应先将 CFR（或 CPT）价格换算为 CIF（或 CIP）价格后再求出相应的保险金额和保险费。

（1）按 CIF 进口时：保险金额=CIF 货价×1.1

（2）按 CFR 进口时：保险金额=CFR 货价×1.1 /（1 − 1.1 × r），其中 r 为保险费率，请在跨境电商模拟平台相关机构的“保险费”页面查找，将所投险别的保险费率相加即可。

（3）按 FOB 进口时：保险金额=（FOB 货价+海运费）×1.1/（1−1.1×r），其中 FOB 货价就是合同金额，海运费请在装船通知中查找，由出口商根据配舱通知填写。

注意：

①因一切险（或 A 险）已包括了所有一般附加险的责任范围，所以在投保一切险（或 A 险）时，保险公司对一般附加险的各险别不会再另收费。投保人在计算保险金额时，一般附加险的保险费率可不计入。

②只能选择一种基本险投保，特殊附加险则在基本险的基础上加保，如果同时加保特殊附加险中的战争险和罢工险，费率只按其中一项计算，不累加（即同时投保战争险和罢工险，费率仍是 0.8‰，而不是 1.6‰）。

【例 1】商品 03001 的 CFR 价格为 8 846.4 美元，要按成交价格的 110%投保协会货物保险条款（A）（保险费率 0.8%）和战争险（保险费率 0.08%），试计算进口商应付给保险公司的保险费用（假设进口商的本币为美元）。

解：

保险费=保险金额×保险费率

=8 846.4×1.1×（0.8% + 0.08%）÷［1 - 1.1×（0.8% + 0.08%）］

=85.633 2÷0.990 32

=86.47（美元）

【例2】商品03001的FOB价格为7 296美元，海运费1 550美元，要按成交价格的110%投保协会货物保险条款（A）（保险费率0.8%）和战争险（保险费率0.08%），试计算进口商应付给保险公司的保险费用（假设进口商的本币为美元）。

解：

保险费=保险金额×保险费率

=（7 296+1 550）×1.1×（0.8% + 0.08%）÷［1 - 1.1×（0.8% + 0.08%）］

≈80.629 3÷0.990 32

≈86.47（美元）

如果进口商的本币不是美元，则须再查本币汇率，将计算结果换算成本币，换算方法参照前面CIF总价的汇率换算。

12. 银行费用

不同的结汇方式，银行收取的费用也不同。

【例1】进出口商合同总金额为USD28 846.4时，分别计算进口商在L/C、D/P、D/A、T/T方式下的银行费用（假设L/C方式时修改过一次信用证）。

解：

第1步：查询费率。

在世格跨境电商实训模拟平台的“其他费用”页中查得开证手续费率0.15%（最低200元），修改手续费率200RMB/次、付款手续费率0.13%（最低200元）、D/A费率0.1%（最低100元，最高2 000元）、D/P费率0.1%（最低100元，最高2 000元）、T/T费率0.08%。

第2步：计算银行费用（假设进口商的本币为美元）。

L/C方式下：

开证手续费=28 846.4×0.15%≈43.27（美元）

修改手续费=200 / 6.826 1≈29.3（美元）

付款手续费=28 846.4×0.13%≈37.50（美元）

所以L/C银行费用=开证手续费+修改手续费+付款手续费=104.90（美元）

D/A银行费用=28 846.4×0.1%≈28.85（美元）

D/P银行费用=28 846.4×0.1%≈28.85（美元）

T/T银行费用=28 846.4×0.08%≈23.08（美元）

如果进口商的本币不是美元，则须再查本币汇率，将计算结果换算成本币，换算方法参照前面CIF总价的汇率换算。

13. 其他费用

其他费用即进口商公司综合费用。在世格跨境电商实训模拟平台的“其他费用”

中查到进口综合费用为合同金额的 5%。由此可得

$$进口综合费用=合同金额\times 5\%$$

3.3.2 进口预算表填写

1. 基本计算项目

进口预算计算项目如表 3-1 所示。

表 3-1 进口预算计算项目表

标号	预算项目
汇率	
1	FOB/FCA 成交价
2	国外运费：
3	CFR/CPT 成交价：（=1+2）
4	（1）国外保费：（2）总保费率：（3）投保加成：（4）投保金额：
5	CIF/CIP 成交价：（=3+4）
6	进口关税：
7	完税成本：（=5+6）
8	（1）商检费：（2）报关费：（3）消费税：（4）增值税：（5）其他：（6）国内费用：
9	（1）银行费用：（2）信用证费用：（3）信用证付款手续费：（4）D/A、D/P 付款手续费：（5）T/T 付款手续费：
10	总成本：（=7+8+9）
11	国内市场销货收入：
12	（1）（预期）盈亏额：（=11-10）（2）预期盈亏率：

2. 填写流程

第一步，确定出口商的报价；

第二步，确定相应国际贸易术语的成交价；

第三步，根据不同的贸易术语，填写运费、保费、银行费用、国内费用等相关成本组成部分，从而计算出总成本。

第四步，计算国内市场销货总收入，则利润总额=市场售货总收入-总成本。若在保证计算正确的前提下所得利润额为负数，按照此价格成交必定亏损，需要降低报价。

注意进口预算表填入的数字全部为本位币，且都保留两位小数。如需换算，汇率请参考世格跨境电商实训模拟平台中的“银行”页面。如没有该项费用发生，请填“0”。

3. 进口成本预算表

进口成本预算表如图 3-1 所示。

进 口 成 本 预 算 表

标号	预算项目(EUR)	实际发生金额
汇率	EUR 1 = USD 1.3222 EUR 1 = USD 1.3222	
1	FOB /FCA成交价 USD 272000.00 EUR 205717.74	0.00 0.00
2	国外运费： USD 835.00 EUR 631.52	0.00 0.00
3	CFR/CPT成交价：（=1+2） USD 272835.00 EUR 206349.27	0.00 0.00
4	国外保费：EUR 1159.98 总保费率： 4.30 % 投保加成 ： 130.00 % 投保金额：USD 356679.34	0.00 0.00 0.00 0.00
5	CIF/CIP成交价：（=3+4） USD 274368.72 EUR 207509.24	0.00 0.00
6	进口关税：EUR 41501.85	0.00
7	完税成本：（=5+6）EUR 249011.09	0.00
8	商 检 费：EUR 514.29 报 关 费：EUR 9.00 消 费 税：EUR 0.00 增 值 税：EUR 42331.89 其 他：EUR 0.00 国内费用： EUR 42855.18	0.00 0.00 0.00 0.00 0.00 0.00
9	银行费用：EUR 205.72 信用证费用：EUR 0.00 信用证付款手续费：EUR 0.00 D/A、D/P付款手续费： EUR 0.00 T/T付款手续费： EUR 205.72	0.00 0.00 0.00 0.00 0.00
10	总成本：(=7+8+9) EUR 292071.99 USD 386177.59	0.00 0.00
11	国内市场销货收入：EUR 320188.00	0.00
12	（预期）盈亏额：（=11-10）EUR 28116.01 预期盈亏率： 9.63 %	0.00 0.00

图 3-1 进口成本预算表

3.3.3 出口报价表填写

1. 计算相关项目

相关项目如表 3-2 所示。

表 3-2 出口报价计算项目汇总表

有关项目	预算项目
汇率	

表3-2（续）

有关项目	预算项目
成本栏	1. 收购价（含税进货价款）2. 出口退税收入：3. A. 实际采购成本：
费用	1. 商检费：2. 报关费：3. 出口税：4. 银行费用：5. 其他：6. 国内费用：
	出口总成本 C（FOB/FCA 成本）：$C=A+B$
	1. 出口运费 F：2. CFR/CPT 成本：（$=C+F$）
	1. 出口保费 I：2. 总保费率：3. 投保加成：4. 投保金额：5. CIF/CIP 成本：（$=C+F+I$）
报价栏	1. 预期盈亏率：2. 预期盈利额或亏损额 P： 3. 对外报价（FOB/FCA）：（$=C+P$） 4. 对外报价（CFR/CPT）：（$=C+F+P$） 5. 对外报价（CIF/CIP）：（$=C+F+I+P$）

2. 不同贸易术语下出口报价计算方法

（1）FOB/FCA 报价计算

$$\text{FOB/FCA 报价}=\frac{（\text{实际采购成本}+\text{报关费}+\text{其他}）\times（1+\text{预期盈亏率}）}{1-（1+\text{预期盈亏率}）\times（\text{报检手续费率}+\text{银行手续费率}）}$$

其中，“其他”包括报检时申请的证书费用（品质证书、健康证书、数量/重量证书、植物检疫证书），产地证费用（包括一般原产地证书、普惠制产地证书），申请鉴定费用（包括货物运输条件鉴定书），T/T 方式下的 DHL 寄单费。

考虑银行最低手续费的情况下，公式为

$$\text{FOB/FCA 报价}=\frac{（\text{实际采购成本}+\text{报关费}+\text{其他}+\text{银行最低手续费}）\times（1+\text{预期盈亏率}）}{1-（1+\text{预期盈亏率}）\times\text{报检手续费率}}$$

（2）CFR/CPT 报价计算

$$\text{CFR/CPT 报价}=\frac{（\text{实际采购成本}+\text{报关费}+\text{其他}+\text{出口运费}）\times（1+\text{预期盈亏率}）}{1-（1+\text{预期盈亏率}）\times（\text{报检手续费率}+\text{银行手续费率}）}$$

其中，“其他”包括报检时申请的证书费用（品质证书、健康证书、数量/重量证书、植物检疫证书），产地证费用（包括一般原产地证书、普惠制产地证书），申请鉴定费用（包括货物运输条件鉴定书），T/T 方式下的 DHL 寄单费。

考虑银行最低手续费的情况下，公式为

$$\text{CFR/CPT 报价}=\frac{（\text{实际采购成本}+\text{报关费}+\text{其他}+\text{银行最低手续费}+\text{出口运费}）\times（1+\text{预期盈亏率}）}{1-（1+\text{预期盈亏率}）\times\text{报检手续费率}}$$

（3）CIF/CIP 报价计算

$$\text{CIF/CIP 报价}=\frac{（\text{实际采购成本}+\text{报关费}+\text{其他}+\text{出口运费}）\times（1+\text{预期盈亏率}）}{1-（1+\text{预期盈亏率}）\times（\frac{\text{报检}}{\text{手续费率}}+\frac{\text{银行}}{\text{手续费率}}+\text{保险费率}\times\text{投保加成}）}$$

其中，“其他”包括报检时申请的证书费用（品质证书、健康证书、数量/重量证书、植物检疫证书），产地证费用（包括一般原产地证书、普惠制产地证书），申请鉴定费用（包括货物运输条件鉴定书），T/T 方式下的 DHL 寄单费。

考虑银行最低手续费的情况下，公式为

CIF/CIP 报价 =

$$\frac{（实际采购成本+报关费+其他+银行最低手续费+出口运费）\times（1+预期盈亏率）}{1-（1+预期盈亏率）\times（报检手续费率+保险费率\times投保加成）}$$

3.3.4 进出口核算案例分析

进出口商相关背景资料如下：

出口商（古巴）为古巴科伊巴贸易有限公司，进口商（俄罗斯）为俄罗斯加琳娜贸易有限公司。双方磋商确定交易详情如下：

1. Product NO.：24001
2. Commodity：CIGARS（雪茄）
3. Quantity：100BOXS
4. Payment：T/T 100% IN ADVANCE
5. Price Term：FCA Santiagos
6. Transport：From Santiagos To St. Petersburg By Air

在“海关”机构网站查得：该商品的增值税税率为 17%，进口优惠关税税率为 25%，消费税税率为 36%，出口退税税率为 0，双方磋商确定投保航空运输一切险。

【案例 1】T/T+FCA+空运出口报价

查询汇率可知本币与美元：填写古巴比索与美元汇率 CUP 1 = USD 1

本币与合同币别：选择合同币别为 USD，CUP 1 = USD 1

第一步：计算报价之前，先在世格跨境电商实训模拟平台“My City”的相关机构网站查询以下固定的国内费用，并将其填入预算表，包括：

收购价 = 国内工厂商品单价 × 交易数量 = 98.6×100 = CUP 9 860

出口退税收入：0

实际采购成本 = 收购价-出口退税收入 = 9 860-0 = CUP 9 860

报关费：CUP 14

其他：CUP 33（包括双方约定申请的品质证书一份 CUP10、普惠制产地证书一份 CUP11 以及 T/T 方式下的寄单费用 CUP12）

第二步：出口商把这笔合同的预期盈亏率暂定为 12%，接下来，根据“出口报价”里的 FCA 对外报价公式：

$$FOB/FCA\ 报价 = \frac{（实际采购成本+报关费+其他）\times（1+预期盈亏率）}{1-（1+预期盈亏率）\times（报检手续费率+银行手续费率）}$$

在“My City”相关机构网站可以查到报检手续费率为 0.25%，T/T 方式下的出口地银行入账手续费率为 0.1%（最低 CUP28），代入公式，得

$$FCA\ 报价 = \frac{(9\ 860+14+33)\times 1.12}{1-1.12\times(0.002\ 5+0.001)} \approx CUP\ 11\ 139.51$$

计算出的 FCA 报价即为合同金额，在这个报价下的：

银行费用＝合同金额×T/T 入账手续费率

＝11 139. 51×0. 001≈ CUP 11. 14

而 T/T 银行手续费最低为 CUP28，当计算出的银行费用小于最低手续费时，需要另用公式计算 FCA 报价：

FOB/FCA 报价＝

$$\frac{（实际采购成本+报关费+其他+银行最低手续费）\times（1+预期盈亏率）}{1-（1+预期盈亏率）\times 报检手续费率}$$

将上述数字代入公式，得

$$FCA 报价=\frac{(9\ 860+14+33+28)\times 1.12}{1-1.12\times 0.002\ 5}\approx CUP\ 11\ 158.44$$

商品的单价还需要用计算出的报价即合同金额除以数量：

11 158. 44/100≈CUP 111. 58（USD 111. 58）

第三步：出口商将商品单价定为 USD 111. 58，合同金额即 FCA 报价也随之变动为 USD11 158。

合同金额＝商品单价×数量＝111. 58×100＝USD 11 158

这时所有与合同金额相关的费用就可以计算出来了，包括：

商检费＝合同金额×报检手续费率

＝11 158×0. 002 5＝ CUP 27. 90（通常结果保留两位小数）

银行费用：取 T/T 最低银行手续费 CUP 28

这几项费用计算出来之后，出口预算表里的其他费用即可算出：

国内费用＝商检费+报关费+出口税+银行费用+其他

＝27. 9+14+0+28+33＝ CUP 102. 9

出口总成本（FCA 成本）＝实际采购成本+国内费用

＝9 860+102. 9＝CUP 9 962. 9＝ USD 9 962. 9

第四步：以上是根据假设的 12%的预期盈亏率来反推出合同报价的，最后通过计算“报价栏”里的盈亏额和盈亏率来验证这个价格是否合理。

对外报价（FCA）＝CUP 11 158＝USD 11 158

预期盈亏额＝FCA 报价−FCA 成本＝11 158−9 962. 9＝USD 1 195. 1

预期盈亏率＝预期盈亏额/FCA 成本＝1 195. 1÷9 962. 9×100%≈12%

计算证明，最后的盈亏率符合预期要求。即当商品 24 001 的单价为 USD 111. 58 时，出口商的盈利在 12%左右。此时，出口商可以把这个价格通过邮件发给进口商，给进口商报价。

【案例 2】T/T+FCA+空运进口商核算进行还价

进口商收到出口商发来的报价邮件后，可以根据出口商的报价（USD 111. 58/PC），核算出该笔贸易的成本和利润，从而确定这个报价是否合理，自己是否能够接受。报价表填写如下。

汇率栏：

本币与美元：填写俄罗斯卢布与美元的汇率 SUR 1=USD 0.042

本币与合同币别：选择合同币别为 USD，SUR 1=USD 0.042

根据出口商的报价，可以得出

合同金额（FCA 总价）= 商品单价×数量

=111.58×100=USD 11 158（SUR 265 666.67）

第 1 项：FCA 成交价：USD 11 158（SUR 265 666.67）

第 2 项：国外运费：USD 2 283.11（SUR 54 359.76）

该笔商品的总毛重为 226.05KG，总体积为 0.012 86CBM（1CBM=167KG），根据运费取大的原则，比较之后，按照总毛重计算运费。在“国际货运有限公司”空运部机构网站查得圣地亚哥至圣彼得堡 100KG~300KG 的空运费为 USD10.1/KG，所以运费总计：

226.05×10.1=USD 2 283.11（保留两位小数）

第 3 项：CPT 成交价=FCA 成交价+国外运费

=11 158+2 283.11=USD 13 441.11（SUR 320 026.43）

第 4 项：总保费率：3.5‰（在“国际保险公司”机构网站查得航空运输一切险的总保费率为 3.5‰）。

投保加成：110%

投保金额=（FCA 货价+海运费）×1.1/（1−1.1×总保费率）

=（265 666.67+54 359.76）×1.1/（1−1.1×0.003 5）

= SUR 353 389.62

国外保费=投保金额×总保费率

=353 389.62×0.003 5

=SUR 1 236.86（USD 51.95）

第 5 项：CIP 成交价=CPT 成交价+国外保费

=13 441.11+51.95

=USD 13 493.06（SUR 321 263.33）

第 6 项：进口关税= CIP 总价×进口关税税率

=321 263.33×0.25=SUR 80 315.83

第 7 项：完税成本=CIP 总价+进口关税

=321 263.33+80 315.83=SUR 401 579.16

第 8 项：商检费=进口报检手续费=FCA 总价×报检手续费率

=265 666.67×0.002 5=SUR 664.17

报关费：SUR 340（在“海关”机构网站查得）

消费税=(CIP 成交价+进口关税税额）×消费税税率/（1−消费税税率）

=（321 263.33+80 315.83）×0.36/（1−0.36）

≈SUR 225 888.28

增值税=（完税成本+消费税税额）×增值税税率

= （401 579. 16+225 888. 28）×0. 17

= SUR 106 669. 46

其他：0

由此可以得出：国内费用=商检费+报关费+消费税+增值税+其他

= 664. 17+340+225 888. 28+106 669. 46

= SUR 333 561. 91

第 9 项：银行费用=FCA 总价×T/T 付款手续费率

= 265 666. 67×0. 001

= SUR 265. 67 <银行最低手续费 SUR 690

所以银行费用为 SUR 690。

第 10 项：总成本=完税成本+国内费用+银行费用

=401 579. 16+333 561. 91+690 = SUR 735 831. 07

第 11 项：在“My City”“市场”里查得 24001 的销售单价为 SUR 8 190，由此可得：

国内市场销货收入=8 190×100=SUR 819 000

第 12 项：（预期）盈亏额=国内市场销货收入-总成本

=819 000-735 831. 07=SUR 83 168. 93

预期盈亏率=预期盈亏额/总成本=83 168. 93/735 831. 07=11. 3%

通过以上计算可知，该笔贸易的盈亏率在 11. 3%左右，即进口商如果接受出口商发来的报价（USD111. 58/BOX），则可以盈利 11. 3%。当然，进口商如果觉得报价偏高或者希望赚得更高的利润，可以发邮件给出口商进行还盘，降低出口商的报价。

第4章 跨境电商网络营销

4.1 跨境电商网络营销概述

4.1.1 跨境电商网络营销特点

跨境电商网络营销是随着信息化技术手段的发展而兴起的，本质上仍然是营销，但与传统的营销模式相比，还具有互联网背景下跨境的特点。

1. 贸易过程多边化

跨境电商贸易过程涉及信息流、商流、物流、资金流，相对于传统国际贸易体现的两国双边贸易，跨境电商可以借助A国的交易平台、B国的支付结算平台和C国的物流平台完成贸易过程，充分体现了跨境电商贸易过程的多边化。比如，中国卖方借助速卖通平台销售给俄罗斯买方一件童装，物流选择美国UPS配送，现金结算选择VISA支付，那么本次跨境贸易虽然是中国与俄罗斯的双边贸易，但其物流配送和支付结算却选择的是美国平台。

2. 交易过程直接化

跨境电商借助交易平台可以实现企业之间（B2B）、企业与消费者之间（B2C）的直接交易。相对于传统国际贸易的多级分销过程，跨境电商的交易过程更直接，减少了贸易环节，节省了时间与资金成本。

3. 贸易订单小批量、高频度

自2008年金融危机以来，各国消费者的消费能力下降，企业为了降低风险逐渐倾向于多批次、小批量的采购模式。相对于传统国际贸易而言，跨境电商交易环节和交易时间的缩减以及交易成本的降低，促使更多企业选择跨境电商的方式按需采购。

4. 企业形态多样化

传统国际贸易主要以货物贸易和服务贸易为主，参与国际贸易的企业多为大企业或代工工厂。资金周转和交易周期长，交易过程复杂，使中小企业往往无法企及。由于生产模式、销售模式、物流模式以及支付模式的改变，跨境电商使越来越多的中小企业借助自身研发、生产和销售取得成功。

5. 交易主体跨越关境

跨境电商最大的特征是强调交易主体的空间位置，交易主体在跨境电商中不再囿于同一国家，已经突破了国家地域限制，强调交易双方位于不同国家或关境。

6. 网络属性鲜明

跨境电商是电子商务的细分市场，是借助于互联网与信息技术运行的。其商品交易活动也不再拘泥于传统的线下、邮件或传真等沟通方式，交易活动、支付活动与信息沟通都转向了互联网。尤其是伴随着移动互联网与移动终端设备的发展与普及，跨境电商逐步向移动跨境电商发展，更体现出显著的网络属性。

7. 关联活动发生变化

跨境电商涉及不同国家或关境，其关联活动也相应地发生了许多变化。如支付环节突破了国家的界限，变成了跨境支付，从而会涉及汇率等问题；物流同样突破了国家的界限，成为跨境物流模式。此外，还涉及输出国海关与商检、输入国海关与商检等环节，包括语言翻译在内的其他关联服务也增多了，这些都是伴随跨境电子商务活动所需而出现的。

8. 环境更复杂，风险更多样

跨境电商涉及不同国家，有的国家商业环境与法律体系较为完善，有的则不完善，国家与国家之间的各种环境差异显著。这些都增加了跨境电商环境的复杂性，同时也带来了更多的风险。这些风险主要体现在经济、政治、社会、技术等方面，尤其在法律、税收、文化、语言、海关等方面。跨境电商需要适应的规则也更多、更细、更复杂，不同的国际贸易体系、规制、进出口管制、关税、政策的变化，乃至政治危机、通货膨胀、宗教信仰差异等，也都增加了环境的复杂性，同时带来了更多的风险。

4.1.2 跨境电商网络营销方法

4.1.2.1 视觉营销

对跨境电商来说，视觉营销主要体现在店铺装修上。网点视觉营销的根本目的在于塑造网店的良好形象和促进商品销售。视觉营销的重要性主要体现 4 个方面：吸引买方眼球、传播品牌文化、提高转化率、降低广告费（图 4-1）。

跨境电商店铺视觉营销的设计原则如下：

（1）页面视觉流畅：保持页面的整体性和浏览页面的便捷性。

（2）商品陈列合理：首页页面空间有限，首页商品需要按照商品风格、用途等属性分类进行展示。

（3）突出重点商品：店铺主推品、新品、热卖商品等重点营销的商品要放在视觉最集中的首屏位置或是活动促销海报中，有利于对买方形成强有力的视觉冲击。

（4）店招设计：应明了、美观、统一，清晰展示店铺名称，可以对店名进行艺术化处理。

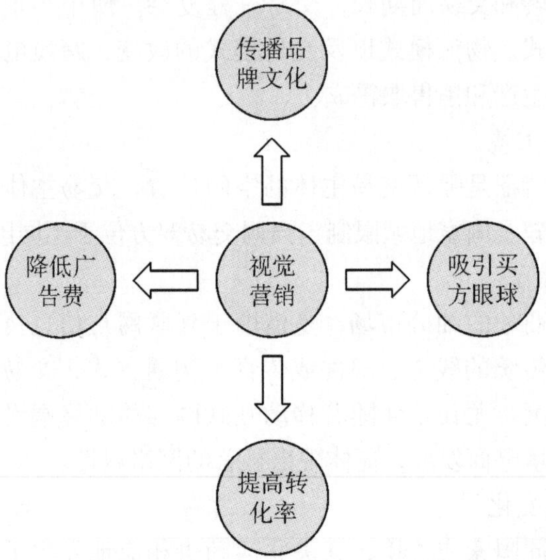

图 4-1　视觉营销的作用

（5）设计首页文案：图文并茂，简单明确地传达商品的重要信息。

4. 1. 2. 2　**网络广告营销**

4. 1. 2. 2. 1　网络广告的定义与特征

所谓网络广告，是指在互联网站点上发布的以数字代码为载体的各种经营性广告。企业把有关商品和服务信息传递给潜在用户或发到网络上，让网民有机会访问了解，其形式有网页标牌广告、E-mail 广告等。

网络广告是既不同于平面媒体广告，也不同于传统电子媒体（如电视）广告的另一种广告形式，其基本特征如下：

（1）利用数字技术制作和展示。

（2）可链接性。这意味着广告主和广告经营者都无法预知和控制广告会被多少个站点复制，虽然有时链接者的本意并非宣传广告，但只要被链接的主页被网络使用者点击，他就必然会看到广告，这是传统广告无法比拟的。

（3）强制性。熟悉互联网的人都有收到 E-mail 广告的经历，而要完全拒绝此类广告在技术上比较困难。网络广告的上述特点，对广告的法律调整与规范提出了新的课题。在电子商务快速发展的今天，必须从理论上和实践上解决网络广告的规制问题。

4. 1. 2. 2. 2　网络广告的优点

（1）覆盖面广，受众数目庞大。

（2）不受时间限制，广告效果持久。网络广告存放在主机上，只要主机不关闭，网民每天 24 小时都可以访问了解，不受白天、夜晚的限制，也没有节假日休息；不像广播、电视受播出时段限制和地区时差影响，也不像报纸广告作用时间短暂，网络广告可以每时每刻、持续地发挥作用。

（3）形式生动灵活，互动性强。目前企业使用较多的是网页广告，其多媒体功能可以把文字、图片、图像、声音等结合在一起，可展示三维彩色图像，配上立体音响，形式生动活泼。现代营销的发展趋势包含人性化、个性化，网络促销是一对一、消费者主导、循序渐进的，是一种人性化促销，通过信息传递和交互式交谈与消费者建立长期良好的关系。

（4）可以分类检索，广告针对性强。互联网中网站多如牛毛，广告信息浩如烟海，但利用百度、Yahoo、Infoseek、GeoCities等网络资源搜索器，客户能够方便地查阅某一类产品的广告，货比多家，择优订购。厂商只要输入正确的关键词，也能保证自己的广告信息被有关客户检索到，这样可以有针对性地做广告宣传。

（5）制作简便，广告费用低。随着计算机软件技术的发展，网络广告的制作越来越简单快捷，一些看起来很复杂的多媒体广告可以在两三天内完成，制作成本日益降低。发布网上广告的整体费用也大大低于使用广播、电视、报纸、杂志等广告媒体的费用，往往仅是其几十分之一甚至几百分之一；特别是考虑到其庞大的广告受众群，网上广告费用更显得十分低廉，成为其最大竞争优势。

（6）广告内容易于更新。在传统媒体上做广告，发版后很难更改，即使可改动，往往也要付出很高的费用。而在互联网上做广告能根据需要及时变更广告内容，不需附加费用或费用很低。网上广告内容和形式的不断更新，会给消费者耳目一新的感觉，无形中提高了广告的宣传效果。

4.1.2.3 直接电子邮件营销

直接电子邮件营销，即EDM（E-mail direct marketing），是在用户事先许可的前提下，通过电子邮件的方式向目标用户发送电子邮件，传达企业相关信息，促进产品销售、维系客户关系的一种网络营销手段。E-mail营销有三个基本因素：基于用户许可、通过电子邮件传递信息、信息对用户是有价值的。三个因素缺少一个，都不能称之为有效的E-mail营销。

因此，真正意义上的E-mail营销也就是许可E-mail营销。基于用户许可的E-mail营销与滥发邮件（spam）不同，许可营销比传统的推广方式或未经许可的E-mail广告具有明显的优势，如可以减少广告对用户的滋扰、增加潜在客户定位的准确度、增强与客户的关系、提高客户品牌忠诚度等。由于操作简单、成本低廉、针对性强、精准度高，电子邮件成为跨境电商卖方与国外买方进行交流的重要渠道。

在营销的不同阶段，电子邮件可以完成不同的营销功能。在营销初期，企业可以利用电子邮件进行信息宣传；在客户对企业产生印象后，企业可以利用电子邮件发布具有针对性的广告信息；当顾客完成购买后，企业可以借助电子邮件与顾客保持联系，处理客户反馈意见等。

4.1.2.4 搜索引擎营销

互联网时代，人们习惯通过搜索引擎获取所需信息。搜索引擎是国内外网民最常用的网络工具之一。强大的网民基础使搜索引擎成为电商企业开展网络营销的重要途径，对于跨境电商从业者来说，如何通过搜索引擎让潜在客户关注自己的产品或网站，是一个非常值得关心的问题。

搜索引擎营销（SEM）就是通过控制网站搜索结果的展现，来满足特定搜索者的信息检索需求，并以此实现营销目标。在出口跨境电商领域，企业主要投放的搜索引擎有 Google，但它并不是每个国家的主流搜索引擎。在俄罗斯 Yandex 是网民首选的搜索引擎，该公司市场份额在俄罗斯占 50%左右；在韩国，Naver 是网民主要使用的搜索引擎，其市场占有率高达 70%；在捷克，Seznam 约占 60%以上的市场份额。在进口跨境电商领域，企业主要投放中国的搜索引擎百度，百度在中国的市场占有率高达 85%。

搜索引擎是站外引流的主要渠道。搜索分为被动和主动两种，对应的营销方式是搜索引擎竞价（PPC）和搜索引擎优化（SEO）。PPC 就是购买关键词，而 SEO 就是网站不断优化内容与结构，获得更好的自然搜索排名结果。SEO 无成本，但却是一项长期的工作，需要商家长期的投入和关注。要符合搜索引擎优化标准，就要对页面结构布局、高频关键词及长尾关键词、外链和内容链接、产品命名、展现效果、重复内容等进行具体的内容和交互设计。通常，电商访客转化率为 1%~3%，不同的访问渠道、关键词及目标内容，其转化率是不同的。

关键词是搜索引擎的语言，是 SEO 的核心，因为在线销售一般开始于搜索，顾客会用自己的母语进行搜索，而搜索习惯是由语言驱动的；关键词是找到信息的密钥，引导网购者到达指定的网络商店。一是通过关键词设置增加爆光量，准确的关键词将会对提高品牌曝光率、增加订单起到事半功倍的作用。可以通过谷歌关键词规划师（Google Adwords）、关键词设置及排名优化来提升产品站内检索排名。除了 Google Adwords 外，Wordtracker、Wordze、SEOBook 等工具也经常被卖方使用，可以显示特定关键词的相关词组，用来查搜索排名，查哪个关键词排在搜索引擎或站内搜索前面，还可以寻找长尾关键词。二是通过关键词趋势了解流行产品，作为选品和定价策略的参考。关键词趋势类工具有 Google Trends、eBay Pluse、Trends Amazon 等，以及第三方调研及分析词工具如 Terapeak、爆款易、Amztracker 抓客、数字酋长、物托帮、易麦宝、Mallib 等。三是有针对性地抓取站内搜索，调查站内竞争对手的销售数据情况。

除了比较流行的关键词工具外，Google 本身是一个庞大的营销机器，有多种营销功能，基于 Google 生态的营销支出是很多卖方的主要营销支出。另外，还有一些常见的搜索引擎如 Bing、Yahoo、AOL、Yandex（俄）、Goo（日）、Naver（韩）等。

4.1.2.5 互联网社区营销

互联网社区是网上特有的一种虚拟社会，是指包括电子公告牌（BBS）或论坛、讨论组、聊天室、博客等形式在内的网上交流空间。同一主题的网络社区集中了具有共同兴趣的访问者，由于有众多用户的参与，互联网社区不仅具备交流的功能，实际上也成为一种营销场所。

互联网社区针对性强、黏性高和互动性强等特点和优势决定了它具有非常高的营销价值。

（1）市场调查。商家和广告主可以从社区得到很有价值的市场信息，这类信息包括客户的人口和心理统计，他们对产品、服务的看法和意见，他们在社区中的交易行为等。这些数据可以从聊天室、调查问卷或电子邮件中搜集。在主页或相关网页设置一个在线调查表是常见做法，然而对多数受访者来说，由于受访占用额外的时间，他们大多数都不愿参与调查，即使提供某种奖励措施，参与的人数可能仍然不多。如果充分利用论坛和聊天室的功能，主动、热情地邀请访问者或会员参与调查，参与者的比例一定会大幅增加。同时，通过搜集 BBS 上顾客的留言也可以了解到一些关于产品和服务的反馈意见。

（2）产品宣传和推广。网络社区将兴趣相同的成员集中在一起，企业可以更有针对性地对某类社区投放广告；或是赞助某类社区，培养社区成员对企业品牌的好感。

（3）产品促销。网络社区中的意见领袖们所发表的观点和经验，影响着其他社区用户的消费理念和消费行为。因此，企业可以重点对网络社区中的意见领袖开展营销活动，从而促进产品的销售。同时，企业还可以在网络社区上开展多种形式的有奖竞猜、打折和团购等活动，提高用户参与度，刺激产品销售。

（4）网站合作。企业可以与那些没有建立自己社区的网站合作，允许其使用自己的论坛和聊天室。当然，那些网站必须为进入自己建立的社区建立链接和介绍，这种免费宣传机会很有价值。

（5）信息分享。社区成员以评论、反馈、民意测验等形式向社区输入有用信息，这些信息是其他成员消费意愿和消费行为的重要影响因素。网络社区若能整理和利用好这些数据，会吸引更多的用户加入社区，从而获得更大的商业价值。

（6）客户服务。企业可以建立专门的网络社区，为产品使用的问题及相关知识提供一个咨询交流平台，更好地获取客户的咨询和意见，并及时为他们做出解答。

4.1.2.6 跨境电商直播营销

跨境电商直播是指通过站内平台或站外社交媒体平台就产品信息进行实时介绍、展播的过程。跨境电商直播作为互联网经济时代的商业产物，是网络营销领域新兴的营销概念。目前，其直播形式分为视频直播、文字直播和图片直播等。按直播渠道划分，直播可分为站外直播和站内直播。站外直播也可被称为社交媒体直播（social media live straming），是指通过 Facebook、YouTube、Instagram 等国际主流社交电商平台进行的产品或服务直播。站内直播可被称为电商平台直播（E-commerce live streaming），主要是指通过平台内的技术资源进行的产品直播，如 AliExpress Live、LazLive 等。

在跨境电商发展初期，产品的营销主要以文字介绍、图片展示、短视频等方式进行。随着数字经济技术的推广和运用，直播的方式越来越被大众所追捧。国际上普遍认为我国在跨境电商直播方面处于领导地位，各大电商平台也在争相学习中国电商直播模式。

根据弗雷斯特研究公司的研究数据，直播电商起源于中国。新冠肺炎疫情前，该机构预测到 2023 年 1 月，我国跨境电商直播销量将达到 1 000 亿元人民币（约 130 亿欧元）。受疫情影响，该数据的达成可能会提前。而未来三年，中国直播电商的年均增长率可达 150%。随着电商的发展和社交媒体的广泛传播，互动式购物、体验式购物等营销模式被越来越多的商家运用到线上交易中。该现象在欧美互联网领域中被称为 shoppertainment（shopper 与 entertainment 的合成词）。尽管其没有对应的官方中文解释，但可被翻译为娱乐式购物。尽管该词首次出现在 1990 年，但在线上购物的背景下，弗雷斯特研究公司将其定义为“一种新兴的电子商务形式，通过利用图片、视频、互动游戏或直播活动来最终推动交易，为消费者提供更加个性化、互动性和吸引力更大的购物体验”。

麦肯锡认为，2016 年阿里巴巴旗下淘宝直播的出现标志着销售行业进入了新篇章。在中国电商直播的带领下，西方的品牌商、零售商、商场等纷纷开始设立自己的直播频道。一方面，直播的方式可以让受众更加清晰、直观地接收关注对象的信息。另一方面，直播可以调动人体感官，场景性强，让观众获得更多的参与感，最终实现高转化率。同时，直播解决了购物过程中的信任问题，缩短了购物流程和时间。

以阿里巴巴速卖通为例，速卖通于 2017 年开始推出线上直播业务，也称 AELIVE。2020 年，速卖通开启全球“网红”孵化计划，3 年内孵化百万个“网红达人”。其直播业务发展迅速，吸引了来自不同国家的卖方和“网红”开启直播频道。2020 年“双十一”期间，速卖通直播近 100 万场。速卖通作为阿里巴巴集团最大的 B2C 跨境电商出口平台，其直播模式和风格与淘宝相似。入驻速卖通的金银牌商家可直接开设直播，非金银牌的商家需填写申请信息，平台审核后会在 2~5 个工作日为其开通直播权限。

AELIVE 目前出现的直播形式主要分为潮流穿搭、微距展示、功能演示、开箱测评、客服导购和品牌秀场。常见的直播方式为主播现场进行产品展示与互动。一般情况下，参与直播的商品会享有特殊折扣，主播通过与观众互动的方式发放优惠券。AELIVE 的推流方式分为 OBS 推流、手机推流和其他直播方式，支持在前端 18 国语言输出。OBS，即 Open Broadcaster Software，是一款常见的互联网流媒体直播内容输入软件。OBS 推流需要专业的电脑设备，卖方可通过技术操作设置不同的直播场景，也可以根据需要切屏以进行多区域展示。OBS 直播技术和运用可以使直播更加专业，环境更加多元。

手机推流相较于 OBS 推流操作更加简单，但受技术影响，直播约有 15 秒左右的延迟，画面质量受设备影响较大。但手机推流不受时间、地点的限制，操作便捷，适合场景要求不高的产品。速卖通的大部分卖方为中国卖方，在目标平台开设直播营销的难点主要有语言、时差、直播时长、信息同步。

目前，速卖通作为欧美市场增长速度最快的电商平台，其直播业务发展相对较早，系统也偏向淘系直播。其竞争对手亚马逊于 2019 年开设直播频道。结合直播人群、直播对象地区等因素对比两大综合类跨境电商平台，其主要区别如表 4-1 所示。

表 4-1　速卖通与亚马逊直播模式比较

直播平台	速卖通	亚马逊
直播人群	中国商家、国外“网红达人”	外国商家、达人
直播对象地区	俄罗斯、美国、西班牙等	基本覆盖亚马逊所有站点
推流方式	手机推流为主	OBS 推流为主
直播资质	平台审核机制	品牌商家
订阅	支持	不支持
直播频率	频繁	不频繁

表4-1(续)

直播平台	速卖通	亚马逊
直播特点	多互动、少场景，直播时间长，不支持边播边录，可下载直播视频后期编辑再投放	重介绍、轻互动，直播时间短，可边播边录；直播内容丰富，场景应用能力强

AELIVE 在不同市场投放的直播，其产品类目的关注度也呈现差异。以速卖通几大市场为例：俄罗斯、西班牙买方关注科技产品、配饰和美妆；西班牙买方对价格较敏感，他们更喜欢当地产品专家提供的实用信息；波兰买方注重主播与访客的互动。尽管不同国家的消费者关注的类目和产品点不同，但大多数消费者不想花超过 10 分钟的时间观看直播，这也就要求主播在介绍产品时应该注意语速、节奏，紧抓产品卖点，实现精准营销。2022 年“两会”期间，全国人大代表、广东省贸促会会长方利旭表示，“跨境电商+直播带货”已经成为外贸新出口、新出路，而 RCEP（Regional Comprehensive Partnership，区域全面经济伙伴关系协定）国家将成为广东企业跨境贸易的新蓝海。

4.1.3 跨境电商网络广告营销

网络广告可采用多种形式，不同的广告形式，其效果往往也不同。一般来说，好的网络广告策划要经过四个步骤。第一，观察学习。首先要观察学习别人如何在网上做广告，了解较长时间从事网上广告的同行有什么经验教训，作为参考借鉴。第二，计划。所谓计划是指充分分析网络广告应解决和涉及的问题。第三，实施。不管网络广告计划做得多么美好，在实施阶段可能还是会出纰漏，所以应采取循序渐进的方式。第四，反馈。为了保证广告的效果，必须按广告计划书规定的期限定期检查网络广告的效果。

4.1.3.1 网络广告文案撰写原则

1. 主旨明确

一个专业的网络广告，应该让访问者（潜在客源）能马上了解到这个网络广告宣传的业务是什么。网络广告的文案是实现网络广告营销战略的主要手段之一，网络广告的文案内容是决定网络广告能否吸引人的核心。

2. 内容为主

网络广告营销是以实现广告营销战略为目标、对网络广告各要素展开的综合规划，其要素不仅仅包括图像。其内涵包括很多方面，如网络广告目标、经营策略、读者定位、风格塑造、文案写作、图像设计等，还有像交互性设计、数据结构设计、绩效评估也都在其列。

3. 照顾大多数

网络广告采用的技术不一定越复杂、越时髦越好。网络广告就应该照顾绝大多数人的情况，采用适当的技术手段，突出文案内容，以保证尽量广的传播面。在网络广告文案内容的安排及文字风格处理上，也应贯彻照顾大多数的原则。

4.1.3.2 **文案的构成**

网络广告的文案主要由标题、正文和标号组成。

网络广告的标题是用来说明网络广告正文的中心思想的，是网络广告非常重要的组成部分。网络广告标题的职能是点明广告的主题，立刻吸引消费者的注意，引起消费者的兴趣和好奇心，从而诱导消费者阅读广告的正文。

网络广告的正文主要是对标题及网络广告内容主题的解释，是网络广告的主体部分。网络广告的职能就是满足消费者的好奇心，促使消费者走向广告宣传的最终目标：采取购买行动。

在网络广告文案中，标号的作用在于标明语句的性质和作用。常用的标号有 9 种，即引号、括号、破折号、省略号、着重号、连接号、间隔号、书名号和专名号。

4.1.3.3 **文案写作的爱达公式**

爱达公式也称 AIDA 法则，它是以消费者的接受心理为出发点提出的广告文案创作模式。其基本思路是通过广告文案改变或者强化消费者的思想观念。它具体包括四个方面的内容。

（1）标题引起消费者注意（attention）。

（2）正文开头使消费者产生兴趣（interest）。

（3）正文中间增强消费者的信任感，并引发其购买欲望（desire）。

（4）正文结尾让消费者从心动转为行动（action）。

4.1.3.4 **网络广告类型**

很多跨境电商平台的卖方都会选择一些站外平台做广告，本章简要介绍跨境电商站外经常做的一些广告类型。

1. SP 广告

SP 广告又叫漏斗广告，主要是因为它就像漏斗一样，经过层层的筛选下漏，来积累关键词的权重。SP 广告又分为自动、手动广泛、手动词组、手动精准四种广告类型。

2. 自动广告

自动广告是指亚马逊通过系统自动识别卖方文案的关键词，为卖方的 listing（亚马逊的一个页面）匹配关键词和对应的产品类目。自动广告的作用是筛选出优质关键词，为后面的手动广告做基础。一般自动广告不会带来太多的订单量，因此实践中卖方尽量不要给自动广告太多预算。

3. 手动广告

手动广告则是卖方自己设定关键词，通过广告引入设定的关键词相关的流量。手动广告的主动权掌握在卖方手里，更加符合自己产品的属性。手动广告是卖方积累核心关键词的重要途径。

4. 视频广告

视频广告是以视频的形式投放广告，以更好地展示产品卖点。随着短视频的兴起，卖方也对视频广告越来越重视。有数据显示，视频广告的 CPC（单次点击价格）比品牌广告的 CPC 低 10%。短视频有利于吸引流量，提高店铺转化率。

5. DSP 展示型广告

DSP（demand side platform，需求方平台）展示型广告和商品投放广告相似，但DSP 展示型广告显示的位置会更好。商品投放广告是在页面广告的位置显示，而 DSP 展示型广告出现在产品链接里的标题下方，直接抢此产品链接的流量。所以，DSP 展示型广告在位置上占有绝对优势，卖方可以挑选出主推产品为其投放 DSP 展示型广告。

4.1.4 跨境电商平台营销客户搜索

4.1.4.1 客户与资源池

在现代商业中，客户是指通过购买产品或服务，满足其某种需求的群体。互联网的特性让跨境电商平台中买卖双方的角色产生了变化，成了互联网中的基本因子：资源。在跨境电商平台中，交易产生之前很难预知，所以不能再以传统的方式来定义客户，而应将客户定义成“可能通过平台购买产品或服务以满足其某种需求的群体”。在跨境电商平台中每天均会有上千万次产品访问，也就意味着在平台中，每时每刻都有可能产生贸易机会，因此跨境电商平台上每时每刻产生着各式各样的“可能”，这个数量是传统的商务活动无法想象也不具备可比性的。如果将每时每刻都产生着的贸易可能都放到一个虚拟的池子中，针对这个池子里的每种可能进行分析，并且建立一个相对有效的筛选方式，那么，随之就产生了一种新的概念，这个概念就是“资源池”。

资源池是指云计算数据中心所涉及的各种硬件和软件的集合，可分为计算资源、存储资源和网络资源。在跨境电商平台中，对于任何一个“客户”，都无法预测什么时候这个“客户”会产生实际的交易。但可以确定的是，在“适当”的时候，这个客户会产生实际的交易行为。所以，对跨境电商平台中所有出现的“客户”，都不能从主观的角度去判定它达成交易的可能性。

在跨境电商平台中，对交易中所涉及的产品通过跨境电商店铺进行有效的展示，这些经过展示的产品就能成为“激活”这些资源的因素之一。同时，要让买方与卖方达成最终的交易还需要其他的条件，比如商品的规格、商品的价格、贸易条件等，这些促成交易最终达成的因素也同时成了“激活”这些资源的因素。因此，从另一个角度去理解，就是在没有将交易中所必需的因素全部激活之前，这些客户是处于“休眠”状态的。

买卖双方需要在平台中达成交易，这也是跨境电商平台想要达成的目的之一。在跨境电商平台中，邮件列表被改成了业务开发信；网站搜索引擎则被转换成了跨境电商平台中的排名；社交网络的社群变成了完善的客户档案系统，平台对客户信息进行分类管理和维护，周期性地对客户及客户档案进行更新和激活。

4.1.4.2 平台客户的搜索方式

（1）通过搜索引擎查找商家。据统计，超过 60%的采购商通过搜索引擎来寻找商家，他们会先搜索相关的产品名称，然后再寻找供货商。国内客户首选的是百度搜索引擎，其他的搜索引擎也会带来一些流量，例如搜狗、360 综合搜索、有道。国外的商家一般通过谷歌搜索获取商家信息，谷歌搜索一般是采用英文搜索方式。

（2）通过交易平台搜索。除了搜索引擎，一些知名的交易平台也成为采购商获取卖方信息的重要渠道。国外的采购商会在一些大型的交易平台上搜索买方信息，例如阿里全球站、环球资源网等。

（3）通过分类目录进行搜索。

（4）通过广告获取信息。互联网上很大一部分客户是通过网络广告来获取商品信息的，例如搜索引擎的搜索广告、联盟广告商广告等。

（5）通过移动平台获取信息。随着无线网络技术的发展，网络广告已经不仅仅显示在电脑上，手机终端也能够实现推广和成交。目前移动平台的广告的发展远远超出人们的想象，它以便携性和及时性获得了广告商们的青睐。

4.1.5 跨境电商平台营销策略案例

4.1.5.1 亚马逊

亚马逊的营销策略在其网页中体现得很充分。以图书、音像制品销售为例，亚马逊将书籍（book）、音乐（music）和 DVD 分别作为一类产品显示在主页上，并且对每一类都设置了专门的页面，在各个页面中也很容易看到其他几个页面的内容和消息。它将不同的商品进行分类，重要的内容都以不同程度的红色标注，使浏览者一目了然。

1. 低价折让策略

为刺激消费者增加购买，亚马逊为客户提供了实惠的折扣价格，通过扩大销量来弥补折扣费用和增加利润。以亚马逊网站 2021 年 2 月 17 日的网页内容为例，在主页左侧 Browse 下的第三类“Books、iPhone”一栏单击“Books”，在 Books 网页的正上方显示“34% of books over ＄25 unless marked otherwise”（除非另有标注，25 美元以上的书籍减价 34%）。同样的方法单击主页的“iPhone”，iPhone 网页正上方显示“save up to 35% on top sellers”（对畅销的 iPhone 给予最高 35%的折扣）。

2. 便捷促销策略

以书籍为例，对于时间比较紧张的顾客来说，通过传统书店购书有着很大的局限性，需要花费大量的时间才能搜寻到自己满意的书，并且书店也不可能提供全部的新书，旧书更难找到。而在亚马逊“Books”网页上，左侧是浏览的各类书籍的主题，右侧是具体书籍的信息，而中间部分则是主打广告的位置，首先是折扣信息和各种优惠信息，紧接着是本月的新书（new this month），非常方便顾客的选购。亚马逊广告的一大特点是动态实时性，每天都更换的广告版面使得顾客能够及时了解最新的出版物和最权威的评论。为方便顾客同时选购其他商品，亚马逊在每类子网页最上方的标题栏中间没有一个标题“see all 32 product categories”，当鼠标触及它时，会弹出所有 32 大类商品的名称的小页面，只要单击就可进入相应的商品类别，缩短了顾客搜索商品的时间。此外，在搜索栏中，亚马逊专门设置了一个以礼品盒形状标识的“Find Gifts”标题栏，只要鼠标触及也会弹出礼品导购（gifts guides）的小页面，有价格、类别、接受者类型等分类目录，给顾客提供各种选择，方便顾客选购，这实际上是促销策略的营业推广活动。

3. 售前售后服务

（1）搜索引擎和导航器操作简单方便。设置搜索引擎和导航器以方便用户购买是一项必不可少的技术措施。在这一点上，亚马逊书店的主页做得很不错，它提供了各种各样的全方位的搜索方式，有对书名的搜索、对主题的搜索、对关键字的搜索和对作者的搜索，同时还提供如畅销书目、得奖音乐、最卖座影片等的导航器，而且在书店的任何一个页面中都提供这样的搜索装置，引导用户进行选购。这实际上是售前服务的一种。此外，亚马逊有“一点通（1-Click）”设计，用户只要在该网站买过一次书，其通信地址和信用卡账号就被安全地存储下来，下次再购买时，顾客只要用鼠标点一下欲购之物，网络系统就会完成以后的手续，包括填写消费者的收件信息，甚至刷卡付费也可由网络系统代劳。这种简单方便的功能设计得到了消费者的好评。

（2）对顾客技术问题的解答。除了搜索服务之外，书店还提供对顾客的常见技术问题的解答这项服务。例如，亚马逊专门提供了一个 FAQ（frequently asked questions）页面，回答用户经常提出的一些问题。例如：如何进行网上的电子支付？顾客需要支付多少运输费用？如何订购脱销书？等等。如果有特殊问题，亚马逊还会专门为客户解答。

（3）送货及时。亚马逊的快速送货是其受到客户好评的重要原因。以亚马逊中国网站卓越网为例，从商家接到订单到送货到顾客手中的时间最长为 6 天，且对一次购买超过 99 元人民币的顾客免费送达。在北京、上海等大城市 2 天内即可送达，市区 1 天即可送达。

（4）用户反馈。亚马逊书店通过电子邮件、调查表等获取用户的反馈。用户反馈既是售后服务的依据，也是市场分析和预测的依据。电子邮件中往往有顾客对商品的意见和建议。书店借此一方面解决用户提出的意见（这是一种售后服务活动），另一方面获取大量有用的市场信息，这可以作为今后各项经营策略的基础（这实际上是一种市场分析和预测活动）。另外，它也经常邀请用户在网上填写一些调查表，并用一些免费软件、礼品或某项服务来鼓励用户发来反馈的电子邮件。

4.1.5.2 速卖通

1. 站内营销

（1）限时限量折扣。限时限量折扣指的是在有效的时间里选取要设置折扣的产品，其折扣灵活。

（2）全店铺打折。全店铺打折是指对全店铺商品设置折扣的一次促销活动。全店铺打折是店铺自主营销的“四大利器”之首，其活动与限时限量折扣活动有点类似。对于新店铺来说，其作用更为明显，能快速提高店铺的销量和信用，提高店铺的综合曝光量。

（3）店铺满立减。店铺满立减可以针对全店铺商品，也可以针对部分产品，是一种提高客单价、提高关联产品转化率的营销方式。在买方的一个订单中，若订单金额超过了卖方设置的优惠条件（X 元），在其支付时系统会自动减去优惠金额（减 Y 元）既让买方感觉到实惠，又能刺激买方为了达到优惠条件而多买，买卖双方互利双赢。

（4）店铺优惠券。店铺优惠券是一种虚拟的电子现金券，由卖方自主设置优惠金额和使用条件，买方领取后在有效期内使用，且只能在该店铺使用。发放优惠券可以增加二次营销的机会，因为优惠券在国外比较流行，当海外买方得到优惠券后，就会想办法把这个优惠使用掉，从而达到二次销售的目的。

2. 直通车营销

速卖通直通车，又称竞价排名、P4P（pay for performance），是速卖通平台的全球在线推广服务，可以让产品在多个关键词的黄金位置免费优先排名展示。只有当买方对该产品产生兴趣并点击“进一步了解详情”时，系统才会对这次点击进行扣费。如果买方仅仅是浏览，并没有点击产品进行查看，则不扣费。该策略旨在帮助卖方迅速、精准地定位海外买方，扩大产品营销渠道。

3. 联盟营销

联盟营销是一种按效果付费的推广模式，该推广过程全程免费，只有订单成交才收取佣金。卖方如果参加联盟营销，则全店铺所有产品一起参与，可以根据行业要求和自我需求设置默认佣金比例。卖方可以设置60个联盟营销主推商品，参加联盟专属的推广活动，但其佣金比例最高可达商品成交价的50%。

订单交易达成才收费，主推产品按设定的佣金比例收费，其余产品按默认佣金比例收费。订单按照实际成交价收取佣金，而不是按订单或者产品原价收费。由联盟营销引流过来的客户在每次购买后30天内再来消费需要再次收取佣金。

4.2 跨境电商网络营销实训

4.2.1 跨境电商平台目标客户寻找

4.2.1.1 进口商寻找贸易对象

1. 发布采购需求寻找出口商

登录世格跨境电商实训模拟平台→My B2B（图4-2）→采购需求 B2B Source→发布采购需求 Post Buying Request，填写相关信息。发布采购需求后，出口商可以在市场中搜索查看发布的采购需求。

2. 在 B2B 页面搜索产品

登录世格跨境电商实训模拟平台，在首页搜索框选择搜索条件为“Products”，输入需要搜索产品的关键词，在搜索结果中寻找合适的产品，查看产品详情，在合适的产品详情里复制出口商的 Account（账号），在客户端→My Business→市场开发→开始新业务与出口商取得联系。

3. 搜索店铺

登录世格跨境电商实训模拟平台，在首页搜索框选择搜索条件为“Suppliers”，输入需要搜索的公司名，在搜索结果中点击公司英文名，进入该公司店铺，在店铺首页 Company Introduction 里复制出口商的 Account（账号），在客户端→My Business→市场开发→开始新业务，与对方取得联系。

4.2.1.2 出口商寻找贸易对象

1. 发布产品

登录世格跨境电商实训模拟平台→My B2B→产品管理 Products→发布产品 Display a

new product，填写相关信息。在首页搜索框选择搜索条件为“Products”，输入需要搜索产品的关键词，在搜索结果中寻找合适的产品，查看产品详情，在合适的产品详情里复制 Account（账号），在客户端→My Business→市场开发→开始新业务，可以建立业务联系。

2. 发布广告

登录世格跨境电商实训模拟平台→My City→机构导航→广告公司，填写相关信息，发布广告，系统设置 72 小时后广告失效，注意广告成本费用需要计入成本。

3. 店铺自主营销

根据不同的平台，利用平台活动特点、客户特点和商品特点使用合理的营销工具，从而找到潜在客户。

4. 搜索采购需求

在市场中搜索查看采购需求。登录世格跨境电商实训模拟平台→首页的 Source Now。登录世格跨境电商实训模拟平台→My B2B→采购需求 B2B Source→市场 Markets。在市场里，可以直接搜索查看他人的采购需求，点击采购需求标题可查看采购需求详情。复制 Account（账号），在客户端→My Business→市场开发→开始新业务，与对方取得联系。

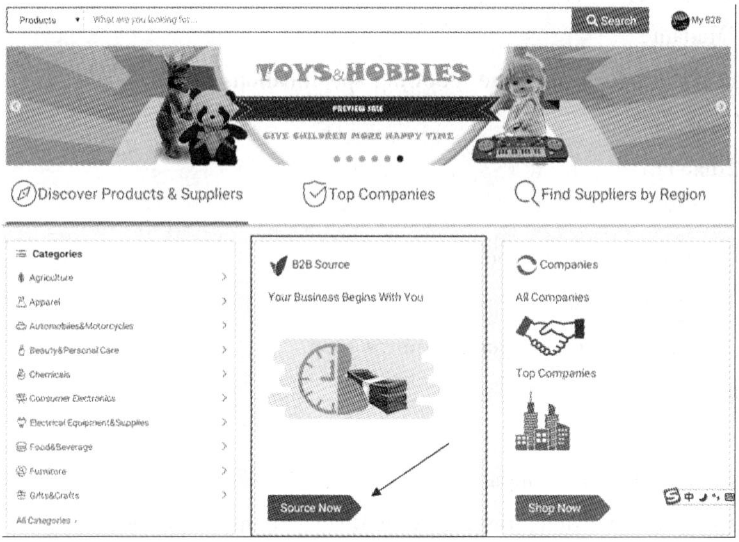

图 4-2　My B2B 界面

4.2.2 跨境电商采购需求发布

4.2.2.1 发布流程及文案

1. 进入发布采购需求页面

登录世格跨境电商实训模拟平台→My B2B→采购需求 B2B Source→发布采购需求 Post Buying Request（图 4-3）。

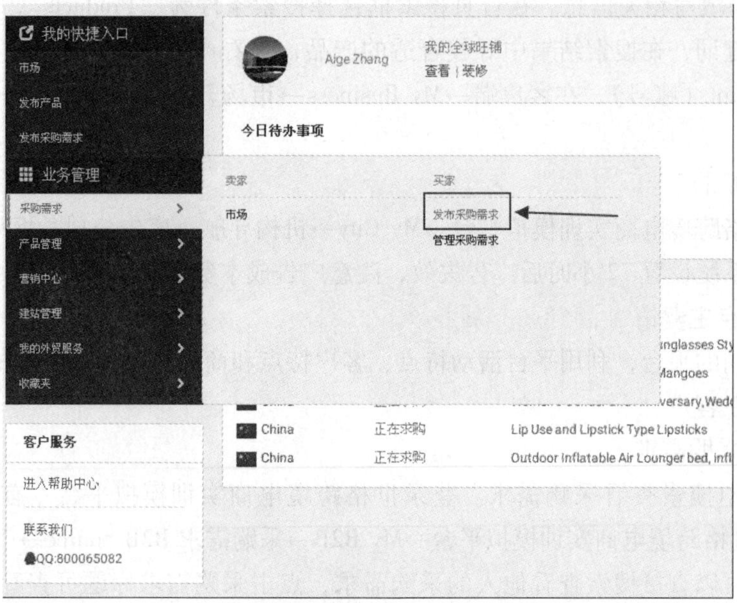

图 4-3　发布采购需求页面

2. 采购需求文案撰写范例

Dear Sir/Madam,

I'm looking for products with the following specifications:

Canned Mangoes

680g * 12tins/ctn

Shelf Life: 1 Year

Product Category: Canned Food

Storage Conditions: Seal

We look forward to receiving your enquires soon.

Yours faithfully

Aige Zhang

Aige Import And Export Company

Room 2501, Jiafa Mansion, Beijing West Road, Shanghai 200001, P. R. China

4.2.2.2　发布内容填写要求

1. 产品选择（select product）

选择需要发布的产品。在客户端→My City→机构导航→市场→售出产品→点击“开始”办理此项业务，可以查看所有可以售出的产品（系统中，所有的产品都可进口且在市场中售出），根据需要选择产品，发布采购需求。

2. 填写采购需求产品标题（request key words of product）

例如：

We are looking for sunglass

High quality digital camera

Men's T-shirt

3. 采购需求订单需求数量（request estimated order）

请填写订单需求数量，注意根据产品性质的不同决定填写整数还是小数。

4. 采购需求单位选择（request unit）

请选择订单需求数量单位，注意根据产品性质的不同决定数量单位。

5. 采购需求详细信息填写框（request details）

请填写采购需求详细信息，可填写产品英文名、英文描述、英文属性等信息。相关信息可以在国内工厂的产品详情页查看，如图 4-4 所示。

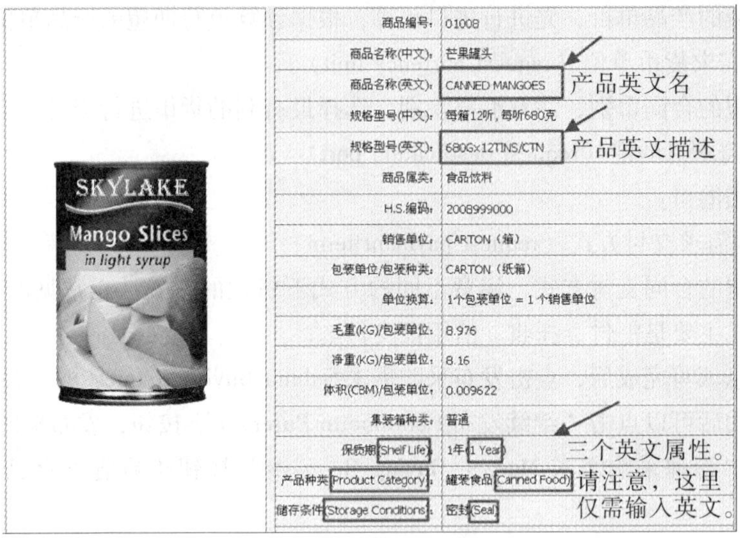

图 4-4　产品信息页面

6. 采购需求贸易术语（request price term）

选择期望的合同贸易术语，主要贸易术语及责任风险如表 4-2 所示。

表 4-2　常用贸易术语汇总表

贸易术语	交货地点	风险转移界限	出口清关	进口清关	国际运输	货运保险
EXW	商品所在地	货交买方处置	买方	买方	买方	买方
FCA	出口国内地、港口	货交承运人处置	卖方	买方	买方	买方
CPT	出口国内地、港口	货交承运人处置	卖方	买方	卖方	买方
CIP	出口国内地、港口	货交承运人处置	卖方	买方	卖方	卖方
DPU	指定的卸货地交货	目的地卸下运输工具交买方处置	卖方	买方	卖方	卖方
DAP	进口国指定目的地	目的地未卸下运输工具交买方处置	卖方	买方	卖方	卖方
DDP	进口国指定目的地	目的地交买方处置	卖方	卖方	卖方	卖方

表4-2(续)

贸易术语	交货地点	风险转移界限	出口清关	进口清关	国际运输	货运保险
FAS	装运港口	货交船边	卖方	买方	买方	买方
FOB	装运港口	货物装上船	卖方	买方	买方	买方
CFR	装运港口	货物装上船	卖方	买方	卖方	买方
CIF	装运港口	货物装上船	卖方	买方	卖方	卖方

7. 采购需求期望产品单价（request preferred unit price）

填写期望的产品单价，先进行进口预算，根据预算填写期望的产品单价。

8. 采购需求货币单位（request currency unit）

选择期望的合同币别，注意汇率差别，选择最有利的货币进行交易。

9. 采购需求目的港（request destimation port）

选择本国港口。

10. 采购需求支付方式（request payment term）

选择期望的合同支付方式，注意不同的方式下付款的时效性。常见的 B2B 跨境电商的支付方式主要是汇付、托收、信用证支付。

以上信息填写完成后，点击发布采购需求 Submit Buying Request 的“发送”按钮发布，发布成功后可以点击“继续发布 Continue to Purchase”按钮，发布新的采购需求或者直接点击“管理采购需求 Manage Buying Requests”按钮查看管理自己发布的采购需求。

4.2.3 跨境电商广告发布

4.2.3.1 发布流程

世格跨境电商实训模拟平台→My City→机构导航→广告公司→点击“开始”办理此项业务，可以根据需要选择产品，撰写广告文案，发布广告。

4.2.3.2 横幅广告文案

横幅广告文案是最早的表现形式，一般呈矩形，文件格式一般为 JPEG、GIF、FLASH 等，主要有静态、动态、互动式横幅三类。这种文案通常出现在店铺首页或者跨境电商平台首页（图 4-5）。

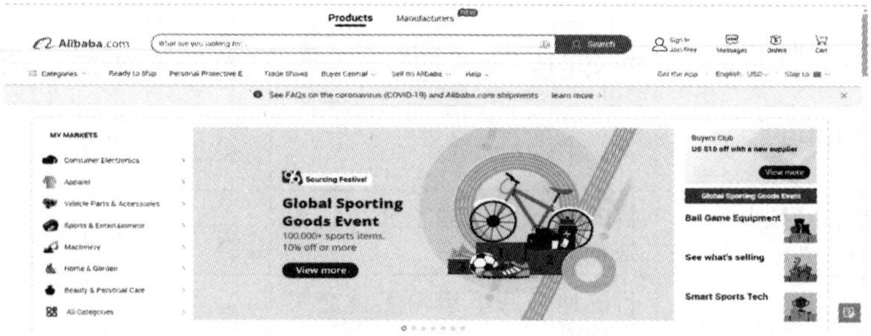

图 4-5　跨境电商店铺横幅广告

4.2.3.3 **广告文案范例**

范例一：

标题：Competitive Backpack China Manufacturer

内容：We are a professional manufacturer and exporter of all kinds of bags, wallet and gloves. We have our own factories located in Xiaoshan, which are employing over 500 workers. Our huge and prompt output make sure that all your orders would be delivered on time. Experienced staffs & sample makers sure can turn all your idea come true. Hangzhou Tengyu Bags Co., Ltd. (Province: Zhejiang, China)

范例二：

标题：Jiahui (Fujian) Electric Co., Ltd. (Former Name: Fujian Wanhui Electric Co., Ltd.)

内容：Fujian Wanhui Electric Co., Ltd. located in Fuan, Fujian, China, is a professional manufacturer of electric motors, alternators, generating sets and water pumps etc, since 2000. Our products are very hot in the domestic and overseas market, for always in high quality control, competitive price, and latest designs. To cater for the competitive market, we have introduced advanced production equipments, excellent manufacturing processes, all kinds of measuring equipments, instruments and gauges, etc. Besides, we have passed ISO9001, and gotten CE certifications.

第5章 跨境电商商务谈判

5.1 跨境电商商务谈判相关概念

商务谈判（business negotiations）是买卖双方为了促成交易而进行的活动，或是为了解决买卖双方的争端，并使其取得各自的经济利益的一种方法和手段。国际商务谈判（international business negotiation）是指国际商务活动中不同的利益主体通过沟通、协商、妥协、合作等各种方式争取达成某项商务交易的行为和过程，是通过信息沟通与磋商寻求达成双方共同利益目标的行为互动过程。

跨境电商商务谈判是指不同的经济实体在跨境电商的环境中利用跨境电商的各项沟通工具通过协商进行商务谈判，以达到满足各方的经济利益需要，最后达成各方都能接受的协议的活动过程。它是国际货物买卖过程中必不可少的一个重要环节，也是签订买卖合同的必经阶段。

5.2 跨境电商商务谈判的基本过程

5.2.1 谈判的阶段

一般来说，跨境电商商务谈判的过程可以划分为准备阶段、开局阶段、摸底阶段、磋商阶段、成交阶段和协议后阶段等几个基本阶段。

1. 谈判的准备阶段

谈判准备阶段是指谈判正式开始以前的阶段，其主要任务是进行环境调查，搜集相关情报、选择谈判对象、制订谈判方案与计划、组织谈判人员、建立与对方的关系等。准备阶段是商务谈判最重要的阶段之一，良好的谈判准备有助于增强谈判的实力、建立良好的关系、影响对方的期望，为谈判的进行和成功创造良好的条件。

2. 谈判的开局阶段

开局阶段是指谈判开始以后到实质性谈判开始之前的阶段，是谈判的前奏和铺垫。虽然这一阶段不长，但它在整个谈判过程中起着非常关键的作用，为谈判奠定了一个内在的氛围和格局，影响和制约以后谈判的进行。因为这是谈判双方谈判实力的首次较量，直接关系到谈判的主动权。而开局阶段的主要任务是建立良好的第一印象、创造合适的谈判气氛、谋求有利的谈判地位等。

3. 谈判的摸底阶段

谈判的摸底阶段是指实质性谈判开始后到报价之前的阶段。在这一阶段，谈判双方通常会交流各自谈判的意图和想法，试探对方的需求和虚实，协商谈判的具体方式，进行谈判情况的审核与倡议，并首次对双方无争议的问题达成一致，同时评估报价和讨价还价的形势，并为其做好准备。摸底阶段虽然不能直接决定谈判的结果，但却关系到双方对最关键问题（价格）谈判的成效。同时，在此过程中，双方通过互相摸底，也在不断调整自己的谈判期望与策略。

4. 谈判的磋商阶段

谈判的磋商阶段是指一方报价以后至成交之前的阶段，是整个谈判的核心阶段，也是谈判中最艰难的阶段。谈判策略与技巧运用的集中体现，直接决定着谈判的结果。在此阶段有报价、讨价、还价、要求、抗争、异议处理、压力与反压力、僵局处理、让步等诸多活动和任务。磋商阶段与摸底阶段往往不是截然分开的，而是相互交织在一起，即双方如果在价格问题上暂时无法达成共识，又会回到其他问题继续洽谈，再次进行摸底，直至最后攻克价格这一堡垒。

5. 谈判的成交阶段

谈判的成交阶段是指双方主要交易条件基本达成一致后到协议签订完毕的阶段。成交阶段的开始，并不代表谈判双方的所有问题都已解决，而是指提出成交的时机已经成熟。实际上，这一阶段双方往往需要对价格及主要交易条件进行最后的谈判和确认，但此时双方的利益分歧已经不大，可以提出成交。成交阶段的主要任务是对前期谈判进行总结回顾，进行最后的报价和让步，促使成交，并拟定合同条款及对合同进行审核与签订等。

6. 谈判的协议后阶段

合同的签订代表谈判告一段落，但并不意味着谈判活动的完结，谈判真正的目的不是签订合同，而是履行合同。因此，谈判的协议后阶段也是谈判过程重要的组成部分。该阶段的主要任务是对谈判进行总结和资料管理，以确保合同的履行与维护双方的关系。

5.2.2 谈判的注意事项

第一，自我分析。谈判前一定要做好充分准备，深入分析自己的产品，把握自己的优缺点。比如把握能给客户提供多少利益，这些利益会持续多久，是否对客户有足够的吸引力，或者有哪些容易被客户抓住的缺点，如何在谈判中更好地避免这些缺点。

第二，对手分析。在与最终确定的客户谈判之前，必须对客户有一个充分的了解。

第三，市场分析。了解同类产品供应商的最高价格和最低价格，利用差额（如 A 产品的最高价格和 B 产品的最低价格）获取中间价格。

第四，成本分析。在谈判之前，应该对交易产品有一定的了解。在谈判中，可以合理分析产品成本及报价，以保证客户获得应有的利益，还可以获得合理的价格。

5.3 跨境电商商务谈判策略

谈判就是要对各不相同的主张和条件进行磋商。跨境电商价格谈判之前，要先了解报价、讨价和还价的概念。

报价，对卖方来说，是为最终的协商价格保留的议价空间和利润空间，可以说卖方的报价为最终价格提供了上限。买方所报价格其实是内心预期的价格再扣减虚值，是最终交易价格的下限。一方报价之后，另一方一般要进行讨价还价，而不会无条件地接受。

讨价是指谈判中的一方首先报价之后，另一方认为离自己的期望目标太远，而要求报价方改善报价的行为。这种讨价要求既是实质性的也是策略性的。其策略性作用是误导对方对己方的判断，改变对方的期望值，并为己方的还价做准备。讨价策略的运用包括讨价方式的选择和讨价之后对谈判对手的分析。

还价是指针对谈判对手的首次报价，己方做出的反应性报价。还价以讨价作为基础。在一方首先报价后，另一方一般不会全盘接受，而是根据对方的报价，在经过几次讨价后，估计其保留价格和虚拟性虚报部分，推测对方的可推卸范围，然后根据己方的既定策略，提出自己可接受的价格，反馈给对方。报价和还价分别是讨价还价的两条界限，为双方提供讨价还价的空间。

5.3.1 报价谈判策略

5.3.1.1 先后报价策略

在任何一项商务谈判中，谈判双方在报价的时间上通常都有一个先后次序，而且报价的先后往往会对最后的结果产生重大影响。先报价有利于己方主导价格谈判，其不利之处则是过早展现己方意图，容易遭到对方集中力量还击。先报价的有利之处是对谈判影响较大，而且为谈判划定了一个大的框架。其不利之处在于，在不知道对方掌握的价格情况下，显示了报价与对方事先掌握的价格之间的距离，如果谈判中贸然降得太多，可能遭到不必要的损失。

后报价的利弊似乎正好和先报价相反。其有利之处在于对方在明，自己在暗，可以根据对方的报价及时地修改自己的策略，以争取最大的利益。然而后报价的弊病在于被对方占了主动，而且必须在对方划定的框架里谈判。

5.3.1.2 报高价策略（西欧式报价）

报高价策略是指卖方首先提出较高报价，然后通过双方的谈判，决定给对方多大的优惠条件，使对方最终接受交易条件，达成最后的交易。这种策略的一般做法是，卖方首先提出留有较大余地的价格，然后根据谈判双方的实力对比和该项交易的外部竞争状况，通过给予各种优惠如数量折扣、价格折扣、佣金和支付条件方面的优惠（延长支付期限、提供合理信贷等），逐步接近买方的条件，建立起共同的立场，最终达到成交的目的。报高价普遍为西欧国家的谈判者所采用，因此又称为西欧式报价。

5.3.1.3 报低价策略（日本式报价）

日本式报价的一般做法是将最低价格列于价格表中，首先以低价唤起买方的兴趣。而这种低价格一般是以对卖方最有利的结算条件为前提，但与此低价格相对应的各项条件实际上又很难全部满足买方的要求。只要买方提出改变有关的交易条件，卖方就可以随之提高相应价格。因此，买卖双方最终成交的价格，往往高于卖方最初的报价。

在面临严峻的外部竞争时，日本式报价是一种比较有效的报价方式。它可排除竞争对手的威胁，从而使己方与对方的谈判能够现实地进行；等其他卖方退出竞争之后，买方原有的优势地位就不复存在，他将不能以竞争作为向卖方施加压力的筹码。这样，双方谁都不占优势，卖方就可以根据买方在有关条件下所提出的要求，逐步地提高他的要求。

日本式报价虽然最初提出的价格是最低的，但它却在价格以外的其他方面提出了最利于卖方的条件。对于买方来说，要想取得更好的条件，就不得不考虑接受更高的价格。因此，低价格并非意味着卖方放弃对高利益的追求，它实际上与西欧式报价并无实质性的区别，只是在形式上不同。一般而言，日本式报价有利于竞争，西欧式报价则比较符合人们的价格心理。多数人习惯于价格由高到低，逐步下降，而不是相反的变动趋势。

5.3.1.4 差别报价策略

差别报价策略就是在商务谈判中针对不同的客户进行不同的报价。这主要是由于不同的客户在性质、购买数量、交货期、交易地点、支付方式等方面存在差异。要善于根据交易条件的差别运用差别报价，以体现市场需求导向，如运输部门根据路途的不同对不同距离的客户采取不同的报价等。

5.3.2 讨价谈判策略

5.3.2.1 待价而沽策略

这种策略本意是指等到理想价格再出售，在商务谈判中表现为卖方不着急接受买方的报价，通过有意通过拖延时间、与其他买方接触并假意对其他买方感兴趣等手段来抬高自身价格。

5.3.2.2 举证讨价策略

这种策略是指己方通过提出市场行情、竞争者价格、对方成本、过去的交易惯例、产品的质量和性能、研究成果、公认的结论等有力证据来增加讨价力度，使对方难以抗拒，从而改善报价。

5.3.2.3 假设优惠策略

这种策略是指己方以更优惠的口吻向对方讨价，假设给予对方更多的优惠，看对方是否考虑降低条件。这种方法可用来探测对方可承受的大致底价。提出的假设不一定履行，更多的是用来探测对方底线，从而掌握议价空间。

5.3.3 还价谈判策略

5.3.3.1 步步为营策略

这种策略是指己方在谈判过程中步步设防，每一步都小心经营，不断巩固防线，这种策略的使用可减少己方的让步成本，不做无谓的牺牲，但该策略如果运用不当会导致谈判陷入僵局，严重时更会导致谈判失败。

5.3.3.2 先礼后兵策略

该策略又称软硬兼施策略。这种策略的运用是指谈判前期以合情合理的态度照顾对方的某些建议和要求，放弃自己一方的部分要求，做出一些让步。

5.3.3.3 前仆后继策略

这种策略是指在谈判过程中不断更换谈判人，而且他们一个比一个更有实力，以掌握谈判的主动权的一种策略。

5.4 跨境电商商务谈判函电磋商

外贸函电是跨境电商进行商务谈判沟通交流的主要工具。语言是文化之间最重要的交流手段，无论是面对面的谈判还是利用电子商务平台进行谈判，语言交易都不可避免。在国际贸易谈判中，一般都使用英语交流。当前跨境电商平台主要是英文版的，如我国的速卖通等跨境电商平台都是用英文进行谈判交易。不同的语言环境的各国在进行交易时都会因为双关语、多义词、俚语等造成理解偏差，因此要求谈判人员熟练掌握外语，准确而得体地表达己方的意愿，克服跨文化交际中的语意理解偏误。

外贸函电是以序化的知识结构（外贸流程）为框架、用英语为载体进行书面语言的沟通与交流，旨在解决外贸工作的相关问题。在实际外贸工作中，它被狭义地定义为跨境电商邮件，具有在线交际的功能性，是一个动态交流、解决问题的载体。外贸函电的写作专业性较强，对书写人员要求极高，书写人员除了要运用专业术语外，还应确保函电内容的直观性、准确性，要直接提出所要表达的观点，尽可能地简化语言，减少阅读障碍，并在书写过程中采用礼貌性用语，实现贸易双方的友好往来，促使进出口业务能够开展得更加顺利，帮助企业获得更高的经济效益。

5.4.1 跨境电商外贸函电的功能

5.4.1.1 传递信息功能

传递信息是外贸函电的一个十分重要的功能，事关进出口实务的对象能否准确理解贸易信息；如果表达或理解出现偏差，就会造成极大的损失。为了使这项功能得以充分体现，在书写外贸函电时应把握好以下几项基本原则：

第一是直接针对原则。在开篇直奔主题，然后层层论述。开头概括信函大意，帮助对方理清思路，而后进入主题，这是典型的英语思维方式，更容易被西方人所接受，因此在写作时需要加以采用，促使贸易活动能够顺利展开。

第二是清楚明确原则。信函的表达必须足够清晰、准确，这要求写信人事先在脑中规划好写作目的，理清句子结构，搜寻适当的词句，合理划分段落结构。此外，应尽量减少使用多义词，以免引发不同的理解，进而产生歧义。段落的清晰划分十分重要，如果所有内容集中于同一段落，会严重影响信函阅读的有效性。因此应根据贸易要求准备表达，避免对方误解函电内容。

第三是完整准确原则。必须提供完整的信息，确保不会造成误解。为了顺利完成交易目标，在写作时应准确表达时间、地点与价格，明确双方责任，减少纠纷。

5.4.1.2 社交、协商劝说功能

外贸函电的最终目的是达成商业交易，即便不成，也应在业务关系上保持友好往来，为双方日后的合作打好基础，因此必须采用礼貌性用语，充分发挥信函的社会交往功能，在写作时应把握好以下几项原则：

第一是正式谨慎原则。采用正规的法律词语，而不是追求辞藻的华丽，确保语法与拼写准确，书写完成后对事实及各项数据信息反复进行核对，避免出现失误，因为一旦存在失误，不论大或小，都会降低信函的可信度，无法获得交易对象的信任。

第二是礼貌得体原则。由于不同国家的政治、经济、习俗、消费、经营习惯等都存在较大差异，因此在贸易交往时应尊重别国或别的民族的习惯及价值观，采用礼貌得体的用语。

第三是委婉、体谅原则。这能够给人以舒适感。即使在交易无法达成的情况下，也不会破坏双方良好的业务关系。例如可在投诉与索赔时采用被动语态，能够缓和语气，更容易被对方接受。

5.4.1.3 辅助业务处理功能

第一是简洁时效原则。贸易节奏在持续加快，交易对象每天都会收到大量的信函文件，因此应简化信函语言，直击主题，减少不必要的内容，以免混淆视听。例如：如果将 We wish to acknowledge receipt of your letter of Oct14 改为 We appreciate your letter of Oct14 会更加简洁易懂。

第二是专业规范原则。外贸函电与外贸专业知识密切相关，因此要求书写者英语水平较高且熟知外贸方面的专业知识，这样才能确保其所采用的语言足够专业、规范。例如：

a. If the first shipment turns out satisfactory, we shall be able to place substantial orders with you. 句中的“order”指“订单”而非“命令”。

b. Please make us an offer CIF London for 20 metric tons groundnuts. 句中的“offer”指“报盘”而非“提供”。

5.4.1.4 跨境电商外贸函电组成部分及格式

5.4.1.4.1 组成部分

1. 信头（letterhead）

信头往往是商务信函中最显著的要素，位于信纸最上端。它标明信函来自何处，而且给收信者留下第一印象。

2. 案号（reference）

根据交易的内容、办事人或时间等来分类，以便于查找存档的信件。案号还有助于将回函与早些时候的信件联系起来，以使它们能及时送达有关的人员或部门。案号没有固定的格式。

3. 日期（date）

日期是商务信函中至关重要的部分。日期应该使用正规的书写形式。完全用数字表达的方式（如：7/5/2008）应该避免使用。

4. 封内地址（the inside address）

这里就是指收信人的姓名和地址，一般写在信笺的左上方。收信人姓名、地址的格式和信头的格式相同，但必须把收信人的姓名一并写出。

5. 注意项（attention line）

通常，当收信人的名字没有出现在信内地址中的时候，应该使用注意项来提及具体收信人的名字，以标明信是真正写给谁的。“attention”或“for the attention of”应大写或加下划线。注意项一般放在封内地址和称呼之间，或包含在封内地址里面。

6. 称呼（the salutation）

这是指对收信人的一种称呼。较常使用的有 Dear Sirs、Dear Madam、Dear Mr. XX。称呼后面的标点一般既可使用冒号也可使用逗号。称呼里的第一个字母要大写。如果与收信人关系密切，可以直呼其名。

7. 事由（the subject line）

事由也就是通常说的主题，可以直接写明信件的重点，让人不必读完全信才了解到信的内容。所以事由要写得简明扼要。如果有必要，标题可加下划线或用大写字母打印。

8. 正文（the body of the letter）

正文是每封信中最重要的部分，它包含着要传达给收件人的重要信息，要遵循三段式的格式。第一段引入主题，它应该一下就抓住读者的注意力，并有助于诱发读者的积极反应。第二段是详细讨论。最后一段与第一段同样重要，它通常是一个总结、讨论或进一步的要求。

9. 信尾敬语（the complimentary close）

信尾敬语以友好的方式结束全信，它通常放在正文下面第三行，齐头式靠左对齐，缩进格式偏右。

10. 签名（the signature）

签名位置在敬语下面空三行，签上写信人的名字，中间的空行留作手写签名之用，打出的签名正体可以清楚地显示是谁写的信。如果是传统的信件，写信人最好亲笔签上名字，因为用印章的话，说明该信件并非本人亲自过目，只是通函而已，不为人重视。签名的下面，最好写上写信人的职位。

11. 缩写名、附件、分送标志（IEC block initials, enclosures and carbon copies block）

在签名下的两至三行，紧靠左边线。Initials，在商务信函中通常应标出写信者和打信者。写信者在左边，打信者在右边，如：HM/LZ；JT/aq。如果随信附有其他单据，要写出都附有什么附件，常采用缩写的形式。如：Enc. Price List；Encl. As Stated。如果一封信的副本还同时发给第三方，要写上抄送标志：明抄为 cc Marketing Department，暗抄为 bcc Mr. Simpson。

12. 附言（postscript）

在商务信函中，附言通常并非用于其原始的用途，而是强调某件事的一种手法。它通常用“P.S.”的形式来表示，位于附件下面，有打印或手写两种方式。在实践操作中，应尽量避免使用附言，因为它毕竟体现的是没有计划好的事情。附言的表达方式如：

P. S. The invitation card will be posted to you in a couple of days.

5.4.1.4.2　函电格式

1. 齐头式

全齐头式和齐头式通常统称齐头式。

全齐头式的信函各行，包括信头、信内地址、称呼、主标题、正文还有结束套语，都要从左边缘栏线开始。如果是印刷的信纸，除了信头其他的都必须从左边开始。齐头式信函的信头位于中间，结尾敬语、签名靠右边缘，注意事项和事由都居中，其他部分和全齐头式格式一样。

2. 缩进式

要求信内名称和地址逢换行时下一行比上一行向右缩进 2 个或多个字母的距离。正文的每段首行也要要留出一定的空白，一般向右缩进 2 个或多个字母的距离。日期靠右边缘，结尾敬语和签名也要和日期一样靠右。

3. 混合式

除了信内收信人和地址采用齐头式，公函正文的各段首行都要缩进 2 个或多个字母的距离。日期还是在右上方的。混合式信函的左边和右边都要留出一定的空白，各段落之间空两行，敬语和签名放在栏中线右侧。

5.4.2　跨境电商外贸函电谈判磋商

5.4.2.1　跨境电商函电谈判的一般环节

交易磋商是指买卖双方就交易条件进行协商，协调双方的经济利益，求得一致，达成交易。在国际贸易中，交易磋商有明确的内容和规范的程序。交易磋商的过程，是双方通过要约和承诺，确立契约关系的过程。双方在交易磋商的过程中即在达成交易之前，对自己的行为承担一定的法律责任。程序的合法性，保证了所达成的合同法律上的有效性。

跨境电商外贸函电谈判的磋商过程可分成询盘、发盘、还盘和接受四个环节，其中发盘和接受是必不可少的环节，《联合国国际货物销售合同公约》规定发盘和接受是达成交易所必需的法律步骤。

1. 询盘（inquiry）

询盘又称询价，是交易的一方向对方探询交易条件，表示交易愿望的一种行为。

询盘多由买方做出，也可由卖方做出，内容可详可略，可以是只询问价格，也可以是询问其他一项或几项交易条件，以致要求对方向自己做出发盘。

询盘对交易双方无约束力。询盘的内容可以涉及价格、品名、规格、数量、包装、交货期，以及索取商品目录、价目单、样本和样品等。

询盘信包括以下内容：

如果是初次询盘，必须告知信息来源，如通过什么方式、由谁告知、信息来源何处。

如果是回复供应商的询盘信，首先要表示感谢。

介绍公司经营的业务范围，打算购买什么商品，商品的数量和规格。

了解交易条款，如报价、支付、包装、保险等，让供应商知道交易条件。

告知商品在市场上的整体情况。

索要目录、价目表和样品。

向对方表明想要与他进行业务往来的愿望。

说明其他情况。

2. 发盘（offer）

发盘也叫发价，指交易的一方（发盘人）向另一方（受盘人）提出各项交易条件，并愿意按这些条件达成交易的一种表示。发盘在法律上称为要约，在发盘的有效期内，一经受盘人无条件接受，合同即告成立，发盘人承担按发盘条件履行合同义务的法律责任。发盘多由卖方提出（selling offer），也可由买方提出（buying offer），也称递盘（bid）。实务中常见由买方询盘后，卖方发盘，但也可以不经过询盘，一方直接发盘。

发盘可以是应对方的询盘做出的答复，也可以未经邀请直接发出。发盘多由卖方发出，称为售货发盘；也可以由买方发出，称为购货发盘。从我国进出口业务的实践来看，发盘报价对磋商成败至关重要，对此必须做到慎之又慎。发盘即订购意向的表示，其内容必须明确无误，避免使用意义含糊的词语，一般应包括交易的主要条件，如品名、规格、价格、数量、交货期、包装、付款方式等。

一封好的发盘函电要包括以下几点：

感谢对方的询盘（如有必要）。

说明品名、质量或规格、数量、详细的价格条款、折扣、支付条款、装运期、包装条款，以便买方做决定。

如果是实盘，要说明有效期；如果是虚盘，也要给出相应说明。

对商品可以给出适当的评价。

最后可以补充一小段来吸引对方注意公司其他商品。

表达希望收到对方订单的愿望。

3. 还盘（counter offer）

受盘人不同意发盘中的交易条件而提出修改或变更的意见，称为还盘。这在法律上叫反要约。

还盘实际上是受盘人以发盘人的身份发出的一个新盘，原发盘人成为新盘的受盘人。还盘又是受盘人对发盘的拒绝，发盘因对方还盘而失效，原发盘人不再受其约束。还盘可以在双方之间反复进行，还盘的内容通常仅陈述需变更或增添的条件，对双方同意的交易条件毋需重复。有时，买方主动向卖方递盘。在递盘中，买方说明按什么价格、根据什么条款购买某种商品。因此，递盘实际上是买方的“发盘”。如卖方认为递盘中某些条款不能接受，也可以进行还盘。一笔交易的达成，可能要经过多次的还盘。

4. 接受（acceptance）

接受是受盘人在发盘的有效期内，无条件地同意发盘中提出的各项交易条件，愿意按这些条件和对方达成交易的一种表示。接受在法律上称为“承诺”，接受一经送达发盘人，合同即告成立，双方均应履行合同所规定的义务并拥有相应的权利。如交易条件简单，接受中毋需复述全部条件。如双方多次互相还盘，条件变化较大，还盘中仅涉及需变更的交易条件，则在接受时宜复述全部条件，以免疏漏和误解。

5.4.2.2 跨境电商外贸函电实务

5.4.2.2.1 跨境电商外贸函电实训要求

选择正确的“业务种类”，明示标题。

选择合适的贸易函电格式书写函电，如齐头式、缩进式、混合式等。

全部使用英文撰写，要求语言简洁、流畅，无语法和拼写错误。切忌在函电中使用中文。

尽量使用自己组织的语言书写函电，不要直接使用范例中的语句。

磋商内容清晰完整，包含必要的磋商要素，如品名、规格或质量要求、数量、包装、价格、付款方式、运输方式、装运时间、装运港、目的港、保险条款等。

5.4.2.2.2 跨境电商外贸函电案例

（1）建立贸易关系（set new business relationship）。建立贸易关系，可以通过多种途径，比如通过驻外机构、国外商会、同业商行、银行、出国访问、商品交易会、报纸广告、市场调查等。建立贸易关系的信函，要写得诚恳、热情、礼貌、得体，并将写信人的意图清楚地叙述完整，给对方留下深刻印象，使其愿意建立交易关系。范例：

15 May 2016

SHAWSPENCER INTERNATIONAL PLC

VALE HOUSE, 34-38 VALE ROAD, BUSHEY HERTFORDSHIRE

Dear Sir:

Inquiries regarding our new product, the FANCY SOAP, have been coming in from all parts of the world. Reports from users confirm what we knew before it was put on the market that it is the best FANCY SOAP. Enclosed is our brochure.

Looking forward to receiving your enquires soon.

Yours faithfully Bart

HANS & TONY COMPANY LTD.

FLAT D, 12TH FLOOR, YEUNG YIU CHUNG (NO. 8) IND. BLDG., NO. 20 WANG HOI ROAD, KOWLOON BAY, KOWLOON

（2）询盘。询盘的内容应简洁、清楚、礼貌。范例：

21 June 2016

NAssau MAtAr Co., Ltd

No. 272, BayA Road

NEW YORK, USA

Dear Sir:

Seeing your ad in "POCIB" we become interested in your WOMEN'S PYJAMAS. Please quote us for the supply of the items listed on the enclosed query form and give your prices C. I. F. Shanghai. It would be appreciated if you include your earliest delivery date, terms of payment, and discounts for regular purchases.

Yours faithfully

Tony Smith Groupe Auchan

Room 1403, No. 45, reer Residential Quarter, Begde District, U. S. A

（3）发盘。发盘需要提出具体的交易条件，包括商品名称和规格、数量、价格、付款条件、交货日期、运输方式和时间、保险、商检证书的需求等。发盘有实盘和虚盘之分。实盘是报盘人在规定的期限内对所提条件的肯定表示，报盘人在有限期内不得随意改变和撤回报盘内容。发盘一经买方接受，买卖立即敲定，双方就有了法律约束力的合同关系。虚盘是报盘人所做的非承诺性表示，附有保留条件，如"以我方最后确认为准（subject to our final confirmation）"等。发盘要包含所有的具体交易内容，尤其是实盘要全面准确。范例：

21 March 2016

Gentle Credit Investment Co., Ltd

36 DELIVERANDE ST., OFF EL OROUBA ST., NEWYORK

Dear Sir,

Thank you for your inquiry of March 20, 2016. We are glad to receiving it and to learn of the inquiries you have had for our CANNED SWEET CORN. Our CANNED SWEET CORN is particularly suitable for everyone and during the past year we have supplied this range to dealers in several tropical countries. From many of them we have already had repeat orders, in some cases more than one.

For the quantities you mention we are pleased to quote as follows:

Product No: 01005

Product: CANNED SWEET CORN

Description: 3 060Gx6TINS/CTN

Unit Price: USD 5 PER CARTON CIF NEWYORK

QUANTITY: 10 000 CARTONS

AMOUNT: USD50 000

Quality: As per samples No. MBS/006 and CBS/002 submitted by seller on March 12, 2016.

Payment: By 30 days' L/C

Packing: 1 CARTON/ CARTON

Means of transport: BY SEA

SHIPPING MARK:

CANNED SWEET CORN

U. S. A

C/NO. 1-1 000

MADE IN CHINA

Shipment: Within 1 weeks of receiving L/C

Port of Shipment: SHANGHAI

Port of Destination: NEWYORK

Insurance: To be effected by the seller for 110% invoice value against W. P. A. & War Risk.

Documents Required: Certificate of Quality, Certificate of Quantity/Weight, Health Certificate and Certificate of phytosanitary all in 3 originals and 3 copies

This quotation is valid for 3 days.

We feel you may be interested in some of our other products and enclose descriptive booklets for use with your customer.

We are looking forward to receiving your order.

Yours truly

Elton

MAP ADVERTISING LTD.

Room 403, No. 37, Sutang Residential Quarter, BaiShan District shanghai, China

FM: 44-79-34895676

TO: 86-21-64568932

(4) 还盘。还盘可以在双方之间反复进行，还盘的内容通常仅陈述需变更或增添的条件，对双方同意的交易条件无需重复。范例：

25 June 2016

COSMOPACK

33 EL OBOUR BLD. NASR CITY-CAIRO

Dear Sir or Madam:

We confirm having received your telex No. LT/531 of May 17, asking us to make a 10% reduction in our price for Men's Shirts. Much to our regret, we are unable to comply with your request because we have given you the lowest possible price. We can assure you that the price quoted reflects the high quality of the products.

We still hope to have the opportunity to work with you and any further enquiry will receiveour prompt attention.

Sincerely,

Gene

NEW WORLD TRADING CO. PTY. LTD.

61-563, SOMERVILLE ROAD, WEST SUNSHINE, VIC.

(5) 接受。接受是交易的一方完全同意对方的报盘或还盘的全部内容所做的肯定表示。一经接受，交易即告成立，买卖双方分别承担自己的义务。范例：

25 June 2016

GRACE UNION INTERNATIONAL LTD.

ROOM NO. 18-19, 3 FLOOR, BLOCK B, HI-TECH INDUSTRIAL CENTRE, NO. 491-501 CASTLE PEAK ROAD

Dear Sirs:

Thank you for your letter of June the 8th. We have accepted your offer on the terms suggested. Enclosed our will find a special price list that we believe will meet your ideas of prices. You should note that the recent advances in raw materials have affected the cost of this product unfavorably. However, for your order we have kept our prices down.

Sincerely

AITAULLAH KELAR

EAST & WEST CO., ENGLAND

5.5 跨境电商交易合同签订实训

买卖双方经过交易磋商，对交易的条件或条款取得一致意见后，即可签订书面合同。书面合同在跨境电商贸易上并不是合同有效成立的必要条件，只要双方互相遵守诚信原则，一方交货另一方付款，贸易过程就已结束。但是由于国际关系复杂、政局变化莫测，再加上各国风俗习惯、宗教信仰、联络通信方式、贸易对手的信用等跨境电商风险因素，签订合同可以避免日后发生纠纷。

5.5.1 跨境电商合同概述

在国际贸易中，书面合同的名称没有特定的限制。我国的外贸实践中，主要采用合同和确认书这两种形式。此外，协议书（agreement）和备忘录（memorandum）也被使用，有时国外客户还要求我方签署他们拟制的订单，这里就主要的形式做简略说明。

1. 合同（contract）

交易成立后，由当事人的一方将交易内容制成合同，然后由双方共同签署。这种合同的内容比较全面详细。由卖方制作的称为“售货合同”（Sales Contract）；由买方制作的称为“购货合同”（Purchase Contract）；如果是由买卖双方互派代表会同制作、当场签字的，则可称为“购销合同”(Sales and Purchase Contract)，但这种情形较少见。

2. 确认书（confirmation）

这是合同的简化形式，通常由一方制作确认书一式两份，拟好并签名后寄给对方；对方经审核同意并签字确认，保留一份，同时将另一份寄还。由卖方制作的称为“售货确认书”（sales confirmation），由买方制作的则称为“购货确认书”（purchase confirmation），其效力与买卖合同相等。

3. 订单（order or order sheet）

订单由买方制作，为向卖方发出的订购货物的书面凭据。通常由买方制作订单一式两份，拟好并签名后寄给卖方；卖方对订单的内容若无异议，可签名后再寄还一份给买方，即具备成交签约的法定效力。

5.5.2 合同内容

书面合同一般由三个部分组成，即合同的约首、本文和约尾，而这三个部分又各自包含不同的内容。

（1）约首：即合同的首部，主要包括合同名称、编号、缔约日期及地点、缔约当事人的名称及地址等。

（2）本文：是合同的主体，具体规定了买卖双方的权利和义务，又可分为主要条款和一般条款两部分。

①主要条款：包括商品的品名条款、品质条款、数量条款、包装条款、价格条款、装运条款、保险条款、支付条款八个条款。

②一般条款：包括商检、索赔、仲裁及不可抗力四个条款。

（3）约尾：即合同的尾部，通常写明合同使用的文字及其效力、合同正本的份数、附件及其效力，以及双方当事人或其授权人的签字。

书面合同的内容必须符合政策，做到内容完备、条款明确、文字严密，并与交易磋商的内容相一致。合同一经签订，即成为约束双方当事人的法律文件。合同模板如图 5-1 所示。

AIGE IMPORT & EXPORT COMPANY

ROOM 2501, JIAFA MANSION, BEIJING WEST ROAD, SHANGHAI 200001, P.R.CHINA

SALES CONFIRMATION

Messrs:	RIQING EXPORT AND IMPORT COMPANY P.O.BOX 1589, NAGOYA, JAPAN	**No.** contract01	**Date:** 2016-08-29

Dear Sirs,

We are pleased to confirm our sale of the following goods on the terms and conditions set forth below;

Choice	Product No.	Description	Quantity	Unit	Unit Price	Amount
					[FOB] [Shanghai,China]	
○	01006	CANNED LITCHIS 850Gx24TINS/CTN	1000	CARTONS	JPY 1200	JPY1200000
		Total:	1000	CARTONS		[JPY][1200000]

Say Total: JPY ONE MILLION TWO HUNDRED THOUSAND ONLY

Payment:	L/C AT SIGHT
Packing:	850Gx24TINS/CTN
Port of Shipment:	Shanghai,China
Port of Destination:	Nagoya,Japan
Shipment:	Shipment in [September] By vessel 20' CONTAINER × [1]
Shipping Mark:	CANNED LITCHIS JAPAN C/NO.1-1000 MADE IN CHINA
Quality:	AS PER SAMPLE SUBMITTED BY SELLER.
Insurance:	TO BE COVERED BY THE BUYER.
Documents:	1. Signed commercial invoice in 1 original and 3 copies . 2. Full set of clean on board Bills of Lading made out to order and blank endorsed, marked "freight to collect". 3. Packing List Memo in 1 original and 3 copies indicating quantity, gross and weights of each package. 4. Certificate of Quantity/Weight in 1 original and 3 copies . 5. Certificate of Quality in 1 original and 3 copies . 6. Certificate of phytosanitary in 1 original and 3 copies . 7. Health Certificate in 1 original and 3 copies . 8. Certificate of Origin Form A in 1 original and 3 copies .

Any dispute arising from or in connection with this Contract shall be submitted to International Economic and Trade Arbitration Commission for arbitration which shall be conducted in accordance with the IETAC's arbitration rules in effect at the time of applying for arbitration.The arbitral award is final and binding upon both parties.

BUYERS	SELLERS
日清进出口贸易公司 RIQING EXPORT AND IMPORT COMPANY **CHUANBEN** (Manager Signature)	艾格进出口贸易公司 AIGE IMPORT & EXPORT COMPANY **AIGE ZHANG** (Manager Signature)

图 5-1 合同模板

5.5.3 跨境电商合同签订实训

进入世格跨境电商实训模拟平台，贸易双方进入业务磋商阶段的业务，可由出口商起草合同并发给进口商签字确认。在签订合同前，在交易币非本国货币的情况下，进出口双方还需先到银行开立一般账户。

出口商操作：

（1）进入“My Business”的“业务磋商”页面，选择相应的业务条目。

（2）在弹出的业务详细资料画面中，点击“业务合同”。

（3）点击画面下方的“起草合同”，打开合同，仔细填写。填写过程中可随时“检查合同”，填写完成后点“保存合同”。

（4）合同盖章后，点“发送合同”，系统将自动把合同发给进口商。

进口商操作：

（1）收取并查看出口商发送合同的通知。

（2）进入“My Business”的“业务磋商”页面，选择相应的业务条目。

（3）在弹出的业务详细资料画面中，点击“业务合同”，查看合同内容。

（4）确认合同内容无误后，点合同下方 BUYERS 栏的“盖章”，然后再点画面下方“确认合同”按钮（如果发现合同有错误，也可点“拒绝合同”，让出口商修改合同后再重新发送）。

5.5.4 合同内容填写说明

合同总金额不能大于账户当前资金，等进口商确认完合同之后再买货，以防损失。进口商确认合同后，合同与出口预算表不可再修改，当事人不履行合同义务或履行合同义务不符合约定的，应承担违约责任，需要谨慎签约。合同模板如图 5-1 所示，填写要求如下：

1. to（抬头）

报表上方两行空白栏为出口商公司抬头，须分别填写出口商的英文名称及地址。需要注意的是名称和地址需分两行填写，第一行写名称，第二行写地址。写在同一行中不符合格式规范，是错误的。

2. messrs（收货人）

这里详细填列交易对象（即进口商）的名称及地址。可在世格跨境电商实训模拟平台选择搜索条件为“Suppliers”，输入进口商公司英文名称，查询到进口商店铺，点击公司英文名称进入店铺首页，可以找到进口商公司地址（address），也可以直接发邮件询问对方。messrs 填写如图 5-2 所示。

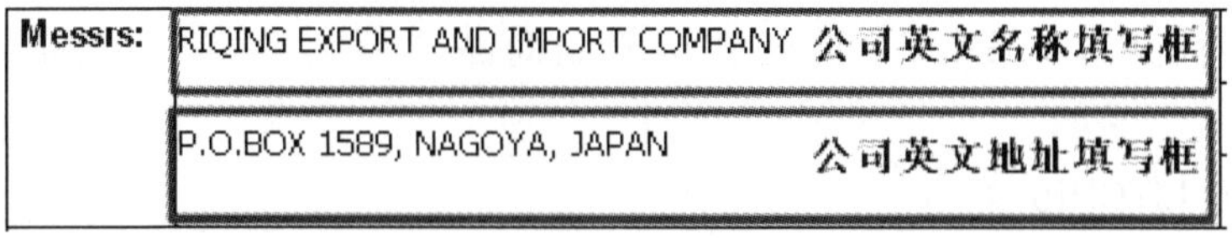

图 5-2　messrs 填写示范

在平台可以查询到进口商店铺，复制公司英文名称和地址信息到此处即可，如图 5-3所示。

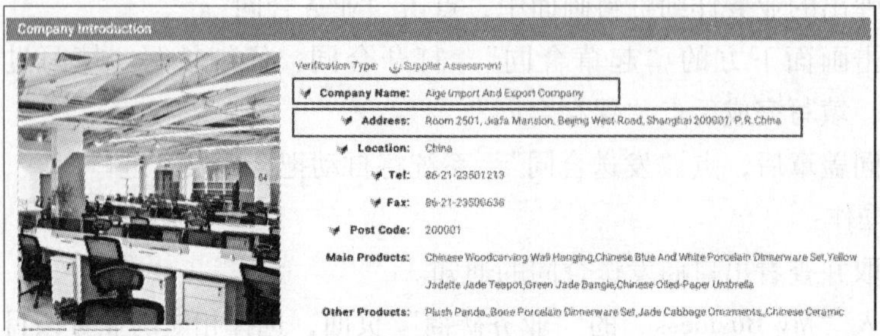

图 5-3　公司信息

3. No.（销货合同编号）

由卖方自行编设，以做存储归档管理之用。本模拟平台中，合同编号只能填英文或者数字，并且不能重复。

4. date（销货合同制作日期）

如 2016 年 2 月 18 日，可以有以下几种日期格式填法：

①2016-02-18 或 02-18-2016；

②2016/02/18 或 02/18/2016；

③080218（信用证电文上的日期格式）；

④February 18, 2016 或 Feb. 18, 2016。

5. product No.（货号）

销货合同上应记明各种货物编号，以求联系沟通方便。模拟平台允许同时交易 1～2 种产品，但它们必须是 HS 编码一样的商品，交易产品的货号必须选择出口商“My City”中“国内工厂”里现有的商品编号，“国内工厂”里没有的商品不可以交易。

6. description（品名条款）

此栏应详细填明各项商品的英文名称及规格，这是买卖双方进行交易的物质基础和前提。对商品的具体描述说明是合同的主要条款之一，如果卖方交付的货物不符合合同规定的品名或说明，买方有权拒收货物、撤销合同并提出损害赔偿。

在“My City”中的“国内工厂”里点击“购买商品”，点击“商品名称”或“编号”，找到“商品基本资料”，此处直接复制商品“英文名称+英文描述”两部分。例如：

CANNED LITCHIS

850Gx24TINS/CTN

CANNED LITCHIS 是商品名称，850Gx24TINS/CTN 是商品详细资料中的“英文描述”部分，如图 5-4 所示。

商品编号:	01006
商品名称(中文):	荔枝罐头
商品名称(英文):	CANNED LITCHIS
规格型号(中文):	每箱24听，每听850克
规格型号(英文):	850Gx24TINS/CTN
商品属类:	食品饮料
H.S.编码:	2008991000
销售单位:	CARTON（箱）
包装单位/包装种类:	CARTON（纸箱）
单位换算:	1个包装单位 = 1 个销售单位
毛重(KG)/包装单位:	22.44
净重(KG)/包装单位:	20.4
体积(CBM)/包装单位:	0.022588
集装箱种类:	普通
保质期(Shelf Life):	15个月(15 Months)
产品种类(Product Category):	罐装食品(Canned Food)
储存条件(Storage Conditions):	密封(Seal)

图 5-4　产品信息

7. quantity（数量条款）

本栏用于填写交易的货物数量，这是买卖双方交接货物及处理数量争议时的依据，应按双方在交易磋商时谈好的数量填写。不明确卖方应交付多少货物，不仅无法确定买方应该支付多少金额的货款，而且不同的量有时也会影响到价格以及其他的交易条件。

8. unit（货物数量的计量单位）

这里应以适合该货物计量的单位为准。货物的计量单位在“商品基本资料”里查找。此栏应填写销售单位而非包装单位。填写时，注意单位的单复数。如果数量超过1，请填写单位的复数形式，比如“PCS”。

9. unit price（价格条款）

这是买卖合同中必不可缺的重要组成部分，不仅直接关系到买卖双方的利益，而且与合同中的其他条款有密切联系。通常由出口商根据成本通过往来函电出口报价给进口商，进口商也要据此进行进口核算，双方经过协商后确定此交易价格的金额。

货物的价格，通常指货物的单价（unit price），针对一个销售单位的货物而言。单价一般包括了贸易术语、计价货币与单价金额等内容，其填写说明如下：

①国际贸易术语（本次模拟系统只支持 FOB、CIF、CFR 三种常见贸易术语）。填

写格式为：FOB 后加“启运港”或“出口国家名称”，CFR 或 CIF 后加目的港或进口国家名称。

②计价货币与单价金额。依双方约定填写。选择计价货币时只能选择国际通用的四种货币进行交易。例如：

CIF Canada（或 CIF Toronto）

USD 18.75

10. amount（总金额）

列明币种及各项商品总金额（总金额=单价×数量）。注意此栏应与每一项商品相对应。

11. total（货物总计）

这里分别填入所有货物累计的总数量和总金额（包括相应的计量单位与币种）。注意单位的单复数。一笔合同中可以同时交易 1~2 种 HS 编码相同的商品。如果这些商品的销售单位不同，合计中单位栏应填“packages”，如图 5-5 所示。

Choice	Product No.	Description	Quantity	Unit	Unit Price	Amount
			[CIF] [Santiagos]			
○	02001	MEN'S PYJAMAS 20SETS PER CARTON, COLOR: HEALTHER GREY, FABRIC CONTENT: 100% COTTON	1000	SETS	USD 9.5	USD9500
○	02002	MEN'S T-SHIRT 20PCS PER CARTON, COLOR: NAVY BLUE, FABRIC CONTENT: 100% COTTON	1000	PCS	USD 6.2	USD6200
						[添 加][修 改][删 除]
		Total:	2000	PACKAGES		[USD] [15700]

图 5-5　销售单位不同的产品填写示例

12. say total（交易总额）

以文字（大写）写出该笔交易的总金额。必须与货物总价数字表示的金额一致并且 100%正确，合同才能通过。

（1）币别表示方法

世格跨境电商实训模拟平台中 4 种合同币别的表示方法如下：

①美元（小数：CENTS）USD

复数：US DOLLARS/U. S. DOLLARS/UNITED STATES DOLLARS

单数：US DOLLAR /U. S. DOLLAR/UNITED STATES DOLLAR

②日元（小数：SEN）JPY，JAPANESE YEN

③欧元（小数：CENTS）EUR，EURO（单数），EUROS（复数）

④英镑（小数：PENCE），GBP，POUNDS（复数）

以金额 89 615 为例，它在世格跨境电商实训模拟平台中 4 种不同币别下的表示方法。

美元：

USD EIGHTY NINE THOUSAND SIX HUNDRED AND FIFTEEN ONLY

US DOLLARS EIGHTY NINE THOUSAND SIX HUNDRED AND FIFTEEN ONLY

U. S. DOLLARS EIGHTY NINE THOUSAND SIX HUNDRED AND FIFTEEN ONLY

UNITED STATES DOLLARS EIGHTY NINE THOUSAND SIX HUNDRED AND FIFTEEN ONLY

日元:

JPY EIGHTY NINE THOUSAND SIX HUNDRED AND FIFTEEN ONLY

JAPANESE YEN EIGHTY NINE THOUSAND SIX HUNDRED AND FIFTEEN ONLY

欧元:

EUR EIGHTY NINE THOUSAND SIX HUNDRED AND FIFTEEN ONLY

EUROS NINE THOUSAND SIX HUNDRED AND FIFTEEN ONLY

英镑:

GBP EIGHTY NINE THOUSAND SIX HUNDRED AND FIFTEEN ONLY

EIGHTY NINE THOUSAND SIX HUNDRED AND FIFTEEN POUNDS ONLY

（2）小数表示方法

例如金额 1 007.5 在世格跨境电商实训模拟平台中分别用 4 种币别的表示方法为:

美元:

USD ONE THOUSAND AND SEVEN CENTS FIFTY

日元:

JPY ONE THOUSAND AND SEVEN SEN FIFTY

英镑:

ONE THOUSAND AND SEVEN POUNDS AND FIFTY PENCE

欧元:

EUR ONE THOUSAND AND SEVEN CENTS FIFTY

13. payment（支付条款）

它规定了货款及其从属费用的支付工具、支付方式等内容，它与价格条款一样往往成为买卖双方在交易磋商时的焦点。支付方式有许多种，模拟平台选用了其中几种最常用的方式：L/C 信用证、D/P 付款交单、D/A 承兑交单、T/T 电汇进出口，双方应在交易磋商中决定选用哪种支付方式及期限。

14. packing（包装条款）

包装条款一般包括包装材料、包装方式和每件包装中所含物品的数量或重量等内容，是合同的必要组成部分。

15. port of shipment（启运港）

启运港为本国港口之一。本国海运港口的名称可在“My City”中的“国际货运公司（海运部）”相关网站中的“航程及运费查询”里查找，航空机场的名称可在“My City”中的国际货运公司（空运部）相关网站中的“常用查询”里查找。

16. port of destination（目的港）

目的港通常已由买方在双方签订合约之前的往来磋商函电中告知卖方。目的港的名称在“My City”中的国际货运公司（海运部）相关网站中的“航程及运费查询”里查找，航空机场的名称可在“My City”中的“国际货运公司（空运部）”相关网站中的“常用查询”里查找。

17. shipment（装运条款）

装运条款包括装运时间、装运港或装运地、目的港或目的地，以及分批装运和转运等内容，有的合同还规定卖方应予交付的单据和有关装运通知的条款。

装运时间选择：信用证方式下可选择“Shipment within 15/30/60 days after receipt of L/C”等，选择此类选项无须填写装运具体时间。如果选择“Shipment by”，需在后面空白括号栏里填写相应的具体时间（日期格式与合同日期格式相同）；如果选择“Shipment in”，则需在后面空白括号栏里填写相应的具体月份（英文）。

装运方式选择：根据需要选择“By vessel（海运）”或“By air（空运）”。

如果选择海运，还需选择集装箱种类和数量。

18. shipping mark（运输标志）

运输标志也称装运唛头，可以是图案、文字或号码。如没有唛头应填“No Mark”或“N/M”。

19. quality（品质条款）

这是对商品的质量、等级、规格等的具体规定，是买卖双方交接货物时的品质依据，同时也是商检部门进行检验、仲裁机构或法院解决品质纠纷时的依据。

20. insurance（保险条款）

货物在运输过程中可能会遭遇到意外，因此必须做好投保工作，否则进口商会因此受到巨大损失而产生纠纷。在FOB、CFR、FCA、CPT条件下，由买方投保。在CIF、CIP条件下，由卖方投保。应具体载明投保的险别、保险金额等事项。

①在CIF、CIP条件下按进口商的要求（磋商中决定）选择保险条款和投保加成，保险条款的解释在“My City”中“保险公司”的网站里查询。CIF、CIP方式下，保险费是由出口商支付的，并且投保受益人又是进口商，因此对投保险别和投保加成双方应在交易磋商中商定，以免发生纠纷。

②在FOB、CFR、FCA、CPT条件下，由买方自行投保，无须在合同中订立保险条款。

21. documents（单据）

它包括所需单据的种类和正本（original）、副本（copy）份数。所有单据的正本（original）和副本（copy）份数由双方自行商定，实际业务中提单一般为3正3副，其他单据一般为1正3副。本实训模拟中，在单据中心每张单据只能看到正本，所有业务直接使用正本即可。出口商在贸易过程中必须将合同中规定的单据备齐，并在交单或寄单时将这些单据提交给银行或寄给进口商。

商检证书由进出口双方在磋商中自行商议，其他单据应按规则选择，具体为：

（1）商业发票：是必备单据，所以只要选择正本和副本份数即可。

（2）提单：海运选择海运提单，空运则选择空运提单。

（3）保险单：如果贸易术语为CIF、CIP，必须选择保险单，出口商必须在报关前完成投保工作；如果贸易术语为FOB、CFR、FCA、CPT，则无须选择，由进口商在货物出运前自行投保；

（4）装箱单：是必备单据，所以只要选择正本和副本份数即可。

（5）商检证书：世格跨境电商实训模拟平台中的商检证书有 4 种：数量/重量证书、品质证书、植物检疫证书、健康证书。如果进口商在磋商中说明需要这些证书，则应在合同中选择，并在出口报检时选择出具相应证书。

（6）原产地证、普惠制产地证：一般二选一，如果进口商为美国，一般选择原产地证；如果进口商为其他国家，则选择普惠制产地证。

22. 仲裁条款

可以在合同中注明凡因本合同引起的或与本合同有关的任何争议，均应提交国际经济贸易仲裁委员会，按照申请仲裁时该会现行有效的仲裁规则进行仲裁。仲裁裁决是终局的，对双方均有约束力。

23. manager signature（buyers）

进口商公司负责人签名：直接点击“盖章”即可。

24. manager signature（sellers）

出口商公司负责人签名：直接点击“盖章”即可。

第 6 章　跨境电商通关业务

6.1　跨境电商通关概述

6.1.1　通关的定义及与报关的关系

6.1.1.1　通关的定义

通关即结关、清关，是指进出口货物和转运货物进出入一国海关关境或国境必须办理的海关规定手续。只有在办理海关申报、查验、征税、放行等手续后，货物才能放行。放行完毕叫通关。

同样，载运进出口货物的各种运输工具进出境或转运，也均需向海关申报，办理海关手续，得到海关的放行许可。货物在结关期间，不论是进口、出口或转运，都是处在海关监管之下，不准自由流通。

随着互联网的广泛应用，通过通关服务平台可以实现跨国电商企业通关一次性申报和海关等监管部门对跨境电商商品交易全过程的监管，如图 6-1 所示。

6.1.1.2　通关与报关的关系

通关与报关既有联系又有区别。两者都是对运输工具、货物、物品的进出境而言的，但报关是从海关管理相对人的角度，仅指向海关办理进出境手续及相关手续；而通关不仅包括海关管理相对人向海关办理有关手续，还包括海关对进出境运输工具、货物、物品依法进行监督管理，批准其进出境的管理过程。

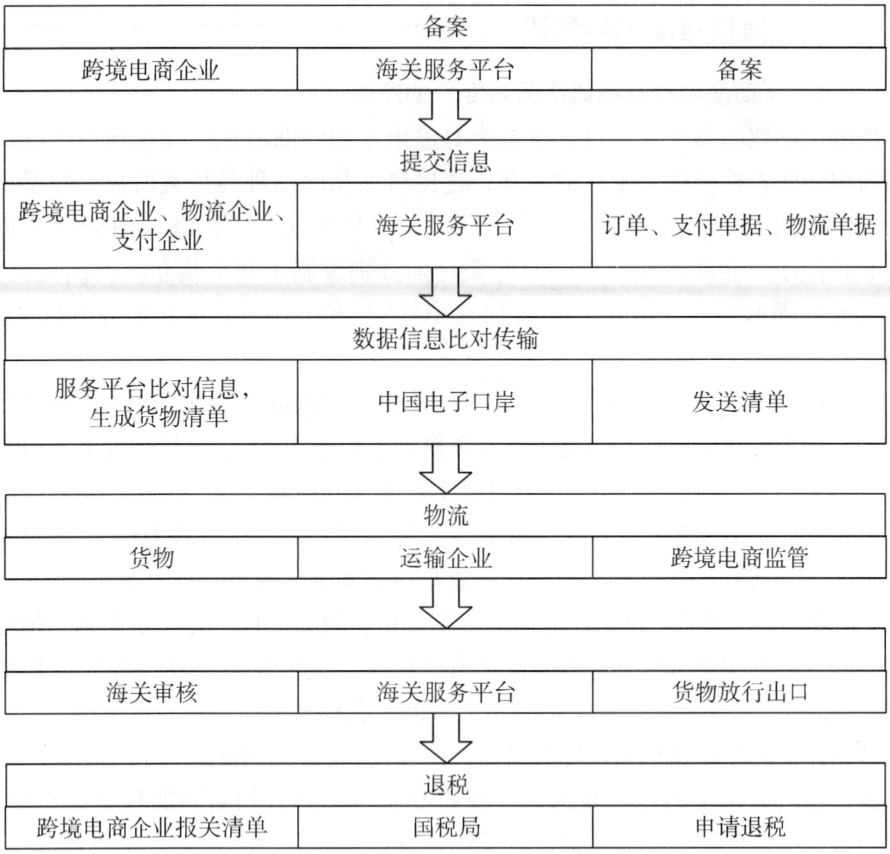

图 6-1　交易全过程监管示意图

6.1.2　海关对跨境电商的监管

2022 年 5 月 20 日，中共中央宣传部举行“中国这十年”系列主题新闻发布会。海关总署副署长王令浚在会上介绍，跨境电商是我国新兴贸易业态的重要组成部分。跨境电商海关监管对象主要有参与跨境电商业务的企业，包含电子商务交易过程中的平台企业，电子商务企业，支付、物流等各个环节的相关企业单位或个人。为促进跨境电商新业态有序发展，当前海关总署的监管举措主要有：

一是监管模式创新。针对跨境电商不同的通关形式，有针对性地打造“网购保税进口”“直购进口”“一般出口”“特殊区域出口”“B2B 直接出口”“跨境电商出口海外仓”等个性化的监管模式。

二是畅通跨境电商进出口渠道。特别是解决出口、进口零售商品退货难的问题，让国内消费者“海淘”更加放心。

三是推动海关跨境电商监管国际合作。海关总署在北京和世界海关组织共同举办了世界海关跨境电商大会，发布了《北京宣言》，而且研究制定了《世界海关组织跨境电子商务标准框架》，促进了跨境电商在世界范围内的健康发展。

6.1.3 进出口商品编码概述

6.1.3.1 《商品名称及编码协调制度》的产生

早期的国际贸易商品分类目录仅是为对进出本国的商品征收关税而产生的，其结构较为简单。随着社会化大生产的发展，进出口商品的品种与数量增加，除了税收的需要，人们还要了解进出口贸易情况，还要进行贸易统计，因此，海关合作理事会（1995 年更名为“世界海关组织”）与联合国分别编制了两个独立的商品分类目录，即《海关合作理事会商品分类目录》（简称 CCCN）和《国际贸易标准分类目录》（简称 SITC）。

由于商品分类目录的不同，一种商品有时在一次国际贸易中要使用不同的编码，给国际贸易带来极大的不便。因此，海关合作理事会于 1983 年 6 月通过了《协调制度公约》及其附件《商品名称及编码协调制度》（Harmonized Commodity Description and Coding System）。《商品名称及编码协调制度》简称《协调制度》或 HS，既满足了海关税则和贸易统计需要，又满足了运输及制造业等的要求。因此，该目录自 1988 年 1 月 1 日起正式生效后，即被广泛应用于海关税则、国际贸易统计、原产地规则、国际贸易谈判、贸易管制等多个领域，所以又被称为“国际贸易的语言”。为了帮助人们正确理解《协调制度》，海关合作理事会还制定了《商品名称及编码协调制度注释》。

随着新产品的不断出现和国际贸易结构的变化，《协调制度》一般每隔若干年就要修订一次，由有关国际组织主持编制、发布和实施，具有相当高的科学性和完整性。在国际上公认并广泛采用的国际商品分类体系有如下三个：

（1）《海关合作理事会商品分类目录》：此分类目录在 1959 年正式实施，在 1965 年、1972 年、1978 年分别进行了三次系统修订，主要适用于海关税则的商品分类。目前有 150 多个国家和地区采用此分类体系编制本国的海关税则。

海关合作理事会分类目录的分类原则为按商品的原材料、结合加工程度和用途以及工业部门来划分商品目录。据此分类体系将国际贸易商品划分为 21 类，99 章，1 011 税目，每一项税目下又分成若干条子目。该分类体系采用 4 位数编码。

（2）《国际贸易标准分类目录》：由联合国于 1950 年制定，在 1951 年国际会议上通过，在 1960 年和 1975 年进行了两次修订。制定它主要是为了便于统计世界经济数据，促进国际贸易，使海关手续合理化。联合国也据此编制国际贸易统计资料，以便对世界贸易进行系统的研究。

《国际贸易标准分类目录》把所有国际贸易商品划分为 10 类，63 章，233 组，786 分组，分组以下又细分为若干子目，采用 4 位数字编码。

（3）《协调制度》：是在《海关合作理事会分类目录》和《国际贸易标准分类目录》实施经验的基础上，参考国际间其他税则、统计、交通等分类协调制度，由海关合作理事会主持，经 60 多个国家和多个国际组织多年研究后编制的。它是最新的、系统的和多用途的国际贸易商品统一分类体系，当前世界各国正陆续采用。

根据《协调制度》，我国国家商检局和海关总署分别编制了《商检机构实施检验的进出口商品种类表》《中华人民共和国海关进出口税则》（简称《进出口税则》），并于1990年和1992年发布实施。

《协调制度》把所有国际贸易商品分为21类，99章，1 241节、5 019目，其中第77章留空以增补新商品，第98、99章留空供各缔约国专用。该分类体系采用6位数字编码。

6.1.3.2 HS编码基础知识

《协调制度》把对所有国际贸易商品进行分门别类的编码简称为HS码，《协调制度》将国际贸易涉及的各种商品按照生产类别、自然属性和不同功能用途等分为21类97章，每一章由若干品目构成，品目项下又细分出若干一级子目和二级子目。为了避免各品目和子目所列商品发生交叉归类，在类、章下加有类注释、章注释和子目注释。为了使每一项商品的归类具有充分的依据，又设立了归类总规则，作为整个《协调制度》商品归类的总原则。

《协调制度》采用的是6位数编码。而我国进出口税则中的编码为8位，其中第7、8位是我国根据实际情况加入的“本国子目”，前两位表示商品所在章，第3、4位表示在该章的排列顺序号，第5位表示一级子目，第6位表示二级子目，第7位表示三级子目，第8位表示四级子目。为了满足海关监管工作的要求，1997年后我国在原有的8位数分类编码的基础上，根据实际工作需要对部分8位数分类编码又进一步分出了第9、10位编码，未增列的第9、10位则以0补齐10位编码进行申报（图6-2）。

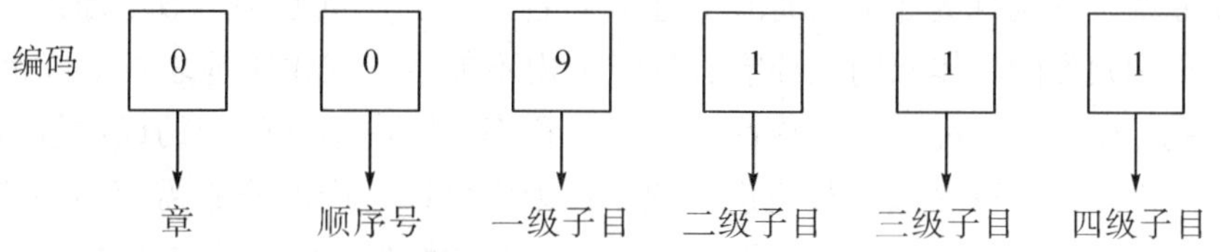

图6-2 HS编码规则示例

6.1.4 商品编码与通关业务的关系

6.1.4.1 商品名称与关税、运费的关系

有些国家的海关税则和进出口限制的某些规定与进出口商品的名称有某种联系。选择恰当的品名，有时能降低关税，有时能方便商品的进口和出口。例如，美国进口链条如果用于或名义上用于闸门开关，进口关税只有5%；如果用作自行车的链条（bicycle chain），进口关税则高达30%。同样，同一种商品如果名称不同，其班轮运输收费率可能也不一样。选用一个合适的名称，就有可能节省运费，降低成本。

6.1.4.2 商品归类步骤

报关人员在进行海关进出口商品归类时应运用具有法律效力的归类依据，按照法定归类程序，对通关商品进行归类。正确的操作程序是准确进行商品归类的前提和保证。海关进出口商品归类（以8位编码为例）的具体操作步骤分为两步：

第一步，确定品目（前4位编码）。

①明确待归类商品的特征，注意此处是指决定商品属于不同类、章的特征。

②查阅类、章标题。

③找出可能归入的标题。

④查阅标题对应的类、章注释和品目条文。根据归类总则确定品目。

第二步，确定子目（5~8 位编码）。

①查阅所属品目项下的一级子目条文及相关注释。

②运用“归类总规则六”确定一级子目（又称“一杠子目”）及其项下范围，同时可以推算出第五位数码。

③查阅所属一级子目项下的二级子目条文及相关注释。

④运用“归类总规则六”确定二级子目（又称“二杠子目”）及其项下范围，同时可以推算出第六位数码。依次重复前述程序，即可确定三、四级子目，即可推算出第七、八位数码，最终完成归类。包装容器商品归类时应当运用“归类总规则”五确定其商品编码。确定子目的过程中，应当注意同级子目才能进行比较。

综上所述，商品归类操作实际上一个逐步缩小查找范围的过程。

6.1.5 我国进出口商品归类统计制度

6.1.5.1 我国海关税则归类原则

我国海关执行的《中华人民共和国海关进出口税则》（简称《进出口税则》）归类原则是依照《海关合作理事会分类商品目录》的归类原则确定的。它包括总则内部顺序优先原则、明确优先于统称原则、主要特性原则、比例原则、数值原则、最相类似原则。税则归类的具体原则主要有：规定国内不能生产或供不应求的必需品低税率或免税；规定生产原料税率低于成品、半成品税率；国内不能生产的或质量不过关的机电产品零部件进口税率低于整机进口税率；国内可以生产的非必需商品高税率；对世界贸易组织有关协议许可的国内优质工业产品的同类进口产品制定高税率予以保护；为鼓励出口，对多数出口产品不征税，只对限制出口产品、原材料适当征税。

6.1.5.2 我国进出口商品归类统计体系结构

我国海关进出口税则和统计商品目录是在《协调制度》基础上制定的。根据我国进出口商品的结构特点，为体现关税政策及海关统计的需要，同时考虑到对许可证商品的管理等一系列的问题，1992 年 1 月 1 日我国海关正式采用《协调制度》，并制定了以《协调制度》为基础的《进出口税则》。我国海关全部采用《协调制度》的归类总规则和类、章、品目、子目的注释，没有更改其分类范围，并遵守《协调制度》的编码顺序。按照海关合作理事会的规定，在 6 位数编码不变的情况下，各国可加设适合本国国情的更加具体的细目。中国海关在《协调制度》6 位编码的基础上增设 7、8 位编码，即我国的本国子目。这 8 位编码构成了商品编码（又称“税则号列”，简称“税号”）。21 类的“类”，基本上是按社会生产的分工，将属于同一生产部类的产品归在同一类里。第 97 章的“章”，基本上是按商品的属性或用途来分的。第 1 章至第 83 章（第 64 章至第 66 章除外），基本上是按商品的自然属性来分的，而章的前后顺序则是按照动物、植物、矿物来排列的。第 64 章至第 66 章和第 84 章至第 97 章是按商品的功能或用途来分的。在《协调制度》的基础上，为了方便海关统计，我国在海关统计目录中增加了第 22 类“特殊交易品及未分类商品”，下设第 98 章。

6.2 跨境电商出口通关

货物出运前的最后一个步骤是向海关办理出口通关（export customs clearance）。货物或运输工具进出境时，其收发货人或其代理人必须按规定将货物送进海关指定的集装箱场、集装箱集散站或码头仓库，向进出境口岸海关请求申报，交验规定的证件和单据，接受海关人员对其所报货物和运输工具的查验，依法缴纳海关关税和其他由海关代征的税款，然后海关才能批准货物和运输工具的放行。放行后，出口人方可办理货物出口装船事宜。

国际贸易和国际交流、交往活动是通过运输工具、货物、物品和人员的进出境来实现的。《中华人民共和国海关法》（以下简称《海关法》）第八条规定："进出境运输工具、货物、物品必须通过设立海关的地点进境或出境。"因此，由设关地进出境并办理规定的海关手续是运输工具、货物、物品进出境的基本规则，也是进出境运输工具负责人、进出口货物收发货人、进出境物品的所有人的一项基本义务。

从广义上讲，报关是指进出境运输工具负责人、进出境口货物收发货人、进出境物品的所有人或者他们的代理人向海关办理运输工具、货物、物品进出境手续及相关手续的全过程。其中，进出境运输工具负责人、进出口货物收发货人、进出境物品的所有人或者他们的代理人是报关行为的承担者，是报关的主体，也就是报关人，也称报关单位。这里所指的报关人既包括法人和其他组织，比如进出口企业、报关企业，也包括自然人，比如物品的所有人。报关的对象是进出境运输工具、货物和物品。报关的内容则是办理运输工具、货物和物品的进出境手续及相关海关手续。

现以出口商的立场说明出口通关程序。

1. 申报

出口货物在出境时，其发货人应在装货的 24 小时以前向海关申报。具体地说，一般在出口货物运到码头、车站、机场、邮局等仓库、场地后，在海关规定的 24 小时以前，向海关申报。申报内容包括进出口货物的经营单位、收发货单位、申报单位、运输方式、贸易方式、贸易国别以及货物的实际状况（主要包括名称、规格型号、数量、重量、价格等内容）。

2. 报关人应送审的文件

（1）报关单：由报关员自行填写或由自动化报关预录入人员录入后打印的报关单一式多份，其所需份数根据各部门需要而定，出口退税时加填一份黄色出口退税专用报关单。

（2）出口许可证（export permit，E/P）：出口货物属于国家限制出口或配额出口的，应提供出口许可证件或其他证明文件。

（3）商业发票（commercial invoice）。

（4）装箱单（packing list）：货物打包装箱时，应将每件净重、毛重、数量等货物包装情况做成装箱单，供海关查验核对。散货或单一包装货物可免附装箱单。

（5）出境货物通关单：出口货物属于国家规定应实施检验检疫的，要有检验机构核发的出境货物通关单才能出口。

（6）其他相关文件。

3. 查验货物

货物查验即验关，它是指海关在接受报关单位的报关员的申报后，依法为确定进出境货物、运输工具和物品的性质，货物原产地，货物状况，货物数量和价值是否与报关单上已填报的内容相符，对货物实施检查的行政执法行为。对货物的查验可防止以次充好，非法进出口及走私、违规、逃漏关税，保证关税依率计征，维护对外贸易正常开展。

进出口的货物，除因特殊原因经海关总署特准免验的以外，均应接受海关的查验。查验进出口货物，应当在海关规定的时间和场所进行，一般在海关监管区的进出口岸码头、车站、机场、邮局或海关的其他监管场所进行。对进出口大宗散货、危险品、鲜活品，经申请可在作业现场予以查验。在特殊情况下，经申请，海关审核同意，也可派员按规定的时间到规定场所以外的工厂、仓库或施工工地查验货物，并按规定收取规费。

海关查验货物时海关与货物收发货人之间的权利和义务划分大致如下：

（1）海关查验货物时，进出口货物的收、发货人或其代理人应在场，并按照海关的要求负责搬移货物、开拆和重封货物的包装等。

（2）海关认为必要时，可以径行开验、复验或者提取货样。货物保管人员应该到现场作为见证人。

（3）海关查验进出口货物造成损坏时，进出口货物收、发货人或其代理人有权要求海关予以赔偿。

4. 缴纳税费

出口关税是海关根据国家的有关政策、法规对出口货物征收的，其主要目的是控制一些商品的盲目出口。目前除少数商品外，大部分货物出口是免征关税的。

我国关税采用从价税，是以出口货物的离岸价格作为完税价格计税，以应征税额占货物完税价格的百分比作为税率。其计算公式为

出口关税税额 = 离岸价格 FOB/FCA/（1+出口关税税率）×出口关税税率

其中：出口货物完税价格 = 离岸价格 FOB/FCA/（1+出口关税税率）

出口货物完税价格是以海关审定的货物离岸价格扣除出口关税后的价格，当出口商品是以 CIF/CIP 或 CFR/CPT 术语成交时，海关在计算税额时，先将运费或保险费扣除换算为 FOB/FCA 价格后，再计算出口税额。

纳税义务人应当在海关填具税款缴纳证后的规定时间内向指定银行缴纳税款。逾期缴纳的，除依法追缴外，由海关按规定收取滞纳金。

5. 放行装运

放行装运是海关接受出口货物的申报，经过审核报关单据、查验货物、依法征收税费后，对出口货物做出结束海关现场监管决定的行为。放行的手续包括：

（1）签印放行。对于一般出口货物，在发货人或其代理人如实向海关申报，并如

数缴纳应缴税款和有关规费后，海关在货物的出口货运单据或特制的放行条上签盖“海关放行章”，出口货物的发货人凭此装船启运出境。

（2）签发出口退税专用报关单。对需出口退税的货物，出口货物的发货人应在向海关申报出口时，增附一份浅黄色的出口退税专用报关单。海关放行后，在该报关单上加盖“验讫章”，退回报关单位，用以送交税务机办理退税。

海关放行后，出口商即可办理货物装运。

6.2.1 出口报关

6.2.1.1 报关范围

所有进出境运输工具、货物、物品都需要办理报关手续。报关的具体范围如下：

（1）进出境运输工具。这是指用以载运人员、货物、物品进出境，在国际运营的各种境内或境外船舶、车辆、航空器和驮畜。

（2）进出境货物。主要包括一般进口货物，保税货物，暂时（准）进出口货物，特定减免税货物，过境、转运和通运货物及其他进出境货物。另外，一些特殊货物，如通过电缆、管道输送进出境的水、电等和无形的货物，如附着在货品载体上的软件等也属报关的对象。

（3）进出境物品。这是指进出境的行李物、邮递物品和其他物品。以进出境人员携带、托运等方式进出境的物品为行李物品，以邮递方式进出境的物品为邮递物品，其他物品主要包括享有特权和外国机构人员的公务用品或自用物品以及通过国际速递进出境的部分快件等。

6.2.1.2 出口报关准备事项

（1）备齐出口货物。

（2）取得报关资格，如委托报关，需办理报关委托。

（3）准备报关单证，包括基本单证、特殊单证、预备单证。

基本单证是指与进出口货物直接相关的商业和货运单证，主要包括商业发票、装箱单、提（装）货凭证（或运单、包裹单）、海关签发的进出口货物征免税证明；

特殊单证是指国家有关法律规定实行特殊管制的证件，主要包括配额许可证管理证件和其他各类特殊管理证件。

预备单证指供海关在认为必要时查阅或收取的单证，包括贸易合同、货物原产地证明、委托单位的工商执照证书、委托单位的账册资料及其他有关单证。

（4）填制出口货物报关单及其他报关单证。

（5）报关单预录入，指在实行报关自动化系统处理《进（出）口货物报关单》的海关，报关单位或报关人将报关单上申报的数据、内容录入计算机，并将数据、内容传送到海关报关自动化系统的工作。

以上工作办妥，就可以向海关办理进出境运输工具、货物的报关手续了。

6.2.1.3 出口报关的程序

货物出口通关程序，就出口商而言，可分为申报货物、查验货物、缴纳税费、放行装运4个步骤；而就海关而言，可分为收单、验货、估价、放行4个步骤，如图6-3所示。

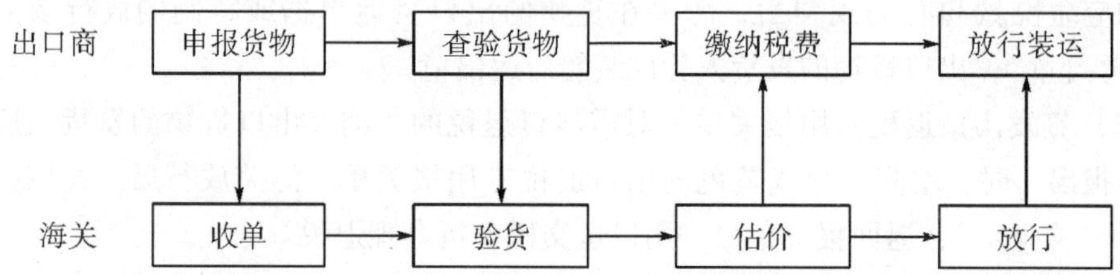

图 6-3　出口报关与海关监管

6.2.2　出口报检

6.2.2.1　出口报检的基本概念

出口检验，指出口国政府机构依法所做的强制性商品检验，以确保出口商品能符合政府法规规定。其目的在于提高商品质量，建立国际市场信誉，促进对外贸易，保障国内外消费者的利益。目前我国的进出口商品检验机构为出入境检验检疫局。

凡列入《出入境检验检疫机构实施检验检疫的进出境商品目录表》（简称《目录表》）的出口商品和其他法律、法规规定须经检验的出口商品，或合同规定必须经由检验检疫机构检验出证的商品，在完成备货后，应在规定地点和期限内向检验机构申请检验。海关凭出入境检验检疫机构签发的出境货物通关单和检验证书验放。经检验不合格者，一般不得出口。出口商品检验包括品质检验、安全卫生检查、数量鉴定、重量鉴定等。

6.2.2.2　检验范围与期限

实施法定检验的范围包括：

（1）列入《目录表》的出口商品检验；

（2）出口食品的卫生检验；

（3）贸易性出口动植物产品的检疫；

（4）出口危险物品和《目录表》内商品包装容器的性能检验和使用鉴定；

（5）装运易腐烂变质食品、冷冻品出口的船舱和集装箱等运载工具的适载检验；

（6）有关国际贸易条约、信用证规定须经检验检疫机构检验的出口商品；

（7）其他法律、行政法规规定须经检验检疫机构检验的出口商品。

需检验的出境货物最迟应于报关或装运前 7 天报检。对于个别检验检疫周期较长的货物，应留有相应的检验时间。经检验检疫机构检验合格发给检验证书或者放行单的出口商品，一般应在证单签发之日起两个月内装运出口，鲜活类出口商品应当在两周内装运出口。超过上述期限的应向检验检疫机构重新报验，并交回原签发的所有检验证书和放行单。

6.2.2.3　出口报检的程序

我国出口商品检验的程序主要包括 4 个环节：报检资格认定、申请报检、检验、签证与放行。

1. 报检资格认定

（1）报检单位首次报检时须持本单位营业执照和批准证书办理登记备案手续，取得报检单位代码。其报检人员经检验检疫机构培训合格后领取“报验员证”，凭证报检。

（2）代理报检单位须按规定办理注册登记手续，其报检人员经检验检疫机构培训合格后领取“代理报检员证”，凭证办理代理报检手续。

（3）代理报检的，须向检验检疫机构提供委托书，委托书由委托人按检验检疫机构规定的格式填写。

2. 申请报检

（1）对应施行出口检验的商品，报检人应于出口前，详细填写出境货物报检单（application for certificate of export inspection），每份出境货物报检单仅限填报一个合同、一份信用证的商品。对同一合同、同一信用证但标记号码不同者，应分别填写相应的报检单。

（2）除了报检单，还应同时提交有关的单证和资料，如双方签订的外贸合同与合同附件、信用证、商业发票、装箱单以及出厂检验单、出口商品运输包装性能检验单等必要的单证，向商品存放所在地的检验机构申请检验，缴检验费。

3. 检验

检验机构在审查上述单证符合要求后，受理该批商品的报检。

（1）抽样。检验机构接受报检之后，及时派员赴货物堆存地点进行现场检验、鉴定。现场检验一般采取国际贸易中普遍使用的抽样法（个别特殊商品除外）。抽样时，要根据不同的货物形态，按照规定的方法和一定的比例，在货物的不同部位抽取一定数量的、能代表全批货物质量的样品（标本）供检验之用。报验人应提供存货地点情况，并配合检验人员做好抽样工作。

（2）检验。检验机构先应当认真研究申报的检验项目，确定检验内容，仔细审核合同（信用证）中关于品质、规格、包装的规定，弄清检验的依据，确定检验标准、方法；然后使用从感官到化学分析、仪器分析等各种技术手段，对出口商品进行检验。检验的形式有商检自验、共同检验、驻厂检验和产地检验等。

4. 签证与放行

通关单就是法检（商检）商品的一种通行文件，即通常所说的商检单。通关单是报关单证之一，凡监管条件为 A 或 B 的属于法检目录的商品，这类货物需要去商检局办理入（出）境货物通关单。进出口时出具通关单，海关才给予放行。

检验检疫机构对检验合格的商品签发出境货物通关单与相应的检验检疫证书，出口企业即凭此在规定的有效期内报关出口。经检验检疫不合格的，签发出境货物不合格通知单。

（1）凡列入《目录表》的出口商品，经检验合格后签发通关单（或在出境货物报关单上加盖放行章，以代替通关单）。

（2）凡合同、信用证规定由检验部门检验出证的，或国外要求签发检验证书的，根据规定签发所需证书；不向国外提供证书的，只发通关单。

（3）《目录表》以外的出口商品，应由检验机构检验的，经检验合格发给证书与通关单后，方可出运。

出口商品的报检人对检验检疫机构的检验结果有异议的，可以向原检验机构或者其上级检验机构以至国家商检部门申请复验，受理复验的检验机构或国家商检部门须及时做出复验结论。出境货物通关单模板如图 6-4 所示。

出境货物通关单

编号：EP0001921

1.发货人 AIGE IMPORT & EXPORT COMPANY			5.标记及号码 YALLOW JADEITE JADE TEAPOT JAPAN C/NO.1-20 MADE IN CHINA
2.收货人 RIQING EXPORT AND IMPORT COMPANY			
3.合同/信用证号 CONTRACT03/***		4.输往国家或地区 日本	
6.运输工具名称及号码 CZ3031		7.发货日期 2016-06-25	8.集装箱规格及数量 ***
9.货物名称及规格 黄翡茶壶 YALLOW JADEITE JADE TEAPOT	10.H.S.编码 7116200000	11.申报总值 JPY 1600000	12.数/重量、包装数量及种类 20 件 20 盒
13.证明 上述货物业经检验检疫，请海关予以放行。 本通关单有效期至 二〇一六年 八 月 二十日 签字：郭×× 日期：2016 年 06 月 24 日 （印章：出入境检验检疫局 检验检疫专用章）			
14.备注 ***			

图 6-4　出境货物通关单模板

6.2.2.4　检验证书的种类

检验证书（inspection certificate），是各种进出口商品检验证书、鉴定证书和其他证明书的统称，是国际贸易有关各方履行契约义务、处理索赔争议和仲裁、诉讼举证，具有法律依据的有效证件，也是海关验放、征收关税和优惠减免关税的必要证明。

商检证书的种类和用途主要有：

（1）品质检验证书（inspection certificate of quality）。这是出口商品交货结汇和进口商品结算索赔的有效凭证。检验商品的法定证书，是进出口商品报关的合法凭证。商检机构签发的放行单和在报关单上加盖的放行章有与商检证书同等的通关效力，它们和签发的检验情况通知单同为商检证书。

（2）重量或数量检验证书（inspection certificate of weight or quantity）。这是出口商品交货结汇、签发提单和进口商品结算索赔的有效凭证。出口商品的重量证书也是国外报关征税和计算运费、装卸费用的证件。

（3）兽医检验证书（veterinary ispection certificate）。这是证明出口动物产品或食品经过检疫合格的证件，适用于冻畜肉、冻禽、禽畜罐头、冻兔、皮张、毛类、绒类、猪鬃、肠衣等出口商品，是对外交货、银行结汇和进口国通关输入的重要证件。

（4）卫生检验证书（sanitary ispection certificate）。这也称健康检验证书

(inspection certificate of health)，是证明可供人类食用的出口动物产品、食品等经过卫生检验或检疫合格的证件，适用于肠衣、罐头、冻鱼、冻虾、食品、蛋品、乳制品、蜂蜜等，是对外交货、银行结汇和通关验放的有效证件。

(5) 消毒检验证书 (inspection certificate of disinfection)。这是证明出口动物产品经过消毒处理、保证安全卫生的证件，适用于猪鬃、马尾、皮张、山羊毛、羽毛、人发等商品，是对外交货、银行结汇和国外通关验放的有效凭证。

(6) 熏蒸证书 (inspection certificate of fumigation)。这是用于证明出口粮谷、油籽、豆类、皮张等商品以及包装用木材与植物性填充物等已经过熏蒸灭虫的证书。

(7) 残损检验证书 (inspection certificate on damaged cargo)。这是证明进口商品残损情况的证件，适用于进口商品发生残、短、渍、毁等情况，可作为受货人向发货人或承运人或保险人等有关责任方索赔的有效证件。

(8) 货载衡量检验证书 (inspection certificate on cargo weight & / or measurement)。这是证明进出口商品的重量、体积吨位的证件，同时亦可作为计算运费和制订配载计划的依据。

(9) 价值证明书 (certificate of value)。这是进口国管理外汇和征收关税的凭证。在发票上签盖商检机构的价值证明章与价值证明书具有同等效力。

(10) 船舱检验证书 (inspection certificate on tank/hold)。证明承运出口商品的船舱清洁、密固、冷藏效能及其他技术条件是否符合保护承载商品的质量和数量完整与安全的要求。可作为承运人履行租船契约适载义务、与对外贸易关系方进行货物交接和处理货损事故的依据。

(11) 生丝品级及公量检验证书 (inspection certificate for baw silk classification & condition weight)。这是出口生丝的专用证书，相当于品质检验证书和重量/数量检验证书。

(12) 产地证书 (inspection certificate of origin)。这是出口商品在进口国通关输入和享受减免关税优惠待遇和证明商品产地的凭证。

(13) 舱口检视证书、监视装/卸载证书、舱口封识证书、油温空距证书、集装箱监装/拆证书。可作为证明承运人履行契约义务，明确责任界限，处理货损、货差责任事故的证明。

(14) 集装箱租箱交货检验证书、租船交船剩水/油重量鉴定证书。可作为契约双方明确履约责任和处理费用清算的凭证。

6.3 跨境电商出口通关实训

6.3.1 出口报关

6.3.1.1 送货

在送货到海关之前，如果交易商品为化学药品，需要先申请货物运输条件鉴定书。

(1) 在“My City”中，点击“海关”的建筑物进入。

（2）在弹出页面中点击“送货”，选择相应的合同。

（3）点击“添加单据”按钮，选择单据货物运输条件鉴定书（除化学药品需要提交此鉴定书外，其他商品此处不需提交单据）。当合同采用 T/T+空运方式时，出口商也可于此处一并添加出口单据。与 T/T 交单性质相同，单据将于货物抵达时送至进口商处，进口商取提货单时即可拿到单据。添加的出口单据包括：

①商业发票、装箱单。

②CIF 方式下还需提交货物运输保险单。

③此外如果申请了检验证书，如一般原产地证书、普惠制产地证、品质证书、健康证书、数量/重量证书、植物检疫证书等，也应一并提交，没有申请则不需提交。

④由于此时空运提单尚未生成，所以不需提交，将由系统自动将其与其他单据一起发送给进口商。

（4）点击“办理”按钮，完成送货。

6.3.1.2 出口报关

（1）出口商进入“My Business”的“业务履约”页面，选择进入相应的业务条目。

（2）点击“单据中心”，添加出口货物报关单并填写。

（3）进入“My City”里的“海关”，点击“出口报关”按钮，选择相应的合同。

（4）点击“添加单据”按钮，选择单据出口货物报关单、出境货物通关单（监管条件无 B 的商品无须提交出境货物通关单）、商业发票、装箱单，如果是空运方式，还需要空运提单。

（5）点击“办理”按钮，完成报关。等待一段时间后，将收到海关发来的已通关的通知和货物自动装运的通知以及签发的盖海关放行章的“报关单（出口退税联）”等。

6.3.2 出口报检

办理机构为出入境检验检疫局。

出口报检的具体流程为：

（1）出口商进入“My Business”的“业务履约”页面，选择进入相应的业务条目。

（2）点击“单据中心”，添加“出境货物报检单”并填写。

（3）进入“My City”里的“出入境检验检疫局”，点击“出口报检”按钮，选择相应的合同。

（4）点击“添加单据”按钮，选择单据出境货物报检单、商业发票、装箱单、合同。信用证方式下还需提交信用证，如果修改过信用证，还需提交信用证修改书。

（5）点击“办理”按钮，完成出口报检。等待一段时间后，将收到出入境检验检疫局签发的出境货物通关单及其他报检单上勾选申请的检验证书（包括品质证书、健康证书、数量/重量证书和植物检疫证书等，如图 6-5 所示）。

商检证书主要有品质证书、健康证书、数量/重量证书、植物检疫证书等。

ENTRY-EXIT INSPECTION AND QUARANTINE

正　本
ORIGINAL

编号No.：　1010000477

QUALITY INSPECTION CERTIFICATE

发货人 Consignor	AIGE IMPORT & EXPORT COMPANY
收货人 Consignee	RIQING EXPORT AND IMPORT COMPANY
品名 Description of Goods	CANNED LITCHIS
报检数量/重量 Quantity/Weight Declared	-1000-CARTONS/-20400-KGS(N.W.)
包装种类及数量 Number and Type of Packages	-1000-/CARTONS
运输工具 Means of Conveyance	TBA
标记及号码 Mark & No.	CANNED LITCHIS JAPAN C/NO.1-1000 MADE IN CHINA

检验结果：
RESULTS OF INSPECTION:

IN ACCORDANCE WITH THE RELEVANT STANDARD, THE REPRESENTATIVE SAMPLE WERE DRAWN AT RONDOM AND INSPECTED WITH RESULTS AS FOLLOWS:

OF NORMAL QUALITY

THE QUALITY OF THE GOODS IS IN CONFORMITY WITH THE RELEVANT REQUIREMENTS.

印章 Official Stamp　ENTRY-EXIT INSPECTION AND QUARANTINE BUREAU　出入境检验检疫局

签证地点 Place of Issue　SHANGHAI,China　　签证日期 Date of Issue　Jun.24,2016

授权签字人 Authorized Officer　GLODAYE　　签　名 Signature　郭达业

[illegible] All inspections are carried out conscientiously to the best of our knowledge and ability. This certificate does not in any respect absolve the seller and other related parties from his contractual and legal obligations especially when product quality is concerned.

图 6-5　品质证书模板

1. 品质证书

品质证书（图6-5）是在进出口贸易中经常用到的证明文件。它一般情况下有两种：一种是出口商/生产厂出具的品质证书，其中列明与客户约定的货物品质、规格项目，数据来自工厂检验结果，下面是出口商/生产厂签章。这种证书不是很正规，特别是工厂不具备相关检测能力时，检验数据可信度不强。另一种是第三方检验机构出具的品质证书。这种证书是比较规范的，货物要经第三方检验机构检验。一般根据抽样标准抽取代表性样品，然后进行检验。货物外观、尺寸等可现场检验的即在现场完成。检测项目工厂可以完成的，可以进行监督测试。不同产品侧重不同，请根据信用证规定或进口商要求，在出境货物报检单上选择所需证明文件。

2. 健康证书

健康证书是进出口贸易中经常用到的证明文件（图 6-6）。

ENTRY-EXIT INSPECTION AND QUARANTINE

正 本
ORIGINAL

编号No.: 1020000131

健 康 证 书
HEALTH CERTIFICATE

发货人名称及地址
Name and Address of Consignor: AIGE IMPORT & EXPORT COMPANY

收货人名称及地址
Name and Address of Consignee: RIQING EXPORT AND IMPORT COMPANY

品名
Description of Goods: CANNED LITCHIS

加工种类或状态
State or Type of Processing:

报检数量/重量
Quantity/Weight Declared: -1000-CARTONS/-20400-KGS(N.W.)

包装种类及数量
Number and Type of Packages: -1000-/CARTONS

标记及号码
Mark & No.:
CANNED LITCHIS
JAPAN
C/NO.1-1000
MADE IN CHINA

贮藏和运输温度
Temperature during Storage and Transport:

加工厂名称、地址及编号(如果适用)
Name, Address and approval No. of the approved Establishment (if applicable):

启运地
Place of Despatch: SHANGHAI PORT,China

到达国家及地点
Country and Place of Destination: NAGOYA PORT,Japan

运输工具
Means of Conveyance: TBA

发货日期
Date of Despatch: Jun.24,2016

检验结果:
RESULTS OF INSPECTION:

WE HEREBY STATE THAT THE PRODUCTS ARE FIT FOR HUMAN CONSUMPTION AND HAVE NOT BEEN TREATED WITH CHEMICAL PRESERVATIVES OR OTHER FOREIGN SUBSTANCE INJURIOUS TO HEALTH.

THE PRODUCTS HAVE BEEN PREPARED, PROCESSBD AND PACKED IN A SANITARY MANNER UNDER INSPECTOR' S SUPERVISION AND THE PRODUCTS ARE IN GOOD CONDITION.

I AM FAMILIAR WITH THE PROCESS OF MANUFACTURE AND HAVE NO REASON TO DOUBT THE MANUFACTURER' S DECLARATION.

印章
Official Stamp

签证地点 Place of Issue: SHANGHAI,China

签证日期 Date of Issue: Jun.24,2016

授权签字人 Authorized Officer: GLODAYE

签 名 Signature: 郭达业

All inspections are carried out conscientiously to the best of our knowledge and ability. This certificate does not in any respect absolve the seller and other related parties from his contractual and legal obligations especially when product quality is concerned.

图 6-6 健康证书模板

3. 植物检疫证书

如图 6-7 所示。

ENTRY-EXIT INSPECTION AND QUARANTINE

正 本
ORIGINAL

编号No.： 1040000002

植 物 检 疫 证 书
PHYTOSANITARY CERTIFICATE

发货人名称及地址
Name and Address of Consignor CHINA DESUN TRADING CO., LTD.

收货人名称及地址
Name and Address of Consignee CHINA DESUN TRADING CO., LTD.

品名
Description of Goods CANNED WHOLE MUSHROOMS

植物学名
Botanical Name of Plants

报检数量
Quantity Declared -1560-CARTONS/-15912-KGS(N.W.)

包装种类及数量
Number and Type of Packages -1560-/CARTONS

产地
Place of Origin China

到达口岸
Port of Destination NAGOYA

标记及号码
Mark & No.
Mitsui
01001
G.W.:11.2KG
1-1560CTN
MADE IN CHINA

运输工具
Means of Conveyance TBA

检验日期
Date of Inspection Mar.04,2016

兹证明上述植物、植物产品或其他检疫物已经按照规定程序进行检查和/或检验，被认为不带有输入国或地区规定的检疫性有害生物，并且基本不带有其他的有害生物，因而符合输入国或地区现行的植物检疫要求。

This is to certify that the plants, plant products or other regulated articles described above have been inspected and/or tested according to appropriate procedures and are considered to be free from quarantine pests specified by the importing country/region, and practically free from other injurious pests; and that they are considered to conform with the current phytosanitary requirements of the importing country/region.

杀虫和/或灭菌处理 DISINFESTATION AND/OR DESINFECTION TREATMENT

日期
Date ********

药剂及浓度
Chemical and Concentration ********

处理方法
Treatment ********

持续时间及温度
Duration and Temperature ********

附加声明 ADDITIONAL DECLARATION

印章
Official Stamp

签证地点 Place of Issue SHANGHAI,China

签证日期 Date of Issue Mar.04,2016

授权签字人 Authorized Officer GUODAYE

签 名 Signature 郭达业

我们已尽所知和最大能力实施上述检验，不能因我们签发本证书而免除卖方或其他方面根据合同和法律所承担的产品质量责任和其他责任。 All inspections are carried out conscientiously to the best of our knowledge and ability. This certificate does not in any respect absolve the seller and other related parties from his contractual and legal obligations especially when product quality is concerned.

图 6-7 植物检疫证书模板

4. 数量/重量证书

重量或数量证书（图 6-8）是商品交货结汇、签发提单和进口的有效凭证；商品的重量证书也是国外征税和计算运费、装卸费用的证件。

ENTRY-EXIT INSPECTION AND QUARANTINE

正 本
ORIGINAL

编号No.: PI0000012

INSPECTION CERTIFICATE
OF QUANTITY AND WEIGHT

发货人
Consignor CHINA DESUN TRADING CO., LTD.

收货人
Consignee JAPAN MITSUI COMPANY LIMITED

品名
Description of Goods CANNED WHOLE MUSHROOMS

报检数量/重量
Quantity/Weight Declared -1560-CARTONS/-15912-KGS(N.W.)

包装种类及数量
Number and Type of Packages -1560-/CARTONS

运输工具
Means of Conveyance TBA

标记及号码
Mark & No.
Mitsui
01001
G.W.:11.2KG
1-1560CTN
MADE IN CHINA

检验结果:
RESULTS OF INSPECTION:

QUANTITY:
-1560-/CARTONS

WEIGHT:

THE REPRESENTATIVE CARTONS WERE DRAWN AT RANDOM FROM THIS LOT OF GOODS AND WEIGHED ON TESTED SCALES. ON THE BASIS OF THE WEIGHT OBTAINED, THE TOTAL WEIGHT OF THE WHOLE LOT WAS CALCULATED AS FOLLOWS:

GROSS WT: -17472-KGS(G.W.)
NET WT: -15912-KGS(N.W.)

印章
Official Stamp
出入境检验检疫局
ENTRY-EXIT INSPECTION AND QUARANTINE BUREAU

签证地点 Place of Issue SHANGHAI,China 签证日期 Date of Issue Mar.04,2016

授权签字人 Authorized Officer GUODAYE 签 名 Signature 郭达业

我们已尽所知和最大能力实施上述检验，不能因我们签发本证书而免除卖方或其他方面根据合同和法律所承担的产品数量责任和其他责任。 All inspections are carried out conscientiously to the best of our knowledge and ability. This certificate does not in any respect absolve the seller and other related parties from his contractual and legal obligations especially when product quality is concerned.

图 6-8 数量/重量证书模板

注意事项：

（1）海关监管条件用 A 和 B 分别代表进境货物通关单和出境货物通关单。

（2）在世格跨境电商实训模拟平台“My City”中找到机构导航，在海关建筑点击“访问网站”至“HS 编码”页面查询，只需要输入商品详细资料里的商品 HS 编码，看查询结果里的监管条件：有 B 的商品需要出口报检；若合同中的 Documents 栏位选择了任意商检证书（品质证书、数量/重量证书、健康证书），即使监管条件没有 B，也须出口报检。

（3）在出境货物报检单中勾选的商检证书必须与合同中勾选的商检证书一致。

（4）在出境货物报检单的需要证单名称一栏，监管条件有 B 的商品必须勾选通关单；反之，监管条件无 B 的商品无须勾选通关单，出口报检后不会生成出境货物通关单，出口报关时也无须提交出境货物通关单。

第7章 跨境电商物流

7.1 物流与跨境电商物流

7.1.1 物流概述

7.1.1.1 物流的概念

物流（logistics）原意为“实物分配”或“货物配送”，是供应链活动的一部分，是为了满足客户需要而对商品、服务消费以及相关信息从产地到消费地的高效、低成本流动和储存进行的规划、实施与控制的过程。物流以仓储为中心，促进生产与市场保持同步。物流是为了满足客户的需要，以最低的成本，通过运输、保管、配送等方式，实现原材料、半成品、成品及相关信息由商品的产地到商品的消费地所进行的计划、实施和管理的全过程。

中国国家标准《物流术语》（GB/T 18354-2021）指出：物流是物品从供应地到接收地的实体流动过程，根据实际需要，将运输、储存、装卸、搬运、包装、流通加工、配送、回收、信息处理等基本功能实施有机的结合。

物流活动的具体内容包括以下几个方面：用户服务、需求预测、订单处理、配送、存货控制、运输、仓库管理、工厂和仓库的布局与选址、搬运装卸、采购、包装、提供情报信息。

7.1.1.2 物流的特点及作用

7.1.1.2.1 物流的特点

（1）系统性、整体性和网络性。现代物流要求将人类社会物流包括生产资料和消费资料流通的全部环节如采购、运输、仓储、包装、流通加工、搬运、通信视为一个有机的整体，即物流系统，而物流系统由于客观的因素必然是网络的物流系统。因此无论是现代微观物流还是现代宏观物流谋求的都是物流全过程的高效率、协调性和总体的经济性。

（2）商流与物流的可分离性。现代化工业国家已从生产性社会过渡到供应性社会，因此，传统的商流和物流伴随的活动时常是经济上不合理、低效率的。人们已发现要想提高总体效率和盈利，很大程度上要靠提高物流系统的效率。而现代物流实现商流和物流的分离是社会发展专业分工、职能分工的结果，其社会经济效益增长显著。

（3）服务准时性和服务上门性。由于现代化工业生产要适应瞬息万变的市场，要求及时反应和柔性生产，准时制出现了，在需要的生产环节于需要的时候生产需要的制品。其最理想的状态是零库存，因而对现代物流的要求是准时送货，即在必要的时候，将必要的物品送到必要的地方。另外，消费者的需求趋向多样化、高品质化，因此“用户优先”原则要求现代物流服务上门，即送货上门。

（4）标准化、信息化。现代物流实现上述三个主要特征的技术保障是物流的标准化和信息化。可以毫不夸张地说，没有物流的标准化和信息化，也就没有现代物流。这两化是政府亟待做好而又不能一蹴而就的工作。物流是整个人类社会再生产过程中实现各种社会经济联系的物质基础，是社会再生产运动中的实物流通渠道和桥梁，是国民经济发展的先行官和蓄水池。整个社会经济的运行和新陈代谢都离不开物流。

7.1.1.2.2　物流的作用

（1）物流在国民经济中具有重要地位。物流是提高微观经济效益和宏观经济效益的“第三个利润源”。发达国家发现通过降低物质资源消耗而获取利润（即所谓“第一个利润源”）和通过节约人力资源而增加利润（即所谓“第二个利润源”）潜力已经越来越小、越来越有限。因此，通过降低物流费用（尤其是隐性物流费用）以增加利润的潜力很大，故而称之为“第三个利润源”。

现代物流组织直接决定着生产过程是否能够顺利进行，决定着产品的价值和使用价值是否得以顺利实现。因此，搞好物流对于提高企业经济效益和社会宏观效益都有重大作用。特别是对于不发达国家或地区，如果挖掘“第一利润源”和“第二利润源”、与发达国家和地区竞争有难度的话，开发“第三利润源”则不失为更加现实和有成效的选择。

（2）顺畅的物流是社会生产过程顺利、有效进行的前提条件。社会生产的一个主要特点是它的连续性，伴随着连续不断的“再生产之流”的始终的就是物流，而且现代社会生产的总体效率和效益已主要不是依赖于生产过程的本身，而是依赖于与生产过程相伴的物流的有效性、准时性、合理性。因此，顺畅的物流是社会再生产不断地有效进行、有效地创造社会财富的前提条件。

（3）顺畅的物流是保证商流顺畅、实现商品价值和使用价值的物质基础。在商品流通中，是先有商流才有物流。商流首先解决交换商品的所有权，包括支配权和使用权。而物流才是商品交换过程所要解决的社会物质交换过程的最后的具体体现。没有物流过程，包含在商品中的价值和使用价值就不能实现；没有有效的物流，也就没有真正意义上的商品流通。

（4）物流系统的有序性、有效性以及物流技术的创新是决定生产规模和产业结构变化的重要因素。现代社会商品生产的发展要求生产社会化、专业化、规范化以及协调和可持续发展。而没有物流的发展，这些要求是难以实现的。

7.1.2 国际物流与跨境电商物流

7.1.2.1 国际物流

7.1.2.1.1 国际物流概念

国际物流（international logistics）指物品从一个国家（地区）的供应地向另一个国家（地区）的接收地的实体流动过程，泛指国际贸易场景下衍生的物流运作及投资合作等。也可以把服务与跨境电商的国际物流活动理解为跨境物流。高效的物流将人、企业、市场和机遇连通，有助于提高生产率和民生福祉，国际物流水平对国家外贸竞争力及经济增长至关重要，帮助企业整合全球价值链和获得贸易机会，是构建跨境电商供应链的基础。连接到全球物流网络的能力取决于一个国家的基础设施、服务市场和贸易流程。发达国家与落后国家之间的物流绩效差距仍然很大，交通运输条件、法规体系及海关与边境管理效率越好，所在地的经济贸易市场环境越可靠。

广义的国际物流研究的范围包括国际贸易物流、非贸易物流、国际物流投资、国际物流合作、国际物流交流等领域。其中，国际贸易物流主要是指定组织货物在国际间的合理流动，非贸易物流是指国际展览与展品物流、国际邮政物流等，国际物流合作是指不同国别的企业完成重大的国际经济技术项目的国际物流，国际物流投资是指不同国家物流企业共同投资建设国际物流企业，国际物流交流则主要是指物流科学、技术、教育、培训和管理方面的国际交流。

狭义的国际物流（international logistics，IL）主要是指当生产消费分别在两个或在两个以上的国家（或地区）独立进行时，为了克服生产和消费之间的空间间隔和时间距离，对货物（商品）进行物流性移动的一项国际商品或交流活动，从而完成国际商品交易的最终目的，即实现卖方交付单证、货物和收取货款，而买方接受单证、支付货款和收取货物的贸易对流条件。

国际物流的实质是根据国际分工的原则，依照国际惯例，利用国际化的物流网络、物流设施和物流技术，实现货物在国际的流动与交换，以促进区域经济的发展与世界资源的优化配置。国际物流的总目标是为国际贸易和跨国经营服务，即选择最佳的方式与路径，以最低的费用和最小的风险，保质、保量、适时地将货物从某国的供方运到另一国的需方。

7.1.2.1.2 国际物流业务分类

根据商品在国与国之间的流向分类，可以分为进口物流和出口物流。

根据商品流的关税区域分类，可以分为不同国家之间的物流和不同经济区域之间的物流。

根据跨国运送的商品特性分类，可以分为国际军事物流、国际商品物流、国际邮品物流、国际捐助物流等。

7.1.2.2 跨境电商物流

7.1.2.2.1 跨境电商物流的概念

跨境物流是指在电子商务环境下，依靠互联网、大数据、信息化与计算机技术等，使物品从跨境电商企业流向跨境消费者的跨越不同国家或地区的物流活动。为了适应跨境电商业务的发展，跨境物流表现出极强的整合性及多态性，可以利用自贸区、货运代理、互联网技术、国际物流网络、清关及仓储等综合资源，对接海关、电商平台与消费者，系统性地提升整个跨境电商的效率。国际快递网络、清关能力及口岸关系、出口国海外仓和保税仓资源、航空海运货运代理体系和资源、采购及货源分拨能力甚至外贸风险管控等，都可以成为跨境物流企业发展并壮大的基础。跨境物流流程如图 7-1所示。

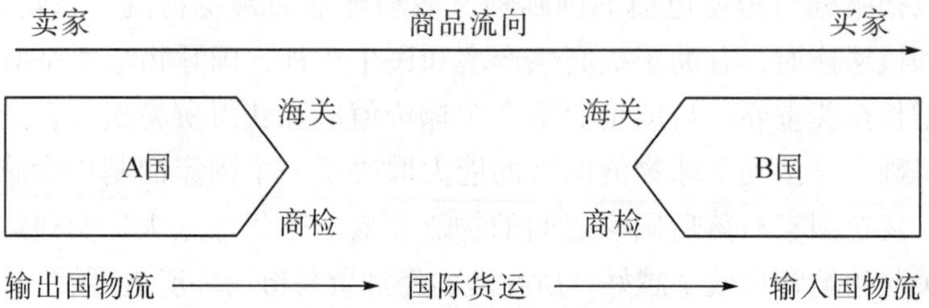

图 7-1　跨境物流流程

本书着重分析跨境电商背景下的跨境物流，这属于狭义层面的跨境物流（如无特殊说明，本书提到的跨境物流即为服务于跨境电商活动的狭义上的跨境物流）。狭义上的跨境物流特指在跨境电商背景下，因为交易主体分属不同国家或地区，商品从卖方流向买方时需要跨越不同国家，有时还需要跨越多个国家，会同时涉及多个国家的通关与商检，从而实现商品从卖方向买方的空间位移，在买方所在国家实现最后的物流与配送活动以及与之相关的一系列活动。根据商品的空间位移轨迹，跨境物流分为输出国物流、国际货运和输入国物流三大板块。与国内物流相比，跨境物流涉及输出国海关和输入国海关，需要进行清关与商检，物流链条更长，工作内容更加复杂。

结合跨境电商及物流的概念与特点，跨境电商物流的定义为：在电子商务环境下，依靠互联网、大数据、信息化与计算机等先进技术，使物品从跨境电商企业流向跨境消费者的跨越不同国家或地区的物流活动。

7.1.2.2.2　跨境电商物流的特点

区别于传统国际物流，跨境电商物流有着反应快速化、功能集成化、作业规范化、信息电子化、服务系统化等特征；相较于国内物流，我国跨境电商物流具有广阔性、国际性、高风险性、高技术性、复杂性等特征。

（1）竞争集中于东南沿海地区，中西部地区竞争较少。由于环渤海地区、长三角、珠三角等东南沿海地区经济发达，跨境运输需求旺盛，加之该地区海运、空运等基础设施较为完善，因此对货源的争夺和对运力资源的争夺最为激烈。中西部地区则因经济相对不活跃、跨境运输需求较少且运输成本较高，对国际货运代理服务资源投入较少。

（2）区域内或单一行业竞争激烈，跨地区、跨行业的竞争较少。跨境物流行业尽管市场竞争者众多，但受自身资金实力、管理和技术能力限制，由于全国物流市场相互割裂，其竞争表现在某一区域市场的企业之间的竞争，例如长三角区域跨境物流企业之间的竞争，或者对某一行业客户资源的争夺，例如对电子制造行业的客户资源的争夺，而跨地区、跨行业的竞争较少。

(3) 服务功能单一，增值服务较少，同质化竞争现象较为严重。大部分跨境物流企业只能提供海运物流或者空运物流服务，能提供多式联运（如海空联运）和满足客户其他不同需求的跨境物流企业较少。在提供跨境物流服务时，局限于报关、订舱等传统服务，能提供运输方案优化设计、综合物流服务的较少，因此同质化竞争现象较为严重。

7.1.2.2.3 跨境物流与传统国际物流、国内电商物流的比较

与国内电商物流相比，跨境电商物流的运输距离较远，且面临出口国和进口国两重海关，需要进行较复杂的检验检疫等清关商检活动，货物破损、丢失等风险相对较高，时间长而成本高，面临不同国家或地区的经济、文化、风俗、政治、政策、法律、宗教等环境因素差异的影响；而国内电商物流在运作流程上相对更加便捷，运送周期短，运作风险与成本低。

与传统国际物流相比，跨境电商物流是集产品、物流、信息流、资金流于一体的主动性服务，需要有更高的敏捷性和柔性，需要具有整合化和全球化能力，更注重 IT 系统化和信息智能化。物流服务往往影响着消费者的整个购物流程和时效体验，跨境电商物流除了完成物品位移活动外，还能为消费者提供更多的增值服务。

总的来说，跨境电商所产生的跨境物流成为现代物流行业中的新生事物，已经呈现出蓬勃发展态势。跨境电商物流与传统国际物流、国内电商物流存在着发展起源、特点、业务模式、覆盖范围、运作流程、标准化程度、配送周期、运作成本、运作风险、信息技术等诸多方面的差异。伴随着跨境电商市场的发展与进一步成熟，跨境物流企业还将存在巨大的上升空间与市场，也面临巨大的挑战与危机。在未来的跨境电商市场中，跨境物流企业应更加聚焦全球供应链集成商角色，通过高效处理库存、仓储、分拣、订单处理、物流线路优化、物流资源调配、物流配送等相关环节，为跨境电商提供综合性的全球跨境供应链解决方案。

7.1.3 跨境电商物流的主要模式

跨境物流作为将产品送至顾客的最后一个环节，其扮演的角色无异于马拉松的最后一公里。相较于传统外贸的物流运输，跨境电商对物流运输时效的要求更高，跨境物流呈现包裹小件化、高频次化、多 SKU 化等的特点。

7.1.3.1 国际快递模式

跨境电商最常用的一种跨境物流模式是国际快递。国际快递是指货物通过国际快递公司实现在两个或两个以上国家或地区之间的物流与配送活动。全球性国际快递公司主要有 UPS、FedEx、DHL、TNT、ARAMEX 等。这五大国际快递公司利用其强大的快递系统提供的本地化服务遍布全球，为世界各国家和地区的跨境电商客户带来了良好的用户体验。

国际快递具有速递时效性高、丢包率低、可追溯查询等优点，其全球网络较完善，能够实现报关、报检、购买保险等辅助业务，支持货物包装与仓储等服务，实现门到

门服务以及货物跟踪服务。但是，国际快递的价格偏高，对一些国家或偏远地区收取的附加费更是惊人。国际快递也会遭遇一些国家的政策限制。一些货物种类在一些国家会成为禁运品或限运品。为顺应跨境电商快速发展的需求，一些国际快递企业推出特色服务产品，如中国邮政速递与阿里巴巴旗下的速卖通联合推出了 e 邮宝 (ePacket)。该产品针对 2 千克以下跨境寄送的包裹收取的费用远低于普通 EMS 的价格，并且投递时效依旧与 EMS 产品保持一致。

7.1.3.2 **国际邮政包裹模式**

国际邮政包裹是指通过万国邮政联盟体系实现货物的进出口运输，多采用个人邮包形式进行发货，以邮政体系为商品实现跨国物流的载体。在跨境电商市场中，国际邮政包裹有大包和小包，其中邮政小包因其时效快、价格低的综合特质而使用最为广泛，也是海淘与海外代购最常用的跨境物流模式。以中国为例，据不完全统计，目前跨境电子商务中有超过 60%的商品是通过国际邮政小包运输的。在万国邮政联盟中，跨境电商使用较多的有中国邮政、新加坡邮政、英皇邮政、比利时邮政、俄罗斯邮政、德国邮政、瑞士邮政等。国际邮政小包的优势较明显，其价格便宜，并方便个人操作实现通关；但是其劣势也较为显著，主要有递送时间久、包裹丢失率高、非挂号件难以追溯进度等。邮政网络是全球覆盖面最广的网络之一，根据既有相关资料统计，在中国的出入境电商包裹中，有近 70%的包裹都是通过邮政网络投送的。

国际邮政包裹适合轻、小型商品，在货物体积、重量、形状等方面限制性较高，含电、粉末、液体等的特殊商品无法通过正常方式在邮政渠道实现通关。在一些国家通关政策变化的影响下，国际邮政小包的优势受到挑战。如俄罗斯宣布从 2015 年 1 月 15 日起停收邮政平常小包，美国从 2014 年 11 月起逐渐停止扫描国际邮政小包。

7.1.3.3 **国际物流专线模式**

国际物流专线模式也是跨境电商发展背景下出现的一种新型跨境物流模式。国际物流专线模式具体指在两个国家或地区以上形成的跨境物流模式，其运输线路、运输时间、物流起点与终点、运输工具都是固定的，尤其是针对固定跨境物流线路而言。国际物流专线对跨境电商而言，可以起到长途跨境运输的功能，具有很高的规模化属性，对于降低跨境物流成本意义重大。对固定市场的跨境电商企业而言，这是一种行之有效的跨境物流解决方案。依据地域线路的不同，国际物流专线的类型非常多。以中国为例，有中俄专线、中美专线、中欧专线、中澳专线等。依据运输方式的不同，国际物流专线有航空专线、港口专线、铁路专线、大陆桥专线以及多式联运专线。

这种物流模式能够有效降低运输成本，所以在运费价格上占有优势，但是在运输时效上就有不足。目前我国已经开通的专线主要有中欧班列、日本 OCS、欧洲 GLS、渝新欧专线、中欧（武汉）冠捷班列、国际传统亚欧航线等。

7.1.3.4 **海外仓模式**

海外仓俗称海外仓储，是近两年兴起的跨境物流模式。跨境电商企业在卖方所在国之外尤其是买方所在国租赁或建设仓库，通过国际货运方式，预先将所售商品运至该仓库，然后通过跨境电商平台进行商品展示与销售；在接到消费者订单后，商品从该仓库进行出货、物流与配送。跨境电商的发展与需求创新推动了海外仓的出现，海外仓是解决跨境电商物流困境的一个有效方案，也是跨境物流发展的一个突破。越来越多从事跨境电商业务的企业纷纷建立海外仓，用于解决所面临的跨境物流难题。例如，Amazon 与 eBay 在全球各地通过不同模式组建海外仓，有与政府合作模式、与企业合作模式、租赁模式、自建模式，在澳大利亚、拉美、中国、西欧快速建设海外仓；大龙网、FocalPrice 等投入巨资自建海外仓，顺丰与韵达等快递企业也在试水海外仓模式。

海外仓具有以下显著的优点：第一，海外仓可以大幅降低物流成本。第二，海外仓有利于缩短运输及配送周期。海外仓为跨境电商提供仓储、分拣、包装、配送等一站式服务。第三，海外仓能够规避汇率、政治、文化等风险。通过海外仓，跨境电商企业可以实现本地化运作，有利于打破本地保护壁垒。第四，海外仓可以实现退换货。海外仓能实现本地退换货，当客户需要进行退换货时，商品可以回流到当地的海外仓，进而规避商品返回国内的通关和物流环节；不仅使退换货成为可能，也可以避免二次通关和商检、二次长途运输，节省很多的时间与费用。

海外仓也存在一定的风险，需要巨大的投入与精细化管理。首先租赁、建设与运营仓库需要人力、物力与财力。其次，需要提前将商品批量运入海外仓库，对前期商品数量、种类的预测要求极高，有可能面临商品送到后因销售不畅而造成库存与积压，如果回流到国内，则又产生商品的进口活动，除了国际货运成本外，还需要缴纳各类进口费用；海外仓也会面临该所在国的政治、法律、社会等风险。

海外仓储模式在流程上可以分为三种模式。第一，头程运输。将商品从中国运送至目的国所在的海外仓库。第二，仓储管理。在国内通过仓储系统实时管理海外库存。第三，当地配送。根据订单信息，通过当地快递从海外仓库发货运送至客户手中。

7.1.3.5 边境仓模式

边境仓模式是一个衍生于海外仓的概念与跨境物流模式。边境仓与海外仓的区别在于仓库所处的地理位置不同。海外仓是建设在跨境电商交易主体的卖方所在国家之外的仓库，边境仓则是建设在跨境电商交易主体买方所在国的邻国的仓库。

边境仓具体指的是在商品输入国的邻国边境，通过租赁或建设仓库，预先将商品送达该仓库，通过跨境电商平台进行商品的陈列、浏览、下单、处理、支付及客服等一系列活动，通过线下物流直接从该仓库进行跨境物流运输与配送。按照仓库所处地理位置的差异，边境仓分为绝对边境仓与相对边境仓两类。绝对边境仓是指跨境电商交易主体所在的国家接壤，仓库设在交易主体卖方所在国家内，该仓库所在地与交易主体买方所在国家相邻。如中国在中俄边境的中国国境内的领近俄罗斯的城市设立仓库（如哈尔滨等城市），对接与俄罗斯的跨境电商业务。相对边境仓指的是跨境电商交易主体所在的国家不接壤，仓库设在交易主体买方所在国家的邻国边境城市或地区，用于应对跨境电商交易所产生的跨境物流业务需求。如中国与巴西的跨境电商交易在与巴西接壤的阿根廷、哥伦比亚、巴拉圭、秘鲁等国家临近巴西的边境城市设立仓库。

7.1.3.6 保税区、自贸区物流模式

在跨境电商发展背景下，自贸区与保税区价值凸显，全球各国加快了自贸区与保税区的建设步伐。依托保税区或自贸区的物流服务模式，成为跨境电子商务市场中新兴的一种跨境物流模式。保税区或自贸区物流是指通过国际货运预先将商品运至保税

区或自贸区仓库，通过跨境电商平台进行商品陈列、浏览量、下单、处理、支付等活动；当处理完网络订单后，通过线下的保税区或自贸区仓库实现商品的分拣、包装、发货，完成终端配送等物流活动。自贸区物流或保税区物流模式总体上属于先物流、后订单。

自贸区或保税区物流模式集规模化物流、集货物流、本地化物流优势于一身，有利于缩短物流时间、提高物流时效、降低物流成本，还有利于享受保税区或自贸区的资源优势。保税区或自贸区物流可以享受保税区或自贸区的优惠政策与综合优势，主要体现在物流、通关、商检、收付汇、退税等方面，也简化了跨境电商与跨境物流烦琐的流程与手续。如 Amazon 在上海自贸区建立自贸区物流仓库，以上海自贸区为跨境电商交易入口，预先将商品送至自贸区物流仓库；当消费者下单后，商品由自贸区物流仓库发出，能够实现集中化的国际货运、通关与商检，既降低了跨境物流成本，也缩短了物流时间，提高了物流与配送时效。

保税区或自贸区物流模式比较适用于母婴、食品、化妆品等日常消耗量较大的商品品类，或者是商品型号较多、具备销量大数据分析能力的巨头电商企业。此外，在一些大型促销活动周期内，该模式为解决大量商品集中清关的拥堵问题带来很大的便利性。

7.1.3.7 集货物流模式

跨境电商隶属于电子商务范畴，基于互联网的跨时空特性，跨境电商消费较分散、单笔订单量小、产品种类繁多。在快速发展的跨境电商驱使下，集货物流模式随之出现。集货物流模式的出现是为了降低高额的跨境物流成本。集货物流模式总体上属于先订单、后物流，适用于不同销售量的各类商品，物流商能通过系统响应、库存管理和高效清关，最大限度缩短全程物流时间，其性价比也具有显著的竞争优势。集货物流具体指先将商品运输到本地或当地的仓储中心或集散中心，当积累到一定数量或达成一定规模后，通过与国际物流公司合作，通过国际货运模式将商品运给境外的买方；或一些销售商品属性或种类相似的跨境电商企业形成战略联盟，成立共同的跨境物流运营中心，利用规模优化与互补优势等理念，实现降低跨境物流成本的目的。

例如，米兰网在广州与成都自建了仓储中心，商品在仓储中心聚集后，通过与国际快递公司合作将商品送至国外买方。大龙网在深圳建立了仓储中心，采取集中发货方式满足跨境物流需求，既提高了跨境物流的整体效率，又降低了跨境物流成本。虽然保税区或自贸区物流模式类似于集货物流模式，但是集货物流模式又不等同于保税区或自贸区物流模式，集货物流模式不仅可以集中仓储后再进行跨境电商活动，也可以先进行跨境电商活动再集中仓储与配送。集货仓库不局限在保税区或自贸区，已经脱离了地理空间的限制。

7.1.3.8 第三方物流模式

第三方物流模式指的是由交易主体以外的第三方承担物流功能，采取合同委托模式，由第三方物流企业承担交易产生的商品物流需求。绝大多数跨境电商企业除了使用国际邮政小包与国际快递外，逐渐开始转向第三方物流模式，与万国邮政联盟体系、国际快递公司等合作，或者与专业第三方跨境物流公司合作。在跨境物流中，也会存在多种模式或和多个第三方物流企业合作的现象。此外，有时也会有自建物流与第三方物流共存的现象。

7.1.3.9 **第四方物流模式**

在跨境电商发展的刺激下，第四方物流模式产生了。第四方物流是独立于交易主体双方以及专业第三方物流商之外的承担商品物流与配送业务，为商品交易的买卖双方、第三方提供物流咨询、物流规划、商品运输、物流信息管理、供应链管理等综合性服务的供应链集成商。它通过管理自身资源以及外部可协调资料、能力与技术，提供综合性的、全面的供应链解决方案。第四方物流强调供应链资源整合能力，通过其在整个供应链的影响力与话语权，以解决物流需求为基础，实现物流信息共享及物流资源充分利用。

如兰亭集势在 2015 年 1 月 26 日宣布正式启动“兰亭智通”全球跨境物流开放平台，通过整合全球各地物流配送服务资源，提供开放比价竞价、全球智能物流路径优化、多种物流协同配送、自动打单跟单、大数据智能分析等综合性服务。

综上所述，在主要的跨境物流模式中，国际邮政小包与国际快递使用较早，是主要的跨境物流模式。国际邮政小包得益于万国邮政联盟的物流网络体系，在全球范围内网络最密集，能辐射到全球近 200 个国家或地区。在跨境物流模式中，国际邮政小包的成本是最低的，相应的时效性也是最慢的，跨境物流周期基本在一个月以上，有时甚至几个月，还容易出现丢包、商品丢失等问题。国际快递基于成熟的全球性国际快递公司，如 UPS、DHL、FedEx、EMS 等，在跨境电商市场中使用率也很高，主要得益于较快的物流速度。海外仓近几年出现后发展极快，已成为诸多跨境电商企业极佳的物流解决方案。海外仓还可以有效解决本地化及退换货需求，其使用率正处于快速上升趋势。第三方物流与第四方物流得益于专业性优势，在同一国家内应用范围较广，所以也具有较好的发展前景，其物流时效性与成本视不同企业与商品需求而不同。以规模性优势著称的保税区或自贸区物流、国际物流专线、集货物流等模式，在物流时效性与成本方面具有一定的优势，但是在适用性上具有显著的局限性。这不仅体现在地理局限性、时间局限性等方面，还体现在企业与商品方面。不同的跨境电商物流模式之中，并不存在绝对的优势或劣势，不同的跨境物流模式也有其最佳的适用范围。通过分析各跨境物流模式在时效性、成本、适用性以及使用率等方面的特征如表 7-1 所示。

表 7-1 跨境物流模式对比

模式	时效性	成本	适用性	使用率
国际邮政小包	慢	低	广	高
国际快递	快	高	广	高
海外仓	较快	较低	广	较高
边境仓	较快	较低	局限性显著	低
国际物流专线	较快	较低	局限性显著	低

表7-1(续)

模式	时效性	成本	适用性	使用率
保税区、自贸区物流	较快	较低	局限性显著	较高
集货物流	一般	较低	局限性显著	低
第三方物流	不确定	不确定	广	较高
第四方物流	不确定	不确定	广	较高

7.2 跨境电商物流运输方式

7.2.1 国际海洋运输

在国际贸易中，通过海洋运输的货物约占货物总量的80%以上。我国对外贸易货物绝大部分通过海洋运输。海洋运输是国际贸易中最主要的运输方式，海洋运输与其他运输方式相比具有以下优缺点：

1. 优点

①海洋货运运输量大；

②海洋货运通过能力高；

③海洋货运运费低廉；

④海洋货运对货物的适应性强。

2. 缺点

①海洋货运速度较慢；

②海洋货运风险较大。

海洋货物运输方式可以分为两类：

（1）班轮运输（liner transport，简称 Liner）。

（2）租船运输（shipping by chartering），又称不定期船运输、租船（charter）运输，分为定程租船、定期租船、光船租船和航次期租四种方式。

7.2.2 集装箱运输与多式联运

集装箱运输（container transportation）是以集装箱为运输单元进行货物运输的一种现代化运输方式，可以用于海洋运输、铁路运输、航空运输、公路运输、内河运输以及多式联运。集装箱最初仅在陆运中使用，后于1956年首先在美国应用于海洋运输。因其具有明显的优点，在海洋运输中行之有效，很快被许多国家相继使用和推广。特别是从20世纪90年代以来，国际海上集装箱运输有了很大的发展。目前，世界大多数国家正日益广泛地采用集装箱运输。在我国，集装箱运输尤其是集装箱海上运输已经成为普遍采用的一种重要的运输方式。集装箱运输已进入以国际远洋船舶运输为主，以铁路运输、公路运输、航空运输为辅的多式联运为特征的新时期。

1. 集装箱及其规格

集装箱（container）俗称货柜，是指具有一定强度、刚度和规格，专供货物运输承装、周转使用的大型装货容器。

集装箱可按用途，材质，装载货物的种类、尺寸规格等进行分类，不同类型的集装箱尺寸规格基本相同。国际标准化组织为统一集装箱规格，推荐了 3 个系列 13 种规格的集装箱。在实际国际航运中，主要使用的是 20 英尺（1 英尺 = 0. 324 8 米）和 40 英尺的两种集装箱。20 英尺集装箱取 IC 型 8′×8′×20′，可装货物重量约 17 吨，体积约 25 立方米。40 英尺集装箱即 IA 型 8′×8′×40′，可装货物重量约 25 吨，体积约 55 立方米。为便于统计集装箱的货运量，国际上都以 20 英尺集装箱为衡量单位，按 TEU（twenty feet equivalent unit）（意为相当于 20 英尺单位），其他集装箱均折算成 TEU 计算。

2. 集装箱货物装箱方式

根据集装箱货物装箱数量和方式可分为整箱和拼箱两种。

整箱（full container load，FCL），是指货主自行将货物装满整箱以后，以箱为单位托运的集装箱。货主有足够货源装载一个或数个整箱时通常采用这种方式。除有些大货主自己置备有集装箱外，一般都是向承运人或集装箱租赁公司租用一定的集装箱。空箱运到工厂或仓库后，在海关人员的监管下，货主把货装入箱内，加锁、铅封后交承运人并取得站场收据，最后凭收据换取提单或运单。

拼箱（less than container load，LCL），是指承运人（或代理人）接受货主托运的数量不足整箱的小票货运后，根据货类性质和目的地进行分类整理，把运往同一目的地的货物拼装到一个集装箱内进行运输。

7. 2. 3　国际航空运输

7. 2. 3. 1　班机运输（schedul flight）

班机运输有固定航线、航期、经停空港和相对固定的收费标准。在此条件下，买方可预知货物的启运地和到达时间，并准确核算运费，其交货也有保障，因而成为首选空运方式。贵重物品、鲜活易腐物品以及时令商品大都采用该方式。但班机运输多采用客货混合机型，货物舱位有限，难以满足大批量货物的运输要求。一些规模较大的航空公司也在一些航线上开辟使用全货机运输的定期航班。

7. 2. 3. 2　包机运输（chartered flight）

包机运输是大批量货物空运出口的重要方式，其费率通常随市场供求而变化。中国民航包机运费按每一飞行公里固定费率核收，并按每一飞行公里运价的 80%收取空放费。

包机运输可以分为整机包机和部分包机两种做法。整机包机是指航空公司或包机代理公司按事先商定的费率与条件，将整架飞机租给租机人，从一个或几个航空站装运货物至指定目的地的运输方式。部分包机是指由几家航空货运代理公司或发货人联合包租一架飞机，将各自的货物运至同一目的地的运输方式，它适合货运量在 1 吨以上但不足装一整架飞机的货物。

7.2.3.3 集中托运（consolidation consignment）

这是指集中托运人（consolidator）受托运人委托，将若干批单独发运的货物组成一整批，集中向航空公司托运，填写一份航空总运单发送到同一到达站，由集中托运人在当地的代理负责收货、报关，并按集中托运人签发的航空分运单拨发给实际收货人的空运方式。采用集中托运方式，货物的出运时间往往难以预先确定，所以不适合鲜活易腐货物和其他对时间要求高的货物的运输。此外，贵重物品、危险品、活动物以及文物通常也不能办理集中托运。

7.2.3.4 航空快递（air courier，air express）

这是指航空快递经营者将进出口货物从发件人所在地通过自身或代理的网络送达国外收件人的快运方式。它以收运文件和小包裹（documents & parcel）为主，对寄送各类商务单证、信函、图纸、资料、零配件、小件样品、小件行李非常合适。

7.2.4 国际铁路运输

在国际贸易货物运输中，铁路运输（railway transportation）起着重要作用。特别是对内陆国家之间的交易来说，铁路运输的作用更为显著。我国有相当部分的对外贸易货物是直接通过铁路运输的。即使是经由海运进出口的货物，大多也是通过铁路运输向港口集中或从港口运往内地。

铁路运输是国家的经济大动脉，是物流运输方式的一种。和其他运输工具相比较，铁路运输主要具有以下几个特点：

（1）准确性和连续性强。铁路运输几乎不受气候影响，一年四季可以不分昼夜地进行定期的、有规律的、准确的运转。

（2）速度比较快。铁路运输速度每昼夜可达几百千米，一般货车可达 100km/h 左右，远远高于海上运输。

（3）运输量比较大。一列货物列车一般能运送 3 000~5 000 吨货物，运输量远远高于航空运输和汽车运输。

（4）成本较低。铁路运输费用仅为汽车运输费用的几分之一到十几分之一，运输耗油约是汽车运输的二十分之一。

（5）安全可靠，风险远比海上运输小。

（6）初期投资大。铁路运输需要铺设轨道、建造桥梁和隧道，其工程艰巨复杂，需要消耗大量钢材、木材，占用土地，其初期投资大大超过其他运输方式。

另外，铁路运输由运输、机务、车辆、工务、电务等业务部门组成，各业务部门之间必须协调一致，这要求在运输指挥方面实行统筹安排，统一领导。

7.2.5 国际公路运输

公路运输（road transportation）是以公路为运输线，利用汽车等运载工具将货物从甲地运往乙地的运输方式。公路运输灵活简便，其他运输方式均难以完成两端的运输任务。

我国与俄罗斯、朝鲜、蒙古、哈萨克斯坦、吉尔吉斯斯坦、缅甸、越南、尼泊尔均有公路相通，与这些国家之间的货物运输有相当部分是由公路运输完成的。

公路运输单据一般使用承运货物收据，承运人的责任期限是从接收货物起始至交付货物时止。公路运费通常以吨/公里计费，运费费率分为整车和零担两种。

7.2.6 国际管道运输

管道运输（pipeline transportation）是指利用管道将货物从一国运往另一国的运输方式，运输工具就是管道本身。管道运输不受地面气候影响，可以连续运送，货损和货差率低，经营管理简单，成本低廉，主要适合输送原油、成品油、化学品、天然气等。

7.2.7 国际货运代理

国际货运代理介于跨境运输供需双方，有托运人（shipper）和承运人（carrier）之间的代理人（forwarder），主要面向空运和海运两个运输渠道。即便在跨境电商领域，海运的货邮吞吐也远远大于空运，一条集装箱船能装几千个柜，抵几百上千架飞机。国际货运代理行业主营中介服务，自有专用型固定资产很少，是轻资产运营行业，赢利模式主要是赚取订舱佣金、价差和增值服务费。影响运费成本的有三大要素：货运舱位整体价位、货运舱位预定方式（固定和非固定）和舱位装载效率。货运代理服务的作用在于帮货主节约精力，专注于承揽货物订单，帮助货主进行处理单据、换单交接、提货理货、报检、清关、订舱、选择合适船期和价格等核心业务。但货运代理业存在的多层次代理与转包一定程度上会损害服务质量，传统外贸企业转型与跨境电商的兴起使货主构成多样化，中小企业客户与长尾客户的重要性将有所加强。互联网平台提供实时透明的订单信息，纰漏错误及信息不对称减少，去代理人变成一种趋势。

7.3 跨境电商物流运费测算

7.3.1 海运费测算

7.3.1.1 贸易术语采用与海运费

采用 CFR/CPT、CIF/CIP 贸易术语成交的条件下，出口商需核算海运费；如为 FOB/FCA 方式，则由进口商核算海运费。

7.3.1.2 海运费计算的基础

1. 集装箱尺寸分类

20′普柜：限重 25TNE，限体积 33CBM

40′普柜：限重 29TNE，限体积 67CBM

40′高柜：限重 29TNE，限体积 76CBM

20′冻柜：限重 21TNE，限体积 27CBM

40´冻柜：限重 26TNE，限体积 58CBM

40´冻高柜：限重 26TNE，限体积 66CBM

2. 运费单位（freight unit）

运费单位是指船公司用以计算运费的基本单位。由于货物种类繁多，打包情况不同，装运方式有别，计算运费标准不一。

A 整箱装：以集装箱为运费的单位，在世格跨境电商实训模拟平台中有 20´集装箱与 40´集装箱两种。20´集装箱的有效容积为 33CBM，限重 25TNE；40´集装箱的有效容积为 67CBM，限重 29TNE。其中 1TNE＝1 000KG。

B 拼箱装：由船方以能收取较高运价为准，运价表上常注记 M/W 或 R/T，表示船公司将在货品的重量吨或体积吨二者中择运费较高者计算。

拼箱装时计算运费的单位为重量吨和体积吨。

①重量吨（weight ton）：按货物总毛重，以一吨（1 TNE＝1 000KGM）为一个运费吨。

②体积吨（measurement ton）：按货物总毛体积，以一立方米（1 cubic meter，简称 1MTQ、1CBM 或 1CUM，又称一体积吨）为一个运费吨。

在核算海运费时，出口商先要根据报价数量算出产品体积，再到海关网站的航程及运费查询页找到对应该批货物目的港的运价。如果报价数量正好够装整箱（20´集装箱或 40´集装箱），则直接取其运价为基本运费；如果不够装整箱，则用产品总体积（或总重量，取运费较多者）×拼箱的价格来算出海运费。

3. 运费分类计算方法

A 整箱装：首先选择好集装箱类型、规格和数量（不同规格集装箱不可混选），然后查询此航线对应所选集装箱的运费，再计算总的海运费。

整箱运费分三部分，总运费等于三部分费用之和。

①基本运费

基本运费＝单位基本运费×整箱数

②港口附加费

港口附加费＝单位港口附加费×整箱数

③燃油附加费

燃油附加费＝单位燃油附加费×整箱数

B 拼箱装：拼箱分按体积与重量计算两种方式。

①按体积计算，X_1＝单位基本运费（MTQ）×总体积

②按重量计算，X_2＝单位基本运费（TNE）×总毛重

取 X_1、X_2 中较大的一个。

【例】商品 08003（儿童踏板车）进口到加拿大，卸货港是多伦多港。试分别计算交易数量为 1 000 辆和 2 604 辆的海运费（假设进口商的本币为美元）。

解：

第 1 步：计算产品体积与重量

在世格跨境电商实训模拟平台的“产品展示”中，查到商品 08003 的体积是每箱

0.057 6CBM，每箱毛重 21KG，每箱装 6 辆。根据查到的产品资料，先计算产品体积。

报价数量为 1 000 辆

总包装箱数 = 1 000÷6≈166.6（CARTON），取整为 167 箱，总体积 = 167×0.057 6≈9.6（CBM）

总毛重 = 1 000÷6×21 = 3 500（KG）= 3.5（TNE）

报价数量为 2 604 辆

总包装箱数 = 2 604÷6 = 434（CARTON），总体积 = 434×0.057 6≈24.998（CBM）

总毛重 = 2 604÷6×21 = 9 114（KG）= 9.114（TNE）

第 2 步：查运价

在世格跨境电商实训模拟平台的“运费查询”里，查到运至加拿大多伦多港的基本运费为：每 20′集装箱 USD3 290，每 40′集装箱 USD4 410，拼箱每体积吨（MTQ）USD151，每重量吨（TNE）USD216；

港口附加费为：每 20′集装箱 USD132，每 40′集装箱 USD176；

燃油附加费为：每 20′集装箱 USD160，每 40′集装箱 USD215；

此外，在世格跨境电商实训模拟平台中“My City”机构里“银行”页，可查到美元的汇率为 6.826 1。

根据第 1 步计算出的结果来看，比照集装箱规格（已在运费计算基础中写明，20′集装箱的有效容积为 25CBM，限重 17.5TNE，40′集装箱的有效容积为 55CBM，限重 26TNE，其中 1TNE = 1 000KG），1 000 辆的运费宜采用拼箱，2 604 辆的海运费宜采用 20′集装箱。运费计算如下：

①报价数量为 1 000 辆，按体积计算，基本运费 = 9.6×151 = USD1 449.6。

按重量计算，基本运费 = 3.5×216 = USD756。

两者比较，体积运费较大，船公司收取较大者，则基本运费为 USD1 449.6。

②报价数量为 2 604 件，由于体积和重量均未超过一个 20′集装箱的体积与限重，所以装一个 20′集装箱即可。

总运费 = 1×（3 290+132+160）= USD3 582

注意：如果进口商的本币不是美元，须再查本币汇率将计算结果换算成本币。

7.3.1.3 海运费测算综合案例

【例 1】从上海出口 02003 女式套头衫 9 110 件至纽约，销售单位是 PC（件），包装单位是 CARTON（箱），单位换算显示是每箱 20 件，每箱毛重 13KG，每箱净重 11KG，每箱体积 0.143 08CBM。试分别计算毛重、体积，并计算用 2 个 20′集装箱装、1 个 40′集装箱装、拼箱装的海运费分别是多少。

解：

①整箱装海运费

在本站“航线及运费查询”中查得上海至纽约海运费为 20′集装箱 USD3 702，40′集装箱 USD4 674。

2 个 20′集装箱，海运费为 3 702×2 = USD7 404。

1 个 40′集装箱，海运费为 USD4 674。

②拼箱海运费

A. 计算毛重、体积

毛重的计算：

包装箱数=9 110÷20=455.5（CARTON），进位取整为456（CARTON）

箱子重量=13-11=2（KG）

单件的净重=11÷20=0.55（KG）

总净重=0.55×9 110=5 010.5（KG）

总毛重=总净重+箱子总重量=5 010.5+2×456=5 922.5=5.922 5（TNE）

体积的计算：

总体积=每箱体积×箱数=456×0.143 08=65.244 48（CBM）

B. 计算运费

在机构导航里找到海关页面，在“航线及运费查询”中查到普通拼箱按体积（MTQ）算的运费为USD47，按重量（TNE）算为USD59。

按体积算：海运费A=65.244 48×47≈USD3 066.49

按重量算：海运费B=5.922 5×59≈USD349.43

由此可得A>B，因此，如果选择拼箱，运费为USD3 066.49。

【例2】从上海出口02003女式套头衫200件至墨尔本，销售单位是PC（件），包装单位是CARTON（箱），单位换算显示是每箱20件，每箱毛重13KG，每箱净重11KG，每箱体积0.143 08CBM。试分别计算毛重、体积，并分别计算以整箱和拼箱装的海运费。

解：

①计算毛重、体积

毛重的计算：

包装箱数=200÷20=10（CARTON）

总毛重=每箱毛重×箱数=13×10=130（KG）=0.13（TNE）

体积的计算：

总体积=每箱体积×箱数=0.143 08×10=1.430 8（CBM）

②根据毛重、体积计算海运费

A. 如果选择整箱

在“集装箱种类和规格查询”中查到普通每20′集装箱可装体积为33CBM，限重25TNE（25 000KG），每40′集装箱可装体积为67CBM，限重29TNE（29 000KG），1TNE=1 000KG。

因为重量和体积都没超过20′集装箱的容量，所以如果用整箱装，可选择1个20′集装箱。

在“航线及运费查询”中查得20′集装箱运费为USD1 199，因此如果按整箱装，则海运费为USD1 199。

B. 如果选择拼箱

在机构导航海关网站页面“航线及运费查询”中查到普通拼箱按体积算的运费为

USD92，按重量计算为 USD86。

按体积算：海运费 A＝92×1.430 8≈USD131.63

按重量算：海运费 B＝86×0.13＝USD11.18

因为 A>B，所以，海运费为 USD131.63。

7.3.2 空运费测算

7.3.2.1 空运费的基本概念

①1 minimum 表示最低运费。

②normal 表示 45KG 以下货物每 KG 的运费。

③45KG、100KG、300KG、500KG、1 000KG对应的价格分别为：45KG～100KG 的货物适用 45KG 对应栏的运费，100KG～300KG 的货物适用 100KG 对应栏的运费。

④300KG 以上的货物全部按 300KG 对应栏计算运费。

注意事项：

①按毛重计算。

②45KG 栏表示 45KG～100KG（包括 45 但不包括 100）。

③如果货物小于 45KG，则按 normal 计算运费。

④如果按 normal 计算出的运费小于 minimum，则按 minimum 收取运费。

7.3.2.2 空运费计算方法

空运费的计算与海运费一样，也需要比较重量和体积，然后取大者进行计算。但是由于空运费一般仅告知每 KG 的运费而未告知每 CBM 的费用，这就需要换算。

换算方法：先计算出商品总毛重和总体积。假设总毛重为 A，按 1CBM＝167KG 换算得 B，再将 A 与 B 相比较，大者为计费重量。

7.3.2.3 空运费测算综合案例

【例 1】空运 200 件商品编号为 02001 的女式套头衫，从上海出口至南非，试计算空运费。

解：

①计算总重量

查得 02001 毛重为 13KG/CARTON，每箱 20 件，则 200 件 02001 为 10CARTON，计算可得：总毛重 A＝13×10＝130（KG）

②计算总体积

查得 02001 体积为 0.143 08CBM/CARTON，则总体积＝0.143 08×10＝1.430 8（CBM），把体积换算成重量得

总重量 B＝167×1.430 8＝238.943 6（KG）

③计算运费

因为 B>A，因此按 238.943 6KG 计算运费。

由于 100KG<238.943 6KG<300KG，所以应该按 100KG 的运费计算。在机构导航国际货运空运部门网站上“常用查询”栏里查得上海至南非 100KG 的空运费为 USD40.2。

空运费=40.2×238.943 6≈USD9 605.53

【例2】空运100支商品编号为10001的口红，从上海出口至名古屋，试计算空运费。

解：

①计算总重量

查得10001毛重为8KG/CARTON，净重7KG/CARTON，每箱300件，每支净重：7/300≈0.02（KG），箱子重8-7=1（KG），计算可得

总毛重A=0.02×100+1=3（KG）

②计算总体积

查得10001体积为0.006 3CBM/CARTON。由于100支不满一箱，所以总体积=0.006 3CBM，把体积换算成重量得：

总重量B=0.006 3×167=1.052 1（KG）

③计算运费

因为A>B，所以按3KG计算运费。由于3KG<45KG，所以应该按normal计算运费。

在机构导航国际货运空运部门网站上“常用查询”里查上海至名古屋normal的空运费为USD27.5，minimum为USD379.5，因此，按normal计算的空运费为USD27.5×3=USD82.5。

因为USD82.5<minimum（USD379.5），所以空运费为USD379.5。

7.3.3 集装箱运费测算

在进出口交易中，集装箱类型的选用、货物的装箱方法对于减少运费开支起着很大的作用。集装箱的尺码、重量，货物在集装箱内的配装、排放以及堆栈都有一定的讲究，需要在实践中摸索。

首先计算商品的总毛重和总体积，然后分别计算每种规格集装箱根据体积和重量需要几个，取其中较大者。再计算出海运费，取运费较低者。

7.3.3.1 集装箱尺寸

20′普柜：限重25TNE，限体积33CBM

40′普柜：限重29TNE，限体积67CBM

40′高柜：限重29TNE，限体积76CBM

20′冻柜：限重21TNE，限体积27CBM

40′冻柜：限重26TNE，限体积58CBM

40′冻高柜：限重26TNE，限体积66CBM

7.3.3.2 集装箱运费计算方法

运费单位（freight unit），是指船公司用以计算运费的基本单位。由于货物种类繁多，打包情况不同，装运方式有别，计算运费标准不一。

1. 整箱装

以集装箱为运费的单位，以普通集装箱的20′集装箱与40′集装箱为例，在本模拟

软件中，20´集装箱的有效容积为 33CBM，限重 25TNE；40´集装箱的有效容积为 67CBM，限重 29TNE，其中 1TNE = 1 000KG。

2. 拼箱装

由船公司以能收取较高运价为准，运价表上常注记 M/W 或 R/T，表示船公司将就货品的重量吨或体积吨二者中择其运费较高者计算。

拼箱装时计算运费的单位为：

①重量吨（weight ton）：按货物总毛重，以一吨（1 TNE = 1 000KGM）为一个运费吨。

②体积吨（measurement ton）：按货物总毛体积，以一立方米［1 cubic meter（简称 1MTQ、1CBM 或 1CUM，又称一体积吨］为一个运费吨。

在核算海运费时，出口商首先要根据报价数量算出产品体积，再到国际货运公司网站中的“航程及运费查询”页找到对应该批货物目的港的运价。如果报价数量正好够装整箱（20´集装箱或 40´集装箱），则直接取其运价为基本运费；如果不够装整箱，则用产品总体积（或总重量，取运费较多者）×拼箱的价格来算出海运费。

7.3.3.3 不同方式集装箱运费的计算

①整箱装。首先选择好集装箱类型、规格和数量（不同规格集装箱不可混选），然后查询此航线对应所选集装箱的运费，再计算总的海运费。

②拼箱装。拼箱分按体积与重量计算两种方式：

按体积计算，X_1 = 单位基本运费（MTQ）×总体积。

按重量计算，X_2 = 单位基本运费（TNE）×总毛重。

最后比较二者大小，取 X_1、X_2 中较大的一个。

7.3.3.4 集装箱选择案例分析

【例 1】从圣地亚哥出口 02003 女式套头衫 9 110 件至纽约，销售单位是 PC（件），包装单位是 CARTON（箱），单位换算显示是每箱 20 件，每箱毛重 13KG，每箱净重 11KG，每箱体积 0. 143 08CBM。试分别计算毛重、体积，并指出如何用普通集装箱，选择什么规格，海运费是多少。

解：

①计算毛重、体积

毛重的计算：

包装箱数 = 9 110÷20 = 455. 5（CARTON），进位取整为 456CARTON

箱子重量 = 13-11 = 2（KG）

单件的净重 = 11÷20 = 0. 55（KG）

总净重 = 0. 55×9 110 = 5 010. 5（KG）

总毛重 = 总净重+箱子总重量 = 5 010. 5+2×456 = 5 922. 5 = 5. 922 5（TNE）

体积的计算：

总体积 = 每箱体积×箱数 = 456×0. 143 08 = 65. 244 48（CBM）

②采用整箱装费用计算

A. 集装箱计算

查到普通每20′集装箱可装体积为33CBM，限重25TNE（25 000KG），每40′集装箱可装体积为67CBM，限重29TNE（29 000KG），1TNE=1 000KG。

按重量计算：

总毛重<25TNE，所以如果按重量算，只要1个20′集装箱。

按体积计算：

20′集装箱：65.244 48/33≈1.98，进位取整得2。

40′集装箱：65.244 48/67≈0.97，进位取整得1。

所以，可以选择2个20′集装箱或者1个40′集装箱。

B. 海运费计算（取较低者）

在货运公司网站中的"航线及运费查询"查得圣地亚哥至纽约海运费为20′集装箱USD355，40′集装箱USD605。如果选择2个20′集装箱，海运费为355×2=USD710；如果选择1个40′集装箱，海运费为USD605。因此，选择1个40′集装箱，海运费为USD605。

③采用拼箱装运费计算

在货运公司网站中的"航线及运费查询"中查到普通拼箱按体积（MTQ）算的运费为USD40，按重量（TNE）算为USD43。

按体积计算：

运费A=65.244 48×40≈USD2 609.78

按重量计算：

运费B=5.922 5×43≈USD254.67

因为A>B，所以，如果选择拼箱，运费为USD2 609.78。

④比较选择整箱和拼箱时的海运费

根据上述计算可知，选择1个40′集装箱的运费比较少，所以应该选择1个40′集装箱，海运费为USD605。

【例2】从墨尔本出口200件02003女式套头衫至纽约，销售单位是PC（件），包装单位是CARTON（箱），单位换算显示是每箱20件，每箱毛重13KG，每箱净重11KG，每箱体积0.143 08CBM。试分别计算毛重、体积，并指出如何选择集装箱，海运费是多少。

解：

①计算毛重和体积

毛重的计算：

包装箱数=200÷20=10（CARTON）

总毛重=每箱毛重×箱数=13×10=130（KG）=0.13（TNE）

体积的计算：

总体积=每箱体积×箱数=0.143 08×10=1.430 8（CBM）

②根据毛重、体积计算海运费

A. 选择整箱

查到普通每20′集装箱可装体积为33CBM，限重25TNE（25 000KG），每40′集装箱可装体积为67CBM，限重29TNE（29 000KG），1TNE=1 000KG；因为重量和体积都没超过20´集装箱的容量，所以如果用整箱装，可选择1个20´集装箱。

在本站“航线及运费查询”中查得20´集装箱运费为USD1 264，因此如果按整箱装，则海运费为USD1 264。

B. 选择拼箱

在货运公司网站中的“航线及运费查询”中查到普通拼箱按体积算的运费为USD137，按重量算为USD126。

按体积计算：

海运费A=137×1.430 8≈USD196.02

按重量计算：

海运费B=126×0.13=USD16.38

因为A>B，所以，海运费为USD196.02。

③因为整箱运费>拼箱，所以选择拼箱，海运费为USD196.02。

【例3】冷冻食品产品22 006项，销售单位是MT（吨），包装单位是CARTON（箱），1个包装单位 = 0.02个销售单位，每箱毛重20.4KG，每箱净重20KG，每箱体积0.036 7CBM。如果交易数量为14MT，试分别计算毛、净重、体积，并选择合适的集装箱。

解：

①把销售单位换算成包装单位：14÷0.02=700（CARTON）

毛重=700×20.4=14 280（KG） = 14.28（TNE）

净重=700×20=14 000（KG） = 14（TNE）

体积=700×0.036 7=25.69（CBM）

②查询集装箱尺寸容积信息

20´普柜：限重25TNE，限体积33CBM

40´普柜：限重29TNE，限体积67CBM

40´高柜：限重29TNE，限体积76CBM

20´冻柜：限重21TNE，限体积27CBM

40´冻柜：限重26TNE，限体积58CBM

40´冻高柜：限重26TNE，限体积66CBM

结论：由于是冷冻食品，必须使用冻柜，那么根据毛重和体积，选择一个20´冻柜即可。

7.3.4 跨境电商运费支付

7.3.4.1 支付运费的时间

贸易商为了安排货物及时出运，向承运人（外运公司）订舱，同时也向承运人支付相应的运费。在CIF/CIP或CFR/CPT条件下，运费为预付，由出口商负责。出口商应在货物装运后、接到外运公司发来的国际货物运输代理业专用发票时及时凭票向外运公司支付运费，以免影响海运提单的领取。在FOB/FCA条件下，运费为到付，由进口商负责。外运公司通常会于货物到港后签发运输发票，进口商也需尽早与外运公司结清运费，以免影响提货。

7.3.4.2　**支付运费实训操作**

在收到外运公司签发国际货物运输代理业专用发票后进行，由出口商或是进口商支付运费。

支付运费的具体流程为：

（1）进入“My Business”的“业务履约”页面，选择进入相应的业务条目。

（2）点击“单据中心”，添加“境内汇款申请书”并填写。

（3）进入“My City”里的“银行”，点击“支付运费”按钮，选择相应的合同。

（4）点击“添加单据”按钮，选择单据“境内汇款申请书”“国际货物运输代理业专用发票”。

（5）点击“办理”按钮，完成运费支付。

7.4　跨境电商国际运输保险与索赔

7.4.1　国际货物运输保险概述

7.4.1.1　**国际运输保险的作用**

在国际货物买卖中，货物由卖方所在地运到买方所在地的整个运输、装卸和储存过程中可能会因遇到各种难以预料的风险而遭受损失。为了在货物遇险受损时能得到一定的经济补偿，买方或卖方就需要事先办理货物运输保险。货物运输保险（cargo transportation insurance）就是被保险人（the insured）或投保人（applicant）在货物装运以前估定一定的投保金额（保险金额）向保险人（insurer）或称承保人（underwriter）即保险公司投保货物运输险。被保险人按投保金额、投保险别及保险费率向保险人支付保险费并取得保险单据。被保险货物若在运输过程中遭受保险事故造成损失，则保险人负责对保险险别责任范围内的损失按保险金额及损失程度赔偿保险单据的持有人。贸易过程当中的投保通常是指办理货物运输保险。国际间的货物运输保险是随着国际贸易和航运事业的发展而发展起来的。反过来，货物运输保险业务的发展又促进了国际贸易和航运事业的进一步发展。

保险作为一种经济补偿手段，具有分散危险、补偿损失的职能。保险的作用，就是保险职能在具体工作中发挥和表现出来的效果。在我国对外经济贸易活动中，运输保险的作用主要表现在以下几个方面：促进贸易和国际关系的发展；增加外汇收入和外汇资金的积累；为国家积累建设资金；防灾防损，减少灾害损失。

7.4.1.2　**海洋运输货物保险的险别**

海洋运输保险又称水险，是指以与海洋运输有关的财产（船舶或货物）、利益或责任作为保险标的的一种保险。根据我国的保险条款，我国海洋运输保险的险别主要分为基本险和附加险两种类型。

7.4.1.2.1 基本险

基本险有：平安险（free from particular average，FPA）；水渍险（with particular average，WPA/WA）；一切险（all risks），战争险（war risks）或罢工险（strikes risks）不包括在内。

7.4.1.2.2 附加险

1. 一般附加险

一般附加险的种类很多，其中主要包括偷窃提货不着险（theft，pilferage and non-delivery）、淡水雨淋险（fresh or rain water damage risks）、渗漏险（risk of leakage）、短量险（risk of shortage in weight）、钩损险（hook damage）、污染险（risk of contamination）、破碎险（risk of breakage）、碰损险（clashing）、生锈险（risk of rust）、串味险（risk of odor）、受潮受热险（sweating and heating）等。这些附加险货物如在运输途中发生损失，均应按保险条款规定的责任范围予以赔偿。

2. 特殊附加险

特殊附加险包括战争险（war risks）、罢工险（strikes risks）、舱面险（on deck risk）、进口关税险（import duty risk）、拒收险（rejection risk）、黄曲霉素险（aflatoxin risk）、交货不到险（failure to deliver risk）等。

7.4.1.3 陆上运输货物保险

陆上运输货物保险（overland transportation cargo insurance）主要承保以火车、汽车等陆上运输工具进行货物运输的保险。根据 1981 年 1 月 1 日修订的中国人民保险公司陆上运输货物保险条款，陆运货物保险的基本险有陆运险（overland transportation risks）和陆运一切险（overland transportation all risks）两种。此外，为适应冷藏运输货物的需要而专设的陆上运输的冷藏货物保险（overland transportation cargo insurance-frozen products）也具有基本险的性质。在附加险方面，陆运货物的附加险有陆上运输货物战争险（overland transportation cargo war risks-by train）（在实际业务中，陆运货物保险的附加险不只是陆上运输货物战争险一种）。海运货物保险中的一般附加险如偷窃提货不着险、淡水雨淋险等也适用于陆、空、邮运货物在投保基本险的基础上加保。

7.4.1.4 航空运输货物保险

航空运输货物保险是以飞机为运输工具的货物运输保险。近年来，随着航空货运的发展，航空运输货物保险业务也在迅速发展。不过，由于航空运输货物保险业务发展的历史不长，航空运输货物保险迄今尚未能像海洋运输货物保险那样发展成为一个完整的体系。在英国，伦敦保险协会只是在 1965 年才开始制定有关航空运输货物的保险条款。现行协会空运货物保险条款只有三种，即《协会空运货物条款（不包含邮递）》[Institute Cargo Clauses（Air）-Excluding Sending by Post]、《协会空运货物战争条款（不包含邮递）》[Institute War Clauses（Air Cargo）-Excluding Sending by Post] 以及《协会空运货物罢工险条款》[Institute Strikes Clauses（Air Cargo）]。这些条款的首部均标明“本条款仅供新的海上保险单格式使用”。这意味着航空运输货物保险没有单独的保险单格式，空运货物保险条款必须与海上保险单格式连用。在实际业务中，对空运货物保险条款有关术语的解释，也常需参照英国海上保险法的规定。

为了适应我国对外贸易发展的需要，中国人民保险公司也接受办理航空运输货物的保险业务，并制定有航空运输险（air transportation risks）与航空运输一切险（air transportation all risks）两种基本险条款以及航空运输货物战争险的附加险条款。航空运输货物保险的承保责任范围与海洋运输货物保险条款中的水渍险大致相同。保险公司负责赔偿被保险货物在运输途中遭受雷电、火灾、爆炸，或由于飞机遭受恶劣气候或其他危难事故而被抛弃，或由于飞机遭受碰撞、倾覆、坠落或失踪等自然灾害和意外事故所造成的全部或部分损失。

航空运输一切险的承保责任范围除包括上述航空货物运输险的全部责任外，还包括被保险货物由于被偷窃、短少等一般外来原因所造成的全部或部分损失。

7.4.1.5 邮递货物保险

邮递货物保险亦称邮包保险，主要承保通过邮局以邮包递运的货物因邮包在运送途中因自然灾害、意外事故或外来原因造成的货物损失。在国外，经常有需经邮局递送货物的货主，通常都与保险人订有总括保险单，为整个运输期间的货物投保一切险，包括邮包险（parcel post risks）、邮包一切险（parcel post all risks）及邮包战争险（parcel post war risks）三种。前两者为基本险，后者为附加险。

7.4.2 国际货物运输投保

7.4.2.1 保险单的基本概念

保险单简称为保单，是保险人与被保险人订立保险合同的正式书面证明。保险单必须完整地记载保险合同双方当事人的权利、义务及责任。保险单记载的内容是合同双方履行的依据，保险单是保险合同成立的证明。

根据我国保险法规定，保险合同成立与否并不取决于保险单的签发，只要投保人和保险人就合同的条款协商一致，保险合同就成立，即使尚未签发保险单，保险人也应负赔偿责任，保险合同双方当事人在合同中约定以出立保险单为合同生效条件的除外。

7.4.2.2 保险单的主要内容

保险单必须明确、完整地记载有关保险双方的权利义务，保单上主要载有保险人和被保险人的名称、保险标的、保险金额、保险费、保险期限、赔偿或给付的责任范围以及其他规定事项。保险单根据投保人的申请，由保险人签署，交由被保险人收执，保险单是被保险人在保险标的遭受意外事故而发生损失时向保险人索赔的主要凭证，同时也是保险人收取保险费的依据。货物运输保险单样本如图 7-2 所示。

凡是按 CIF/CIP（到岸价）价格成交的出口合同，卖方在装船前须及时到保险公司办理投保手续，填制投保单。商品的投保手续一般都是逐笔办理的。投保人在投保时应将货物名称、保额、运输路线、运输工具、开航日期、投保险别等一一列明。

保险单的主要内容包括：

1. 声明事项

将要保人提供的重要资料列载于保险合同之内，作为保险人承保危险的依据。如被保险人的姓名与地址，保险标的名称、坐落地点，保险金额，保险期限，已缴保费数额，被保险人对有关危险所做的保证或承诺事项。

货物运输保险单

CARGO TRANSPORTATION INSURANCE POLICY

发票号(INVOICE NO.) IV0001972

合同号(CONTRACT NO.) contract02　　　　保单号次

信用证号(L/C NO.) 002/0000398　　　　POLICY NO. 1030001629

被保险人

Insured：RIQING EXPORT AND IMPORT COMPANY

本公司根据被保险人的要求，由被保险人向本公司缴付约定的保险费，按照本保险单承保险别和背面所载条款与下列特款承保下述货物运输保险，特立本保险单。

THE COMPANY IN ACCORDANCE WITH THE REQUIREMENTS OF THE INSURED BY THE INSURED TO THE COMPANY AGREED TO PAY THE PREMIUMS, IN ACCORDANCE WITH THE INSURANCE COVERAGE AND ON THE BACK OF THE FOLLOWING TERMS AND CONDITIONS CONTAINED IN THE SPECIAL SECTION COVER THE CARRIAGE OF GOODS BY INSURANCE, OF THE INSURANCE TRINIDAD SINGLE.

标记 MARKS&NOS	包装及数量 QUANTITY	保险货物项目 DESCRIPTION OF GOODS	保险金额 AMOUNT INSURED
CANNED LITCHIS JAPAN C/NO.1-1000 MADE IN CHINA	CARTONS	CANNED LITCHIS	JPY 1366855.00

总保险金额 TOTAL AMOUNT INSURED: 壹佰叁拾陆万陆仟捌佰伍拾伍日元整

保费 PERMIUM：JPY 10934.84　　启运日期 DATE OF COMMENCEMENT：2016-06-24　　装载运输工具 PER CONVEYANCE：TBA

自 FROM：SHANGHAI,CHINA　　经 VIA：　　至 TO：NAGOYA,JAPAN

承保险别 CONDITIONS：

COVERING ALL RISKS, OCEAN MARINE CARGO CLAUSES.

所保货物，如发生保险单项下可能引起索赔的损失或损坏，应立即通知本公司下述代理人查勘。如有索赔，应向本公司提交保单正本(本保险单共有3份正本)及有关文件。如一份正本已用于索赔，其余正本自动失效。

IN THE EVENT OF LOSS OR DAMAGE WITCH MAY RESULT IN A CLAIM UNDER THIS POLICY, IMMEDIATE NOTICE MUST BE GIVEN TO THE COMPANY'S AGENT AS MENTIONED HEREUNDER. CLAIMS,IF ANY,ONE OF THE ORIGINAL POLICY WHICH HAS BEEN ISSUED IN 3 ORIGINAL(S) TOGETHER WITH THE RELEVENT DOCUMENTS SHALL BE SURRENDERED TO THE COMPANY . IF ONE OF THE ORIGINAL POLICY HAS BEEN ACCOMPLISHED. THE OTHERS TO BE VOID.

国际保险公司

INTERNATIONAL INSURANCE COMPANY

赔款偿付地点 CLAIM PAYABLE AT　JAPAN

出单日期 ISSUING DATE　August 31th,2016

图 7-2　货物运输保险单样本

2. 除外事项

将保险人的责任加以适当的修改或限制，保险人对除外不保的危险所引起的损失不负赔偿责任。

3. 条件事项

合同双方当事人为享受权利所需履行的义务，如事故发生后被保险人的责任，申请索赔的时效，代位求偿权的行使，保单内容的变更、转让、取消，以及赔偿选择等。

4. 其他事项

如解决争议的条款、时效条款等。

7.4.2.3　投保实训操作

7.4.2.3.1　确定投保主体

在世格跨境电商实训模拟平台中，凡按 CIF/CIP 条件订立的出口合同，由出口方负责于出口报关前办理投保；凡按 CFR/CPT、FOB/FCA 条件订立的合同，由进口方负责投保。如为进口商投保，应尽早向出口商询问船名、航次等信息，以便办理保险。一旦出口货物出运，进口商将不能再投保；一旦货物发生意外，无法获得赔偿。

7.4.2.3.2 投保的具体流程

①进入“My Business”的“业务履约”页面，选择进入相应的业务条目。

②点击“单据中心”，添加“货物运输投保单”并填写。

③进入“My City”里的“保险公司”，点击“投保”按钮，选择相应的合同。

④点击“添加单据”按钮，如果是出口商投保，选择单据货物运输投保单和“商业发票”；如果是进口商投保，选择单据货物运输投保单。

⑤点击“办理”按钮，完成投保。等待一段时间后，将收到保险公司签发的货物运输保险单。

在世格跨境电商实训模拟平台中，如为进口商投保，在出口商办理完订舱之后，系统方能签发货物运输保险单。

7.4.2.4 办理国际货物运输保险的一般程序

在国际货物买卖过程中，由哪一方负责办理投保国际货物运输保险，应根据买卖双方商订的价格条件来确定。例如按 FOB/FCA 条件和 CFR/CPT 条件成交，保险即应由买方办理；如按 CIF/CIP 条件成交，保险就应由卖方办理。办理国际货物运输保险的一般程序是：

①确定保险金额。保险金额是诸保险费的依据，又是货物发生损失后计算赔偿的依据。按照国际惯例，保险金额应按商业发票上的 CIF/CIP 的预期利润加一成计算。但是，各国市场情况不尽相同，对进出口贸易的管理办法也各有异。向中国人民保险公司办理进出口货物运输保险按两种办法：一种是逐笔投保，另一种是按签订预约保险总合同办理。

②填写国际运输保险投保单。投保单是投保人向保险人提出投保的书面申请，其主要内容括被保险人的姓名，被保险货物的品名、标记、数量及包装，保险金额、运输工具名称，开航日期及起讫地点、投保险别、投保日期及签章等。

③支付保险费，取得保险单。保险费按投保险别的保险费率计算。保险费率是根据不同的险别、不同的商品、不同的运输方式、不同的目的地，并参照国际上的费率水平制订的。它分为一般货物费率和指明货物加费费率两种。前者是一般商品的费率，后者系指特别列明的货物（如某些易碎、易损商品）在一般费率的基础上另行加收的费率。交付保险费后，投保人即可取得保险单（insurance policy）。保险单实际上已构成保险人与保险人之间的保险契约，是保险人寻保险人的承保证明。在发生保险范围内的损失或灭失时，投保人可凭保险单要求赔偿。

④提出索赔手续。当被保险的货物发生保险责任范围内的损失时，投保人可以向保险人提出赔偿要求。按《2010 年国际贸易术语解释通则》E 组、F 组、C 组包含的 8 种价格条件成交的合同，一般应由买方办理索赔。按《2010 年国际贸易术语解释通则》D 组包含的 5 种价格条件成交的合同，则视情况由买方或卖方办理索赔。

被保险货物运抵目的地后，收货人如发现整件短少或有明显残损，应立即向承运人或有关方面索取货损或货差证明，并联系保险公司指定的检验理赔代理人申请检验，提出检验报告，确定损失程度；同时向承运人或有关责任方提出索赔。属于保险责任的，可填写索赔清单，连同提单副本、装箱单、保险单正本、磅码单、修理配置费凭证、第三者责任方的签证或商务记录以及向第三者责任方索赔的来往函件等向保险公司索赔。索赔应当在保险有效期内提出并办理，否则保险公司可以不予办理。

7.4.3 国际运输保险索赔

7.4.3.1 索赔定义

索赔是指被保险人或其受益人在保险标的遭受损失后或保险期满或保险合同约定事项出现时，按保险单有关条款的规定，向保险人要求赔偿或给付保险金的行为。《中华人民共和国保险法》第二十二条第一款规定："保险事故发生后，依保险合同请求保险人赔偿或给付保险金时，投保人、被保人或受益人应当向保险人提供其所能提供的与确认保险事故的性质、原因、损失程度等有关的证明和资料。"这里规定的就是保险索赔。

7.4.3.2 国际运输保险索赔程序

被保险人保险的货物遭受损失后，向保险公司索赔的问题就产生了。被保险人应按照保单的规定向保险公司办理索赔手续，同时还应以收货人的身份向承运人办妥必要的手续，以维护自己的索赔权利。

1. 损失通知

被保险人获悉或发现保险货物遭损，应马上通知保险人，以便保险人检验损失，提出施救意见，确定保险责任，查核发货人或承运人责任。延迟通知，会耽误保险人进行有关工作，引起异议，影响索赔。

2. 向承运人等有关方提出索赔

被保险人或其代理人在提货时发现货物明显受损或整件短少，除向保险公司报损外，还应立即向承运人、受托人以及海关、港务局等索取货损货差证明。当这些损失涉及承运人、受托人或其他有关方面如码头、装卸公司的责任，应立即以书面形式向他们提出索赔，并保留追偿权利，必要时还要申请延长索赔时效。

3. 采取合理的施救、整理措施

保险货物受损后，作为收货方的被保险人应该对受损货物采取措施，防止损失扩大。对受损货物，被保险人仍须协助保险人进行转售、修理和改变用途等工作。因为相对于保险人而言，被保险人对于货物的性能、用途更加熟悉；因此，原则上残货应由货方处理。

4. 备全必要的索赔单证

相关单证有：保单或保险凭证正本；运输契约，如提单、运单和邮单等；发票；装箱单、磅码单；向承运人或有责任方请求赔偿的书面文件；检验报告；海事报告摘录或海事声明书；货损货差证明；索赔清单。

7.5 跨境电商物流实训

7.5.1 订舱

7.5.1.1 订舱的基本概念

通常所说的“租船订舱”是“租船”和“订舱”的合成词。在国际货物运输和交付的过程中，海运方式下，如货物的数量较大，可以洽租整船甚至多船来装运，这就是租船（charter）；如果货物量不大，则可以租赁部分舱位来装运，这就是订舱（book shipping space）。订舱通常是班轮订舱，是货物托运人（shipper）或其代理人根据其具体需要，选定适当的船舶向承运人（通常为班轮公司或它的营业机构）以口头或订舱函电预约洽订舱位装货、申请运输，承运人对这种申请给予承诺的行为。

在 CIF/CIP 或 CFR/CPT 条件下，订舱是卖方的主要职责之一；在 FOB/FCA 条件下，订舱则由买方负责，当然买方也可委托卖方进行此项工作。当卖方收到国外开来的信用证，审核无误（信用证方式下）且完成备货后能否做到船货衔接，按合同及信用证规定的时间及时将货物装运，主要决定于订舱这个环节。

7.5.1.2 订舱的准则

出口公司根据船公司提供的船期表掌握船、货情况，在船舶抵达港口或截止签单前，及时办理托运手续。

出口公司办理订舱手续时，力求准确无误，尽量避免加载（增加订舱数量）、退载和变载的情况发生，以免影响承运人和船、货代理人以及港务部门的工作。

对于额外特殊货物如散装油类、冷藏货和鲜活货物的订舱，出口公司应事先通知承运人或船、货代理人，并列明要求。

7.5.1.3 订舱的程序

订舱通常由船舶代理机构办理，也可向船公司直接洽订。一般来说，当货方需要洽订整船舱位时，常以航次租船方式来完成货物的运输；其余情况下通常都选用班轮订舱的方式。班轮订舱的操作流程主要分为以下几个步骤：

①询价。货方首先需掌握发货港至各大洲、各大航线常用的及货主常需服务的港口、价格以及主要船公司的船期信息。

②订舱。货方经过比较之后选择合适的船公司，并根据合适的班轮船期向船方订舱，填写托运单。

③接受订舱。船方根据货方提供的载重量、货舱容积及订舱货载的具体特点，拟定合理装运方案，并通过代理与货方联系。

④签发订舱单。双方协商一致后，船方签发订舱单（book note，berth note）。

7.5.1.4 订舱模拟实训

在世格跨境电商实训模拟平台上，在 CIF/CIP 和 CFR/CPT 方式下，订舱由出口商负责；在 FOB/FCA 方式下则需进口商先指定外运公司，而订舱的工作仍委托出口商进行。根据合同中选择的运输方式，又分为海运订舱和空运订舱。

1. 指定外运公司

只有 FOB/FCA 方式下进口商才需指定外运公司，具体操作为：

①进口商打开“My Business”，在“业务履约”页面，选择进入相应的业务条目。

②在弹出的业务详细资料画面中，点击“业务联系”。

③点击“写消息”按钮，输入消息标题，选择业务种类为“指定外运公司”，并填写消息的内容。

④点击“发送消息”。出口商登录后，可通过消息系统提醒收到该消息，然后就可以办理订舱。

2. 海运方式下订舱

①出口商进入“My Business”的“业务履约”页面，选择进入相应的业务条目。

②点击“单据中心”，添加国际海运委托书、商业发票、装箱单并填写。

③进入“My City”里的“国际货运有限公司（海运部）”，点击“订舱”按钮，选择相应的合同。

④点击“添加单据”按钮，选择单据国际海运委托书、商业发票、装箱单。

⑤点击“办理”按钮，完成订舱。等待一段时间后，将收到货运公司发来的已成功订舱通知，在单据中心里可看到货运公司签发的配舱回单。

3. 空运方式下订舱

①出口商进入“My Business”的“业务履约”页面，选择进入相应的业务条目。

②点击“单据中心”，添加国际空运委托书、商业发票、装箱单并填写。

③进入“My City”里的“国际货运有限公司（空运部）”，点击“订舱”按钮，选择相应的合同。

④点击“添加单据”按钮，选择单据国际空运委托书、商业发票、装箱单。

⑤点击“办理”按钮，完成订舱。等待一段时间后，将收到货运公司发来的已成功订舱通知，在单据中心里可看到货运公司签发的进仓通知单。

7.5.2 国际货运代理

7.5.2.1 配舱回单

配舱回单是货运代理在取得货主的订舱资料再向船公司订舱后取得的单证，有时会以订舱确认报文代替，是船公司给货运代理的十联单中涉及的单据。配舱回单样本如图 7-3 所示。

国际货运代理有限公司

INTERNATIONAL TRANSPORT CO., LTD

To: AIGE IMPORT & EXPORT COMPANY

Date: 2016-06-23

Port of Discharge(目的港): NAGOYA

Country of Discharge(目的国): Japan

Container(集装箱种类): 20' CONTAINER X 1

Ocean Vessel(船名): TBA

Voy.No.(航次): 011W

Place of Delivery(货物存放地): SHANGHAI CY

图 7-3 配舱回单样本

7.5.2.2 进舱通知单

出口商向国际货运有限公司（空运部）订舱后，由货运公司签发进舱通知单（图7-4）。

国际货运代理有限公司

INTERNATIONAL TRANSPORT CO., LTD

To: RUSSIA PARAT INTERNATIONAL IMP. & EXP. TRADING CO., LTD.

目的港: SANTIAGOS

货物名称: 24K Gold Decoration

进仓编号: KY0000002

航次: CZ3101

图 7-4 进仓通知单样本

7.5.2.3 国际货运代理业专用发票

国际货运代理业专用发票用于支付运费。运费支付方式又分为预付和到付。一般来说，CIF、CFR、CIP、CPT 方式下为预付，由出口商支付运费；FOB 和 FCA 方式下为到付，由进口商支付。

运费预付方式下，货物出运后，货运公司将签发国际货运代理专用发票（图 7-5），出口商携发票和境内汇款申请书即可前往银行支付运费；运费到付方式下，该专用发票则于货物到达后由货运公司签发。

国际货物运输代理业专用发票　　发票代码000000002011

INTERNATIONAL FREIGHT FORWARDING SPECIAL INVOICE　　发票号码00002011

购付汇联　　开户银行名称：东京三菱银行

FOREIGN EXCHANGE　　帐　号：BANK ACCOUNT 6102102200558

付款单位 PAYER 日清进出口贸易公司　　开票日期 DATE ISSUED 2016-06-24

船名/航次/航班/车次 VESSEL/VOY/FRT/TRAIN NO.　　提(运)单号 B/L NO. COBL0001082　　开航日期 DATE SAILED 2016-06-24

起运港 LOAD PORT SHANGHAI,China　　卸货港 DIS. PORT　　目的港 DESTINATION NAGOYA,Japan

收费内容（货物名称，数量，单价）PARTICULARS (DESCRIPTIONS,QUANTTTY,UNIT PRICE)		金额 AMOUNT	备注 REMARKS
海运费		USD 263.00	
金额合计(大写) TOTAL IN CAPITAL	贰佰陆拾叁美元整	合计 LUMP SUM USD 263.00	

第四联 购付汇联

企业签章 BUSINESS SEAL　　工商登记号 BUSINESS REGISTER NO. 3569853654563　　税务登记号 TAX RECISTER NO. 523658965234587

复核 CHECKED BY 鲁军　　制单 ISSUED BY 耿伟　　(手开无效) HAND WRITING NULL AND VOID

图 7-5　国际货运代理专用发票样本

7.5.2.4　货物运输条件鉴定书

货物运输条件鉴定就是对货物的运输适宜性做出评价和建议（图 7-6）。

货物运输条件鉴定书　　NO. JD0000049

样品名称 Name of Goods	中文 Chinese	磺胺氯哒嗪钠
	英文 English	Sulfachl Oropyridazines Sodium
检查依据 Basis of Inspection		********
分子式 Molecular formula		********
送样单位 Applicant		********
生产单位 Manufacturer of Goods		********
样品外观与形状 Outward appearance		白色结晶 White crysTALSW
主要危险性 Main Danger		无主要危险性 Without main danger
建议比照办理的类项和编号 Suggestion in the light of LATA Compatibility Class, Groups and Numbers		**普货 Not Restricted Goods**
包装要求 Packaging Requirements		——
备注 Notes		——

国家化学材料测试中心 危险货物鉴定专用章

签发：Approver：郭达业　　校核：Checker：郭达业　　鉴定：Identifier：郭达业　　Oct.31,2016

图 7-6　货物运输条件鉴定书样本

国际上对出口危险货物在包装、积载、隔离、装卸、管理、运输条件和消防急救措施等方面都有特殊而严格的要求。对出口危险货物包装容器的鉴定，旨在保证装有出口危险货物的包装容器符合相关要求。使用未经鉴定或者经鉴定不合格的包装容器的危险货物，不准出口。

7.5.3 跨境电商物流单据

7.5.3.1 海运提单

7.5.3.1.1 海运提单的概念

海运提单（ocean bill of lading）（图 7-7），是承运人收到货物后出具的货物收据，也是承运人所签署的运输契约的证明。提单还代表所载货物的所有权，是一种具有物权特性的凭证。在世格跨境电商实训模拟平台中，待货物出运后，出口商方可到国际货运有限公司（海运部）取回海运提单。

7.5.3.1.2 海运提单的内容

海运提单必须由承运人或船长或他们的代理签发，并应明确表明签发人身份。海运提单是证明海上运输合同成立和证明承运人已接管货物或已将货物装船并保证至目的地交付货物的单证。提单也是一种货物所有权凭证，承运人据以交付货物。提单持有人可据以提取货物，也可凭此向银行押汇，还可在载货船舶到达目的港交货之前进行转让。提单的内容由正面事实记载和背面条款两部分组成。各船公司所制定的提单，其主要内容大致相同。

7.5.3.1.3 海运提单的作用

（1）货物收据。海运提单是承运人之前发给托运人的收据，确认承运人已收到提单所列货物并已装船，或者承运人已接管了货物，已代装船。

（2）运输契约证明。海运提单是托运人与承运人的运输契约证明。承运人之所以为托运人承运有关货物，是因为承运人和托运人之间存在一定的权利义务关系，双方的权利义务关系以提单作为运输契约的凭证。

（3）货权凭证。海运提单是货物所有权的凭证。谁持有海运提单，谁就有权要求承运人交付货物，并且享有占有和处理货物的权利，提单代表了其所载明的货物。

1. Shipper Insert Name, Address and Phone
AIGE IMPORT & EXPORT COMPANY
ROOM 2501, JIAFA MANSION, BEIJING WEST ROAD, SHANGHAI
200001, P.R.CHINA

B/L No.
COBL0001082

国际货运有限公司

INTERNATIONAL TRANSPORTATION CO.,LTD.

2. Consignee Insert Name, Address and Phone
TO ORDER

ORIGINAL

Port-to-Port or Combined Transport

BILL OF LADING

3. Notify Party Insert Name, Address and Phone
(It is agreed that no responsibility shall attach to the Carrier or his agents for failure to notify)
RIQING EXPORT AND IMPORT COMPANY
P.O.BOX 1589, NAGOYA, JAPAN

RECEIVED in external apparent good order and condition except as other-Wise noted. The toTALSW number of packages or unites stuffed in the container,The description of the goods and the weights shown in this Bill of Lading are Furnished by the Merchants, and which the carrier has no reasonable means Of checking and is not a part of this Bill of Lading contract. The carrier has Issued the number of Bills of Lading stated below, all of this tenor and date, One of the original Bills of Lading must be surrendered and endorsed or sig-Ned against the delivery of the shipment and whereupon any other original Bills of Lading shall be void. The Merchants agree to be bound by the terms And conditions of this Bill of Lading as if each had personally signed this Bill of Lading.
SEE clause 4 on the back of this Bill of Lading (Terms continued on the back Hereof, please read carefully).
*Applicable Only When Document Used as a Combined Transport Bill of Lading.

4. Combined Transport* Pre - carriage by	5. Combined Transport* Place of Receipt
6. Ocean Vessel Voy. No. TBA 011W	7. Port of Loading SHANGHAI
8. Port of Discharge NAGOYA	9. Combined Transport* Place of Delivery

Marks & Nos. Container / Seal No.	No. of Containers or Packages	Description of Goods (If Dangerous Goods, See Clause 20)	Gross Weight Kgs	Measurement
CANNED LITCHIS JAPAN C/NO.1-1000 MADE IN CHINA	1000CARTONS	CANNED LITCHIS 850Gx24TINS/CTN FRIGHT COLLECT	22440KGS	22.588CBM
		Description of Contents for Shipper's Use Only (Not part of This B/L Contract)		

10. ToTALSW Number of containers and/or packages (in words)
Subject to Clause 7 Limitation

11. Freight & Charges	Revenue Tons	Rate	Per	Prepaid	Collect
Declared Value Charge					

Ex. Rate:	Prepaid at	Payable at	Place and date of issue SHANGHAI 2016-06-24
	Total Prepaid	No. of Original B(s)/L 3/3	Signed for the Carrier, AIGE IMPORT & EXPORT COMPANY

LADEN ON BOARD THE VESSEL
DATE 2016-06-24 BY

AIGE ZHANG

图 7-7　海运提单样本

7.5.3.2　空运提单

7.5.3.2.1　空运提单概述

空运提单（airway bill）（图 7-8）是承运人与托运人之间签订的运输契约，也是承运人或其代理人签发的货物收据。空运提单还可作为核收运费的依据和海关查验放行的基本单据。但空运提单不是代表航空公司的提货通知单。在空运提单的收货人栏内，必须详细填写收货人的全称和地址，而不能做成指示性抬头。

7.5.3.2.2 空运提单的作用

空运提单与海运提单有很大不同，却与国际铁路运单相似。它是由承运人或其代理人签发的重要的货物运输单据，是承托双方的运输合同，其内容对双方均具有约束力。空运提单不可转让，持有空运提单也并不能说明可以对货物要求所有权。

（1）空运提单是发货人与航空承运人之间的运输合同。与海运提单不同，空运单不仅证明航空运输合同的存在，而且空运提单本身就是发货人与航空承运人之间缔结的货物运输合同，它在双方共同签署后产生效力，并在货物到达目的地交付给运单上所记载的收货人后失效。

（2）空运提单是承运人签发的已接收货物的证明。空运提单也是货物收据，在发货人将货物发运后，承运人或其代理人就会将其中一份（即发货人联）交给发货人，作为已经接收货物的证明。除非另外注明，它是承运人收到货物且货物在良好条件下装运的证明。

（3）空运提单是承运人据以核收运费的账单。空运提单分别记载着收货人负担的费用、应支付给承运人的费用和应支付给代理人的费用，并详细列明费用的种类、金额，因此可作为运费账单和发票。承运人往往也将其中的承运人联作为记账凭证。

（4）空运提单是报关单证之一。出口时空运提单是报关单证之一，在货物到达目的地机场进行进口报关时，空运提单也通常是海关查验放行的基本单证。

（5）空运提单可作为保险证书。如果承运人承办保险或发货人要求承运人代办保险，则空运提单也可用来作为保险证书。

（6）空运提单是承运人内部业务的依据。空运提单随货同行，证明了货物的身份。运单上载有该票货物发送、转运、交付的事项，承运人会据此对货物的运输做出相应安排。空运提单的正本一式三份，每份都印有背面条款：其中一份交发货人，是承运人或其代理人接收货物的依据；第二份由承运人留存，作为记账凭证；最后一份随货同行，在货物到达目的地交付给收货人时作为核收货物的依据。

999 | 00000002 | 999-00000002

Shipper's Name and Address
RUSSIA PARAT
INTERNATIONAL IMP. & EXP.
TRADING CO., LTD.
NO.6UL. RUZHBY, MOSCOW,
RUSSIA, 117330
TEL:007-095-1471168

Shipper's Account Number

NOT NEGOTIABLE
AIR Waybill
ISSUED BY UTi(HK) LIMITED
14/Floor,COL Tower,World Trade Square,
123 Hoi Bun Road,Kwun Tong,Kowloon,H.K
Tel: 2751 8380 Fax: 2795 4849

Copies 1, 2 and 3 of this Air Waybill are originals and have the same validity

Consignee's Name and Address
CUBA BOUNTY
INTERNATIONAL LTD.
AVE. MANDULEY NO.104 E/
3RA. Y 5TA., RPTO. VISTA
ALEGRE SANTIAGO DE CUBA,
C.P.:9040
TEL:0056-2-2339898

Consignee's Account Number

It is agreed that the goods described herein are accepted in apparent good order and condition(except as noted) for carriage SUBJECT TO THE CONDITIONS OF CONTRACT ON THE REVERSE HEREOF. ALL GOODS MAY BE CARRIED BY ANY OTHER MEANS INCLUDING ROAD OR ANY OTHER CARRIER UNLESS SPECIFIC CONTRARY INSTRUCTIONS ARE GIVEN HEREON BY THE SHIPPER,AND SHIPPER AGREES THAT THE SHIPMENT MAY BE CARRIED VIA INTERMENDIATE STOPPING PLACES WHICH THE CARRIER DEEMS APPROPRIATE.THE SHIPPER'S ATTENTION IS DRAWN TO THE NOTICE CONCERNING CARRIER'S LIMITATION OF LIABILITY.Shipper may increase such limitation of liability by declaring a higher value for carriage and paying a supplemental charge if required.

Issuing Carrier's Agent Name and City
INTERNATIONAL TRANSPORTATION CO.,LTD.

Accounting Information
INTERNATIONAL TRANSPORTATION CO.,LTD.

Agent's IATA Code
0000000

Account NO.

Airport of Departure (Addr. of First Carrier) and Requested Routing
ST.PETERSBURG

TO	By First Carrier	Routing and Destination	to	by	to	by

Currency	CHGS Code	WT/VAL PPD	WT/VAL COLL	Other PPD	Other COLL	Declared Value for Carriage	Declared Value for Customs
USD		1	0	1	0	NVD	NCV

Airport of Destination	Flight/Date	
SANTIAGOS	CZ3101	2016-5-8

Amount of Insurance

INSURANCE— if carrier offers insurance,and such insurance is requested in accordance with the conditons thereof,indicate amount to be insured in figures in box marked "amount of Insurance".

Handling Information

SCI

NO of Pieces RCP	Gross Weight	KG lb		Rate Class Commodity item No.	Chargeable Weight	Rate/Charge	Total	Nature and Quantity of Goods (incl Dimensions or Volume)
500	4.00	K	Q		4.00		777.03	24K Gold Decoration VOLUME：1.012,CBM
500	4.00						777.03	

Prepaid	Weight Charge	Collect
777.03		
	Valuation Charge	
	Tax	
	Total other Charges Due Agent	
	Total other Charges Due Carrier	

Other Charges

Shipper certifies that the particulars on the face hereof are correct and that insofar as any part of the consignment contains dangerous goods,such part is properly described by name and is in proper condition for carriage by air according to the applicable Dangerous Good Regulation.

....

Signature of Shipper or his Agent

Total Prepaid	Total Collect
777.03	
Currency Conversion Rates	CC Charges in Dest Currency
For Carrier's Use only at Destination	Charges at Destination

2016-05-08 Santiagos

Executed on(date) at(place) Signature of Issuing Carrier or its Agent

RUSSIA PARAT INTERNATIONAL IMP. & EXP. TRADING CO., LTD.

Total Collect Charges

999-00000002

Ivanovich

ORIGINAL 3 (FOR SHIPPER)

图 7-8 空运提单样本

第 8 章 跨境电商支付

8.1 跨境电商支付概述

8.1.1 跨境电商支付概念及特点

8.1.1.1 跨境支付的概念

跨境支付（cross-border payment）是指通过一定的结算工具和支付系统对于因贸易或投资产生的资金实现两个或两个以上国家或地区之间的转移行为，它是在国际经济活动中的当事人以一定的支付工具和方式清偿各种经济活动产生的国际债权债务的行为。通常它是在国际贸易中发生的、由履行金钱给付义务当事人履行义务的一种行为。

跨境支付伴随着商品进出口而发生，然而它的发展又反过来促进了国际经济活动的发展；同时，伴随着国际经济活动的发展，其应用范围也不断扩展。现代通信技术使用之前，国家之间的货物进出口通常采用现金支付，以黄金或白银清偿债务。然而，用现金支付不仅运送风险大，占用和积压资金，而且清点不便，还要识别真伪。因此，只有交易量小，采用现金支付才能应付。16 至 17 世纪，欧洲的一些商业城市已广泛地使用在封建社会末期发展起来的票据来进行支付。非现金支付的方法用票据代替了现金，使支付非常迅速、简便，而且节约现金和流通费用。票据化的支付方法进一步促进了国际贸易的发展。至 19 世纪末 20 世纪初，买方凭单付款的支付方式，要求银行以单据为抵押向出口商融资，使银行信用引入普通的国际支付业务。银行的融资使商人增加贸易量，银行本身也得以扩展业务，两者相辅相成，形成了贸易支付与融资相结合为特征的、以银行为中枢的国际支付体系。

第二次世界大战后，随着现代科学技术运用于国际支付业务以及适用于国际支付的国际条约和国际惯例的发展和完善，国际支付达到了快速、安全的要求，适应了高度发达的世界经济的需要，并从国际货物买卖向国际技术贸易、服务贸易及其他领域拓展。

8.1.1.2 跨境支付的特点

（1）跨境支付产生的原因是国际经济活动引起的债权债务关系。国际经济活动包括贸易活动与非贸易活动。国际贸易活动指国际贸易中的不同当事人之间的货物、技术或服务的交换，支付如货款、运输费用、各类佣金、保险费、技术费等。非国际贸易活动是指除贸易活动以外的各类国际行为，如国际投资、国际借贷、国际各类文化艺术活动等。

（2）跨境支付的主体是国际经济活动中的当事人。国际经济活动中的当事人的含义依据不同的活动而定。如在货物买卖中，当事人是指双方营业地处在不同国家的人，且有银行参与。

（3）跨境支付是以一定的工具进行支付的，支付的工具一般为货币与票据。一方面，由于跨境支付当事人一般是跨国的自然人、法人，而各国所使用的货币不同，这就涉及货币的选择、外汇的使用，以及与此有关的外汇汇率变动带来的风险问题；另一方面，为了避免直接运送大量货币所引起的各种风险和不便，就涉及票据的使用问题，与此相关的是各国有关票据流转的一系列复杂的法律问题。

（4）跨境电商需要取得相应资质才可以从事该项业务。在国际贸易中，买卖双方通常互不信任，他们从自身利益考虑，总是力求在货款收付方面得到较大的安全保障，尽量避免遭受钱货两空的损失，并想在资金周转方面得到某种融通。当前国内公司需要取得相应资质才可以从事该项业务。

①取得支付业务许可证。非金融机构提供支付服务，需取得支付业务许可证，成为支付机构。支付机构依法接受中国人民银行的监督管理。2010 年 6 月颁布的《非金融机构支付服务管理办法》将其界定为非金融机构支付服务，将目前这些第三方服务定义为“非金融机构在收付款人之间作为中介机构提供网络支付、预付卡的发行与受理、银行卡收单等部分或全部货币资金转移服务”。

②办理跨境外汇支付牌照。这是国家外汇局发放给支付机构、允许其进行跨境电子商务外汇支付业务的许可证。部分拥有支付业务许可证且支付业务为互联网支付的第三方支付公司可以开展跨境业务。

③获得国际信用卡组织的认证，取得收单资质。对于支付机构而言仅有第三方支付牌照和跨境支付牌照，并不能直接受理外卡的交易，还需获得国际卡组织的资质认证，成为其支付服务商，才能开展外卡收单业务。

8.1.2 跨境电商支付分类

8.1.2.1 网上支付

8.1.2.1.1 信用卡收款

跨境电商网站可通过与国际信用卡组织合作，或直接与海外银行合作，开通接收海外银行信用卡支付的端口。

优点：是欧美最流行的支付方式，信用卡的用户人群非常庞大。

缺点：接入方式麻烦、需预存保证金、收费高昂、付款额度偏小，存在拒付风险。

适用范围：从事跨境电商零售的平台和独立 B2C。

目前国际上常见的信用卡品牌有 Visa、MasterCard、America Express、JCB、银联、Web money、Giropay，其中前两个为大家广泛使用。

Visa：主要市场在欧洲、中东、非洲和拉丁美洲。Visa 在全球拥有 3.23 亿持卡人。

MasterCard：是全球第二大信用卡国际组织，主要流行于欧洲和东南亚等地区（多达 210 个国家/地区），在全球拥有 1.91 亿持卡人。

American Express：是美国、智利、墨西哥和哥伦比亚的首选付款方式之一，在全球拥有 5 800 万持卡人，活跃于全球 130 多个国家，主要面向高收入的持卡人。

JCB：是来自日本的国际信用卡品牌，与全球 350 家以上的主要银行和金融机构开展合作，已活跃于全球 190 个国家和地区。

银联：是中国银行卡联合组织，截至 2019 年已应用于亚洲、欧洲、美洲、大洋洲和非洲等境外 174 个国家和地区。

Web money：是俄罗斯和乌克兰主要的电子钱包支付方式，其注册用户已接近 1 900万人，在包括中国在内的全球 70 个国家使用。

Giropay：是德国主流的在线支付品牌之一，数据显示有 80%的德国网银终端用户使用 Giropay。

8.1.2.1.2　电子账户支付

我国跨境电子支付结算的方式主要有跨境支付购汇（含第三方购汇支付、境外电商接受人民币支付、通过国内银行购汇汇出等）、跨境收入结汇（含第三方收结汇、通过国内银行汇款、以结汇或个人名义拆分结汇流入、通过地下钱庄实现资金跨境收结汇等）。跨境电子支付业务发生的外汇资金流动，必然涉及资金结售汇与收付汇。电子账户支付如图 8-1 所示。

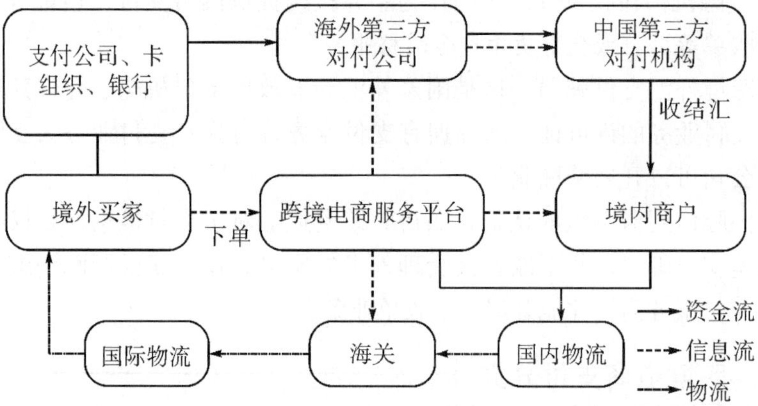

图 8-1　电子账户支付

8.1.2.1.3　第三方支付

1. Paypal

Paypal 与支付宝较类似，在国际上知名度较高，是很多国家客户的常用付款方式。它允许在使用电子邮件来标识身份的用户之间转移资金。PayPal 于 1998 年 12 月由 Peter Thiel 及 Max Levchin 建立，是一个总部在美国加利福尼亚州圣荷塞市的在线支付服务商，通过技术创新与战略合作相结合，为资金管理和移动创造更好的方式，为转账、付款或收款提供灵活选择。PayPal 是全球使用最为广泛的第三方支付工具之一，有针对具有国际收付款需求用户设计的账户类型，便于跨境电商用户进行便捷的外贸收款、提现与交易跟踪，从事安全的国际采购与消费，快捷支付并接收包括美元、加元、欧元、英镑、澳元和日元等 25 种国际主要流通货币。

付款人通过 PayPal 欲支付一笔金额给商家或者收款人时，有以下几个步骤：

①申请一个电子邮件地址，付款人使用电子邮件地址登录，开设 PayPal 账户，通过验证成为其用户，并提供信用卡或者相关银行资料，增加账户金额，将一定数额的款项从其开户时登记的账户（例如信用卡）转移至 PayPal 账户。

②当付款人启动向第三人付款的程序时，必须先进入 PayPal 账户，指定特定的汇出金额，并提供收款人的电子邮件账号给 PayPal。

③接着 PayPal 向商家或者收款人发出电子邮件，通知其有等待领取或转账的款项。

④如商家或者收款人也是 PayPal 用户，他决定接受后，付款人所指定之款项即移转给收款人。

⑤若商家或者收款人没有 PayPal 账户，收款人得按照 PayPal 电子邮件内容指示注册取得一个 PayPal 账户，收款人可以选择将取得的款项转换成支票寄到指定的处所、转入其个人的信用卡账户或者转入另一个银行账户。在中国，PayPal 与 Wish、速卖通、中国银联等结成了合作伙伴关系。

PayPal 支付的优点在于交易完全在线上完成，适用范围广，尤其受美国用户信赖。收付双方必须都是 PayPal 用户，以此形成闭环交易，风险控制好。而其缺点在于在 PayPal 用户买方（消费者）利益大于 PayPal 用户卖方（商户）的利益，交易费用主要由商户提供，对买方过度保护；电汇费用，每笔交易除手续费外还需要支付交易处理费；账户容易被冻结，商家利益容易受损。PayPal 无开户费及使用费，每笔收取 0.3 美元银行系统占用费；以美金形式提现至大陆银行每笔收取 35 美元；以人民币形式提现至大陆银行每笔收 1.2%的手续费。

PayPal 支付适合用于跨境电商零售行业，几十到几百美金的小额交易更划算。关于平台费率，易贝平台为 2.9%~3.9%，其他平台或传统外贸为 3.4%~1.4%。

2. PingPong

资料显示，PingPong 在 2015 年成立，是一家为跨境电商卖方和传统中小外贸企业提供跨境收款、外贸 B2B 收付款、供应链融资、阳光退税、VAT 缴纳、全球收单等一站式综合性服务的跨境贸易数字化服务商。PingPong 隶属于杭州呼嘭智能技术有限公司，是一家中国本土的跨多区域收款品牌。PingPong 与国内跨境出口企业建立了紧密合作关系，并成为中国（杭州）跨境电商综合试验区管委会官方合作伙伴以及上海自贸区跨境电商服务平台的战略合作伙伴。

PingPong 先后获取了欧洲卢森堡 PI 牌照、美国 MSB 牌照、中国香港 MSO 牌照和日本 JPSA 会员等多个国家或地区的支付牌照与许可，并在 2020 年升级卢森堡 PI 牌照为 EMI 支付牌照（目前全球仅有约 10 家平台获得这项牌照）。这意味着 PingPong 获得了欧洲金融中心的认可，获准进入欧洲 27 个国家市场。

第三方支付是目前跨境零售电商中使用最广泛、最兴盛的跨国电商支付处理方式。相较于商业银行较高的费率和专业汇款公司有限的覆盖网点，第三方支付平台能同时满足用户对跨境汇款便捷性和低费率的需求，付款便利，退款方便，受到越来越多的用户的青睐。

8.1.2.2 B2B 跨境电商支付

在 B2B 跨境电商国际经济活动中使用较多的支付方式是直接支付。直接支付方式是指只由国际经济活动中的当事人即交易双方与银行发生关系的支付方式。实践中常用的有：汇付、托收、信用证。汇付是一种顺汇方法，即由买方（债务人）将款项通过本国银行汇付给卖方（债权人）。托收和信用证支付方式属逆汇方式，即由卖方（债权人）通过银行主动向买方（债务人）索取款项。

1. 汇付

汇付（remittance）指汇款人主动将货款交给银行，由银行根据汇款指示汇交给收款人的一种付款方式。汇付属于商业信用，是否付款取决于进口商（买方）或服务接受方，付款没有保证。采用此方式对国际经济活动中的当事人来讲都有风险。因而，除非买卖双方有某种关系或只是小数额的支付，一般很少使用汇付。

在国际支付业务中，汇付是由进口方直接付款，它又可分为 T/T 电汇、M/T 信汇、D/D 票汇。

2. 托收

托收（collection）是指债权人委托银行凭票据向债务人收取货款的一种支付方式（图 8-2）。托收一般的做法是：由债权人（卖方）根据发票金额开立以买方为付款人的汇票向债权地银行提出申请，委托银行通过其在债务地分行或其他往来银行代为向买方收取货款。最常用的托收类型是光票托收和跟单托收。跟单托收又可分为 D/P 付款交单和 D/A 承兑交单。

托收当事人有四个，其主要责任如下。

委托人（principal）：也称出票人，一般是出口商，主要行使与进口商签订的合同上的条款，履行与银行签订的委托收款的合同。

寄单行（remitting bank）：也称托收行，是委托代收款项的银行，主要是按照委托人的要求和国际惯例进行处理业务。

代收行（collecting bank）：是托收行在进口地的代理人，是根据托收行的委托书向付款人收款的银行。

付款人（drawee）：一般是进口商，主要是支付款项的人。

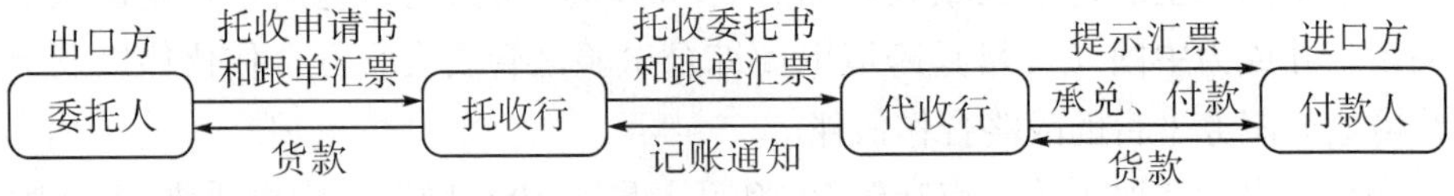

图 8-2 托收支付一般流程

这四个当事人之间的关系为：出口方与进口方是买卖业务中的债权人与债务人的关系；出口方与托收行是委托代理关系，委托书是它们之间的契约；托收行与代收行也是委托代理关系，协议是它们之间的法律文件；唯有代收行与进口方之间仅仅是银行业务关系。正因为它们间没有任何协议或法律约束性文件，所以托收就带有风险，它属于商业信用。

托收按是否附带货运单据分为光票托收和跟单托收两种。前者是指出口商仅开具汇票而不附带货运单据的托收；后者是指在出口商所开具汇票以外，附有货运单据的托收。跟单托收又可进一步分为 D/P 付款交单和 D/A 承兑交单。

①光票托收（clean collection）

光票托收指汇票不附带货运票据的一种托收方式，主要用于货款的尾数、样品费用、佣金、代垫费用、贸易从属费用、索赔以及非贸易的款项。

②跟单托收（documentary collection）

跟单托收是汇票连同商业单据向进口行收取款项的一种托收方式。有时为了避免印花税，也不开汇票，只拿商业单据委托银行代收。跟单托收又分为 1D/P 付款交单和 2D/A 承兑交单。1D/P 付款交单，指开出的汇票是即期汇票，进口商只有付完货款，才能拿到商业单据。2D/A 承兑交单是代收银行在进口商承兑远期汇票后向其交付单据的一种方式。

3. 信用证

托收使得钱货两讫，是一个进步，然而托收显然对出口商是不利的。由于托收是先发货后收款，对出口商而言，可能面临进口商由于各种原因而拒付赎单或承兑后拒绝付款的风险。在光票托收情况下，出口商可能遇到进口商拒付或延付的风险。即使是在跟单托收情况下，也会出现进口商承兑后拒付或延付的风险。这种不利使得贸易结算方式进一步演进，信用证就产生了。

信用证是开证银行（简称开证行）应开证申请人的申请签发的、在满足信用证要求的条件下、凭信用证规定的单据向受益人付款的一项书面凭证。

信用证是由开证银行以自身的信誉为卖方提供付款保证的一种书面凭证。通常，只要出口商按信用证书面规定的条件提交单据，银行就必须无条件付款，所以卖方的货款就会得到可靠的保障。而进口商则可以在付款后保证获得符合信用证条件的所有货运单据。

即期信用证方式下，进口地银行提示进口商单据已到达后，进口商即应付款并领取货运单据；若为远期信用证，则只需先办理承兑便可领取单据，到汇票到期日前再来办理付款即可。付款的流程为：

①买卖双方在贸易合同中规定使用信用证支付。

②买方通知当地银行（开证行）开立以卖方为受益人的信用证。

③开证行请求另一银行通知或保兑信用证。

④通知行通知卖方，信用证已开立。

⑤卖方收到信用证，在确保其能履行信用证规定的条件后，即装运货物。

⑥卖方将单据提交指定银行。该银行可能是开证行，或是信用证内指定的付款、承兑或议付银行。

⑦该银行按照信用证审核单据。如单据符合信用证规定，银行将按信用证规定进

行支付、承兑或议付。

⑧开证行以外的银行将单据寄送给开证行。

⑨开证行审核单据无误后，以事先约定的形式，对已按照信用证付款、承兑或议付的银行偿付。

⑩开证行在买方付款后交单，然后买方凭单取货。

8.2 跨境电商支付实训

8.2.1 信用证支付

8.2.1.1 进口商申请信用证

(1) 进入世格跨境电商实训模拟平台“My Business”的“业务履约”页面，选择进入相应的业务条目。

(2) 点击“单据中心”，添加并填写不可撤销信用证开证申请书。

(3) 在“My City”中，点击“银行”的建筑物进入。

(4) 在弹出页面中点击“申请开证”按钮，选择相应的合同。

(5) 点击“添加单据”按钮，选择单据不可撤销信用证开证申请书、合同。

(6) 点击“办理”按钮，完成申请开证。

8.2.1.2 出口商接受信用证

(1) 出口商收到通知行发来的信用证通知书到达消息。

(2) 进入“My Business”的“业务履约”页面，选择进入相应的业务条目。

(3) 点击“单据中心”，查看“信用证通知书”。

(4) 在“My City”中，点击“银行”的建筑物进入。

(5) 在弹出页面中点击“领取信用证”按钮，选择相应的合同。

(6) 点击“添加单据”按钮，选择单据信用证通知书。

(7) 点击“办理”按钮，完成领取信用证。

8.2.1.3 进口商申请修改信用证

(1) 进入“My Business”的“业务履约”页面，选择进入相应的业务条目。

(2) 点击“单据中心”，添加信用证修改申请书并填写。

(3) 在“My City”中，点击“银行”的建筑物进入。

(4) 点击“申请开证”按钮，选择相应的合同。

(5) 点击“添加单据”按钮，选择单据信用证修改申请书。

(6) 点击“办理”，完成信用证修改申请。

8.2.1.4 出口商接受信用证修改申请书

(1) 出口商收到通知行发来的信用证通知书到达消息。

(2) 进入“My Business”的“业务履约”页面，选择进入相应的业务条目。

(3) 点击“单据中心”，查看信用证修改申请书。

（4）在“My City”中，点击“银行”的建筑物进入。

（5）在弹出页面中点击“领取信用证”按钮，选择相应的合同。

（6）点击“添加单据”按钮，选择单据信用证修改申请书。

（7）点击“办理”按钮，完成信用证修改申请书。

（8）回到“单据中心”，打开“信用证修改申请书”，点“接受”完成。

8.2.2 托收支付

8.2.2.1 D/P 付款交单

D/P 付款交单方式下，进口地银行提示进口商单据已到达后，进口商即应付款并领取货运单据；若为 D/A 承兑交单，则只需先办理承兑便可领取单据，在汇票到期日前再来办理付款即可。付款的流程为：

（1）在“My City”中，点击“银行”的建筑物进入。

（2）在弹出页面中点击“付款”，选择相应的合同。

（3）点击“添加单据”按钮，选择单据“对外付款/承兑通知书”。

（4）点击“办理”按钮，完成付款。

8.2.2.2 D/A 承兑交单

承兑是指远期汇票的付款人在汇票上签名，同意按出票人指示到期付款的行为。承兑为汇票所独有。汇票的发票人和付款人之间是一种委托关系，发票人签发汇票，并不等于付款人就一定付款；持票人为确定汇票到期时能得到付款，在汇票到期前向付款人进行承兑提示。如果付款人签字承兑，那么他就对汇票的到期付款承担责任，否则持票人有权对其提起诉讼。

票据（汇票）之所以需要承兑是因为汇票是一种支付委托，即由发票人委托付款人于指定日期无条件支付一定金额给收款人或持票人。票面上虽有付款人的姓名或公司名称，但这仅是发票人单方面的记载，不是付款的承诺。因此，在付款人没有正式承诺之前，付款人对于票据所载内容不负任何责任。发票人为票据主要债务人。收款人或持票人若要确定票据所载权利，查明付款委托是否真实，以期到期取得票面的所载款项，就必须在票据到期以前得到付款人的正式承诺。付款人承诺付款以后，就成为票据的主要债务人，从而确定了收款人或持票人的权利。所以票据承兑有三个主要功能：

（1）确认债权债务关系。

（2）确定付款日期。见票后定期付款的汇票票据的到期日应从承兑日算起，因此，为确定票据到期日就需要先行承兑。

（3）减轻和明确发票人或背书人的权利。

西方国家票据法一般做这样的规定：除见票即付的即期汇票外，发票人或背书人需在汇票上做请求承兑的记载，并确定请求承兑时间。执票人若在规定时间内提请求付款人承兑或超过规定时间才提请承兑，在遭到拒绝时，发票人或背书人往往要求执票人提请承兑。如果在规定时间内付款人拒绝承兑，发票人或背书人可以早做准备。如果付款人进行了承兑，就可以减轻发票人或背书人的责任。

采用远期信用证或 D/A 承兑交单方式时，进口地银行提示进口商单据已到达后，进口商需要前往银行办理承兑业务。承兑后即可领取货运单据，办理货物进口相关手续，待汇票到期日再行付款即可。

承兑的具体流程为：

（1）确认对外付款/承兑通知书

对外付款/承兑通知书是由进口地银行于通知进口商单据到达时自动发送给进口商的。

①进口商进入“My Business”的“业务履约”页面，选择进入相应的业务条目。

②点击“单据中心”，打开“对外付款/承兑通知书”，在该通知书上勾选“同意承兑并到期付款”。

（2）承兑

①在“My City”中，点击“银行”的建筑物进入。

②在弹出页面中点击“承兑”按钮，选择相应的合同。

③点击“添加单据”按钮，选择单据“对外付款/承兑通知书”。

④点击“办理”，完成承兑。

8.2.3 汇付支付

8.2.3.1 支付定金

（1）进入“My Business”的“业务履约”页面，选择进入相应的业务条目。

（2）点击“单据中心”，添加境外汇款申请书（支付定金）并仔细填写。

（3）在“My City”中，点击“银行”的建筑物进入。

（4）在弹出页面中点击“付款”，选择相应的合同。

（5）点击“添加单据”按钮，选择单据境外汇款申请书（支付定金）。

（6）点击“办理”按钮，完成付款。

若合同中的支付条款为 T/T XX% IN ADVANCE AND XX% WITHIN 30DAYS AFTER SHIPMENT DATE，当进口商确认合同后，必须先预付一定比例货款（支付定金），进行出口商才可以订舱、申请证书，进行出口报检、投保（CIF 方式下）。

8.2.3.2 支付尾款

（1）进入“My Business”的“业务履约”页面，选择进入相应的业务条目。

（2）点击“单据中心”，添加境外汇款申请书（支付尾款）并仔细填写。

（3）在“My City”中，点击“银行”的建筑物进入。

（4）在弹出页面中点击“付款”，选择相应的合同。

（5）点击“添加单据”按钮，选择单据境外汇款申请书（支付尾款）。

（6）点击“办理”按钮，完成付款。若合同中的支付条款为 T/T XX% IN ADVANCE AND XX% WITHIN 30DAYS AFTER SHIPMENT DATE，出口商出运后，进口商必须支付完合同剩余货款（支付尾款），出口商才能邮寄货运单据。

8.2.3.3 支付全款

（1）进入“My Business”的“业务履约”页面，选择进入相应的业务条目。

（2）点击“单据中心”，添加境外汇款申请书并仔细填写。

（3）在“My City”中，点击“银行”的建筑物进入。

（4）在弹出页面中点击“付款”，选择相应的合同。

（5）点击“添加单据”按钮，选择单据境外汇款申请书。

（6）点击“办理”按钮，完成付款。

①若合同中的支付条款为 T/T 100% IN ADVANCE，根据合同约定，双方确认合同之后，进口商应立即支付货款。

②若合同中的支付条款为 T/T 100% WITHIN 30DAYS AFTER SHIPMENT DATE，根据合同约定，进口商应在货物出运后，向出口商支付全部货款。

8.3 商业发票

8.3.1 商业发票概述

商业发票（图 8-3）简称为发票，是出口贸易结算单据中最重要的单据之一，所有其他单据都应以它为中心来缮制。因此，在制单顺序上，往往首先缮制商业发票。商业发票是卖方对装运货物的全面情况（包括品质、数量、价格，有时还有包装）详细列述的一种货款价目的清单。它常常是卖方陈述、申明、证明和提示某些事宜的书面文件。此外，商业发票也是进口国确定征收进口关税的基本资料。

一般来说，发票无正副本之分。来证要求几份，制单时在此基础之上多制一份供议付行使用。如需正本，加打“ORIGIN”。不同发票的名称表示不同用途，要严格根据信用证的规定制作发票名称。一般发票都印有“INVOICE”字样，前面不加修饰语。如信用证规定用 COMMERCIAL INVOICE、SHIPPING INVOICE、TRADE INVOICE 或 INVOICE，均可作商业发票理解。信用证如规定 DETAILED INVOICE 是指详细发票，则应加打“DETAILED INVOICE”字样，而且发票内容中的货物名称、规格、数量、单价、价格条件、总值等应一一详细列出。来证如要求 CERTIFIED INVOICE 证实发票，则发票名称为“CERTIFIED INVOICE”。同时，在发票内注明“We hereby certify that the contents of invoice herein are true & correct”。当然，发票下端通常印就的“E. &. O. E.”（有错当查）应去掉。来证如要求 MANUFACTURE´S INVOICE 厂商发票，则可在发票内加注“We hereby certify that we are actual manufacturer of the goods invoice”。同时，要用人民币表示国内市场价，此价应低于出口 FOB 价。此外，又有 RECEIPT INVOICE（钱货两讫发票）、SAMPLE INVOICE（样品发票）、CONSIGNMENT INVOICE（寄售发票）等。

ISSUER AIGE IMPORT & EXPORT COMPANY ROOM 2501, JIAFA MANSION, BEIJING WEST ROAD, SHANGHAI 200001, P.R.CHINA	商业发票 COMMERCIAL INVOICE	
TO RIQING EXPORT AND IMPORT COMPANY P.O.BOX 1589, NAGOYA, JAPAN	NO. IV0000066	DATE 2016-08-29
TRANSPORT DETAILS From SHANGHAI,CHINA to NAGOYA,JAPAN on September 1, 2016 By Vessel.	S/C NO. contract01	L/C NO. 002/0000025
	TERMS OF PAYMENT L/C AT SIGHT	

Choice	Marks and Numbers	Description of goods	Quantity	Unit Price	Amount
				[FOB SHANGHAI,CHINA]	
○	CANNED LITCHIS JAPAN C/NO.1-1000 MADE IN CHINA	CANNED LITCHIS 850Gx24TINS/CTN	1000 CARTONS	JPY 1200	JPY 1200000
		Total:	[1000][CARTON]		[JPY][1200000]

SAY TOTAL: JPY ONE MILLION TWO HUNDRED THOUSAND ONLY

艾格进出口贸易公司
AIGE IMPORT & EXPORT COMPANY
AIGE ZHANG

图 8-3 商业发票样本

8.3.2 商业发票填写实训

8.3.2.1 出票人（issuer）

填写出票人（即出口商）的英文名称和地址，在信用证支付方式下，应与信用证受益人的名称和地址保持一致。

一般来说，出票人名称和地址是相对固定的，因此有许多出口商在印刷空白发票时就印刷上这一内容。但公司更名或搬迁后，应及时印刷新的发票，以免造成单证不符。当来证规定用公司新名称、地址时，采用新发票；而当来证规定用公司旧名称、地址时，应用旧发票。

8.3.2.2 受票人（to）

受票人也称抬头人，此项必须与信用证中所规定的严格一致。多数情况下填写进口商的名称和地址，且应与信用证开证申请人的名称和地址一致。如信用证无规定，即将信用证的申请人或收货人的名称、地址填入此项。如信用证中无申请人名字，则用汇票付款人。在其他支付方式下，可以按合同规定列入买方名址。

8.3.2.3 **发票号**（No.）

发票号一般由出口企业自行编制。发票号码可以代表整套单据的号码，如出口报关单的申报单位编号、汇票的号码、托运单的号码、箱单及其他一系列同笔合同项下的单据编号都可用发票号码代替，因此发票号码尤其重要。有时，有些地区为使结汇不致混乱，也使用银行编制的统一编号。应注意的是，每一张发票的号码应与同一批货物的出口报关单的号码一致。

8.3.2.4 **发票日期**（date）

在全套单据中，发票是签发日最早的单据。发票日期只要不早于合同的签订日期、不迟于提单的签发日期即可，一般都是在信用证开证日期之后、信用证有效期之前。日期格式参照合同日期。

8.3.2.5 **运输说明**（transport details）

填写运输工具或运输方式，一般还要加上运输工具的名称；运输航线要严格与信用证一致。如果在中途转运，在信用证允许的条件下，应表示转运及其地点。

例如：From Shanghai to Liverpool on July 1, 2016 By Vessel.（所有货物于 2016 年 7 月 1 日通过海运从上海港运往利物浦港。）

8.3.2.6 **合同号**（S/C No.）

发票的出具都有买卖合同作为依据，但买卖合同不都以"S/C"为名称。有时出现 order、P.O.、contract 等。因此，当合同的名称不是"S/C"时，应将本项的名称修改后，再填写该合同的号码。

8.3.2.7 **信用证号**（L/C No.）

信用证方式下的发票需填列信用证号码，作为出具该发票的依据。若不是信用证方式付款，本项留空。

8.3.2.8 **支付条款**（term of payment）

填写合同支付方式和期限，格式为："支付方式+期限"。

例如：

T/T 30% in advance and 70% within 30days after shipment date

L/C at sight

D/P at sight

D/A at 30 days after sight

8.3.2.9 **唛头及件数编号**（marks and numbers）

此栏参照合同中的 Shipping Mark 填写。唛头即运输标志，它既要与实际货物一致，还应与提单一致，并符合信用证的规定。如信用证没有规定，可按买卖双方和厂商定的方案或由受益人自定。无唛头时，应注明"N/M"或"No Mark"。如为裸装货，则注明"NAKED"或散装"In Bulk"。如来证规定唛头文字过长，用"/"将独立意思的文字彼此隔开，可以向下错行。即使无线相隔，也可酌情错开。

件数有两种表示方法，一是直接写出××件，二是在发票中记载诸如"We hereby declare that the number of shipping marks on each packages is 1~10, but we actually shipped 10 cases of goods."（兹申明，每件货物的唛头号码是从 1~10，实际装运货物为 10 箱。）

之类的文句。

8. 3. 2. 10 **货物描述**（description of goods）

这是发票的主要部分，此栏应详细填明各项商品的英文名称及规格。品名、规格应该严格按照信用证的规定或描述填写。货物的数量应该与实际装运货物相符，同时符合信用证的要求。如信用证没有详细的规定，必要时可以按照合同注明货物数量，但不能与来证内容有抵触。在世格跨境电商实训模拟平台中，商业发票的货物描述应与合同中的品名条款相一致。此处填写商品“英文名称+英文描述”两部分。请在“My City”中的“国内工厂”里查找商品详细资料。

例如：

CANNED SWEET CORN

3 060Gx6TINS/CTN

8. 3. 2. 11 **数量**（quantity）

货物的销售数量与计量单位连用，如 500PCS（注意单位的单复数）。注意该数量和计量单位既要与实际装运货物情况一致，又要与信用证要求一致。

8. 3. 2. 12 **单价**（unit price）

单价由四个部分组成：计价货币、计量单位、单价数额和价格术语。如果信用证有规定，应与信用证保持一致；若信用证没规定，则应与合同保持一致。

本栏的填写方法与合同中的相关内容相同，说明如下：

1. 贸易术语

填于上方空白栏中，填写格式为：“贸易术语+港口名，国家”，其中 FOB、FCA 后加“启运港名称，国家”中，CFR、CIF、CPT、CIP 后加“目的港名称，国家”，例如 CPT HAMBURG、GERMANY。

2. 计价货币与单价金额

依合同约定填写。

（1）金额小计（amount）

列明币种及各项商品总金额（总金额=单价×数量）。除非信用证上另有规定，货物总值不能超过信用证金额。若信用证没规定，则应与合同保持一致。

实际制单时，若来证要求在发票中扣除佣金，则必须扣除。折扣与佣金的处理方法相同。有时证内无扣除佣金规定，但金额正好是减佣后的金额，发票应显示减佣，否则发票金额超证。有时合同规定佣金，但来证金额内未扣除，而且证内也未提及佣金事宜，则发票不宜显示，待货款收回后另行汇给买方。另外，在 CFR 和 CIF 价格条件下，佣金一般应按扣除运费和保险费之后的 FOB 价计算。

（2）货物总计（total）

在货物总计分别填入所有货物累计的总数量和总金额（包括相应的计量单位与币种）。

注意：一笔合同中可以同时交易同一商品属类的多种商品，如果这些商品的销售单位不同，合计中单位栏应填“packages”。货物总计填写说明如图 8-4 所示。

Choice	Marks and Numbers	Description of goods	Quantity	Unit Price	Amount
				[CIF SANTIAGOS,CUBA]	
○	M/N	MEN'S PYJAMAS 20SETS PER CARTON, COLOR: HEALTHER GREY, FABRIC CONTENT: 100% COTTON	1000 SETS	USD9.5	USD 9500
○	M/N	MEN'S T-SHIRT 20PCS PER CARTON, COLOR: NAVY BLUE, FABRIC CONTENT: 100% COTTON	1000 PCS	USD6.2	USD 6200
				[添 加][修 改][删 除]	
		Total: [2000	packages]		[USD][15700]

图 8-4　货物总计填写说明

（3）总金额（say total）

以大写文字写明发票总金额，必须与数字表示的货物总金额一致。

例如：USD EIGHTY NINE THOUSAND SIX HUNDRED ONLY。

8.3.2.13　备注（special terms）

位于 SAY TOTAL 下方的空白处。在相当多的信用证中，都有要求在发票中证明某些事项的条款，譬如证明发票内容正确、真实，货物产地等，均应照信用证要求办理。

第 9 章 跨境电商交易风险

9.1 跨境电商法律法规风险

9.1.1 国际跨境电商法律法规概述

随着信息化技术的发展，跨境电商改变了传统的生活和贸易方式，在促进贸易活动便捷化的同时，又面临多地区经济主体之间交易的复杂性和多样性。因此为了规范国内外跨境电商的运营，国际组织出台了跨境电商相关的法律法规。跨境电商立法的范围主要包含以下几个方面：税收和关税、电子支付、网上交易；知识产权、个人隐私、安全性、保密性；互联网信息通信基础设施、技术标准、劳务相关问题。

主要国际组织关于跨境电商的重要法案有《全球关于电子商务宣言》（WTO）、《OECD 电子商务行动计划》（国际经合组织）、《电子签名统一规则》（联合国）。除国际组织统一出台的法律法规外，一些联盟国家为保障和促进联盟内部电商的发展，建立清晰的概括性法律框架，协调统一市场内部的电商法律法规问题，也会出台跨境电商法案。以欧盟为例，针对跨境电商贸易，欧盟出台了《关于内部市场与电子商务有关的若干法律总指令建议案》《关于欧盟范围内建立有关电子签名共同法律框架的指令》《关于远程合同订立过程中对消费者保护的指令》等重要法案，这些法律法规都是在贸易过程中跨境电商从业者或者企业等从业主体需要充分考虑的交易风险因素之一。

9.1.2 我国跨境电商法律法规概述

9.1.2.1 相关重要法律法规

完善的法律体系是跨境电商信用体系的有力保障，通过规范营商环境，建立失信惩罚机制，使政府、电商企业、消费者、中介服务机构等都能依法办事。我国跨境电商立法的出发点有两个：一是规范电商交易环境，树立消费者、企业对电商的信任；

二是加强进出口监管，使跨境电商贸易活动合理合法进行。我国适用的跨境电商贸易、商务、运输方面的法律法规有：

《联合国国际货物销售合同公约》——规范对外贸易主体、贸易规范、贸易监管的一般性法律。

《中华人民共和国对外贸易法》《中华人民共和国产品质量法》《中华人民共和国消费者权益保护法》——跨境电商商品质量和消费者权益保障方面的法律法规。

《中华人民共和国海商法》《中华人民共和国民用航空法》《中华人民共和国货物运输代理业管理规定》——跨境电商运输方面的法律法规。

9.1.2.2 海关监管政策

海关作为跨境电商的监管链条的关键环节，在跨境电商监管政策法规制定上有着较高的权力。2012 年以来，海关总署秉持“包容、审慎、创新、协同”的监管理念，通过出台多项举措来保障跨境电商的快速发展。目前海关已经打造了全国统一的监管信息化平台，开展交易、支付（收款）、物流“三单比对”，创新直购进口、一般出口、网购保税进口、特殊区域出口、B2B 出口等监管模式，实施清单申报核放、出口简化申报、创新出口退货监管等便利化监管措施，实现全程信息化监管。

从海关监管角度来看，跨境电商主要分为 B2C 零售进出口以及 B2B 出口两大类。针对 B2C 零售进出口有 9610 和 1210 两种监管模式，9610 适用于一般出口和直购进口，1210 适用于特殊区域出口和网购保税进口。而针对 B2B 出口则有 9710 和 9810 监管模式。9710 适用于直接出口，9810 适用于通过海外仓出口。相关重要文件主要有：《中华人民共和国海关法》《中华人民共和国海关企业分类管理办法》《关于跨境电子商务零售进出口商品有关监管事宜的公告》。海关对进出口监管模式的区别如表 9-1、表 9-2 所示。

表 9-1 进口模式监管对比

比较项目	直购进口（9610）	网购保税进口（1210）
实施范围	没有实施城市的限制，需要在符合海关规范要求的监管作业场所（场地）进行	所有自贸试验区、跨境电商综合试验区、进口贸易促进创新示范区、保税物流中心（B 型）所在城市（及地区）及海南全岛的区域（中心）
进口要求	按个人自用进境物品监管，不执行有关商品首次进口许可批件、注册或备案要求	
正面清单	按照正面清单及备注列明适用范围管理，备注栏提示“仅限网购保税商品”的不适用	按照正面清单管理
物流方式	商品在国外打包，通过国际物流运输至国内海关监管作业场所。按照小包逐个向海关申报，海关放行后派送至消费者	以国际物流方式批量运至区域（中心），海关实施账册管理，待国内消费者下单后，再派送至消费者

表 9-2 出口模式监管对比

比较项目	一般出口(9610)	特殊区域包裹零售出口(1210)	特殊区域出口海外仓零售出(1210)	跨境电商 B2B 直接出口(9710)	跨境电商出口海外仓(9810)
交易性质	B2C			B2B	
适用范围	没有实施城市的限制，需要在符合海关规范要求的监管作业场所（场地）进行	海关特殊监管区域或保税监管场所	国内所有综合保税区和跨境电商综合试验区的特殊区域	全国海关	
申报模式	申报清单		报关单或备案清单	报关单或清单（单票低于 5 000 元人民币且不涉证、不涉检、不涉税的货物，可报送申报清单）	
优势	跨境电商合综试验区出口可采取 4 位 HS 编码简化申报，可“清单申报、汇总统计”	享受入区即退税政策		优先安排查验，系统实时验放：积极响应跨境电商企业批量出口需求，降低出口成本。跨境电商综合试验区不涉及出口退税的，可按照 6 位 HS 编码简化申报。	

9.1.2.3 税收监管政策法规

跨境电商在税收上与普通贸易趋同，这在一定程度上可能会加剧灰色清关，而海关也将在这个领域开展更严厉的执法。近年来，政府部门高度关注跨境电商市场的发展。2013 年 8 月 21 日，商务部等部门联合颁发《关于实施支持跨境电子商务零售出口有关政策的意见》，其中第六条要求财政部和税务总局制定相应的支持跨境贸易电发展的税收政策。自 2014 年 3 月 15 日起施行的《网络交易管理办法》，该法第七条规定对从事网络交易和服务的也应当办理工商登记。

相关重要文件有《中华人民共和国进出口关税条例》《中华人民共和国进出口税则》《税务登记受理办法》《网络发票管理办法》。

针对跨境电商零售出口税收监管主要有《关于实施支持跨境电子商务零售出口有关政策的意见》《关于跨境电子商务零售出口税收政策的通知》《关于外贸综合服务企业出口货物退（免）税有关问题的公告》。针对跨境电商进口税收的监管主要有《关于跨境电子商务零售进口税收政策的通知》。

9.1.2.4 跨境电商的金融监管政策法规

跨境支付包括跨境第三方支付和跨境人民币支付两种。前者是根据 2013 年 3 月外管局下发的《支付机构跨境电子商务外汇支付业务试点指导意见》，消费者用本国货币在境外网站下单，通过试点的支付机构转化成外币付给境外商家。后者主要依据是央行《关于金融支持中国（上海）自由贸易试验区建设的意见》和央行上海总部《关于上海市支付机构开展跨境人民币支付业务的实施意见》。这种支付的特点是以人民币结算，省去币种兑换，缩短了支付周期（T+3 日内），也避免了汇差损失。《国际贷记划拨示范法》《互联网信息服务管理办法》《关于网上交易的指导意见》《网络商品交易及有关服务行为管理暂行办法》《第三方电子商务交易平台服务规范》等规范了跨境电商支付结算的相关规定，《非金融机构支付服务管理办法》对第三方支付行业进行了法律规范。

9.1.2.5 检验检疫法规

保税区的检验检疫主要是依据“四法三条例”以及《进出境邮寄物检疫管理办法》等部门规章。保税区的检验目前只需适用符合性检测标准，即按照当地的生产标准、国际互认标准，在实际操作中也比较灵活。

9.1.2.6 信息使用与大数据

信息搜集和使用方面主要依据《中华人民共和国消费者权益保护法》第二十九条规定的合法、正当、必要三原则。在跨境电商场景下，境内关于消费者保护的一些规定比如七天无理由退货很难实现，影响消费者的购物体验，所以境外品牌商在做跨境电商时也在尽可能参照国内商家对消费者的服务标准来保护消费者权益。要注意的问题是，按照现行的规定，消费者享受行邮税购买的货物被退回是无法再次销售的，否则涉嫌走私。

9.1.2.7 外资准入

根据商务部2015年最新修订的《外商投资产业指导目录》和工信部最新发布的《关于放开在线数据处理与交易处理业务（经营类电子商务）外资股比限制的通告》，说明外资进入跨境电商领域已然放开。

9.1.3 部分国家跨境电商法律法规监管部门

9.1.3.1 美国

美国海关和边境保护局（CBP）是最重要的执法机构，主要负责商品安全、食品健康及知识产权侵权等方面的监管。美国建立了官方出口促进会，与商务部一起负责组织展览会并向国内的公司提供有关出口指导和支持，同时美国和相关贸易国家签订了一系列互惠协议。

9.1.3.2 俄罗斯

俄罗斯经济发展部、工业与贸易部主要负责制定对外贸易的政策和管理对外贸易，签发进出口许可证，制定出口检验制度，管理进出口外汇业务，审批对外贸易协定或公约等。俄罗斯海关总署负责执行政府对外贸易管理政策，办理关税和报关等业务。

9.1.3.3 巴西

在跨境贸易关税方面，巴西是南方共同体市场（MERCOSUL）的成员。MERCOSUL组织由乌拉圭、巴西、阿根廷和巴拉圭组成，自2006年起开始执行包括全部产品的共同对外关税（CET）。共同对外关税在零关税到35%的从价税之间浮动，特定国家的几种有限的产品除外。在南方共同体内部，除了糖、汽车及其零部件之外，均可免税流通。

9.1.3.4 韩国

韩国的宪法是政治和经济的基本法，从宏观上调整和指导对外贸易政策法律的制定。韩国关税制度的基本法律是《关税法》，该法规定了关税的种类和税率，并规定了关税调整的负责机构。韩国财政与经济部是关税政策的制定机构，关税厅及下属机构是关税法的执行机构。

9.1.3.5 日本

日本在跨境贸易方面制定了一系列的法律法规，包括《外汇及对外贸易管理法》《进出口交易法》《贸易保险法》和《日本贸易振兴会法》等。根据有关进出口的法律，日本政府还颁布了《输入贸易管理令》和《输出贸易管理令》，日本经济产业省则颁布了具体的《输入贸易管理规则》和《输出贸易管理规则》。

9.1.3.6 新加坡

新加坡没有基本的贸易法规，其对外贸易政策通过专项法令和条例进行规范实施，关税、贸易禁令等单个贸易政策问题分别由专门的立法机关研究处理。对外贸易主要涉及的法律包括《进出口贸易规则法令》和《自由贸易区法令》。

9.2 跨境电商贸易术语风险

9.2.1 贸易术语概述

贸易术语是在长期的国际贸易实践中产生的，用来表明商品的价格构成，说明货物交接过程中有关风险、责任和费用划分问题的专门用语。其使用目的是在跨境电商贸易中解决货物的价格构成和交货条件。

国际贸易术语的作用主要体现在简化交易手续，缩短洽谈实践，节约费用开支，明确双方的法律责任，提高国际贸易效益。

贸易术语的规范主要解决价格构成和交货条件两个方面的问题。选择何种货币计价和结算是产生外汇风险的开始，应在选择货币时就尽量避免产生外汇风险。

9.2.1.1 避免外汇风险的方法

1. 选择适当的货币进行交易

①争取以本币作为结算货币。

②进口选择软货币，出口选择硬货币。理论上进口选择软货币，出口选择硬货币，经营者可以从中获利。但应注意的是，货币的软硬是相对而言的，且有一定的时间性。在某一时期是软货币的，过一段时间可能会变成硬货币。这种变化是难以预料的，因此，经营者在正确选择了货币之后还应在有利时机通过金融交易将汇率固定下来，才能达到最终避免外汇风险的目的。

③如果出口时使用了软货币，应相应提高报价；进口时使用硬货币，应相应压价。

④进口选择高利率货币，出口选择低利率货币。

⑤以多种外币软硬搭配报价。

2. 通过金融交易进行保值

金融交易是指通过银行做外汇买卖，以减少外汇变动所带来的风险。目前银行为进出口商提供的用于保值的外汇交易主要有即期、远期和期权交易。

3. 通过业务分散化来减少汇率风险

经营者可通过业务分散化，如在扩大出口业务的同时兼营进口业务、分散进出口国别和地区、增加高附加值产品出口以及资产和负债货币币种分散化等措施来减少汇率变动的风险。

4. 通过支付时间的“提前错后”减少汇率风险

在进口业务操作中，如企业预计外币对本币汇率将上升，则应设法加速支付货款。这样在外币正式升值前，企业就可以以较少的本币换成外币支付货款，这就叫“提前”。在出口业务操作中，如一出口商预计本币的汇率将上升，就设法将收款期限延长，以承兑交单（D/A）或远期信用证方式代替原先的付款交单（D/P）或即期信用证方式办理出口。这样，待外汇汇率正式上升时，企业按新的汇价结算，每一单位外币就可换算到比原先多的本币，这就是所谓的“错后”。

除此之外，还有不少减少外汇风险的方法，如订立黄金保值条款、特别提款权保值条款等。

9.2.1.2 不同贸易术语下运输方式产生的风险

在国际货运中不管是直接选择国际货运公司还是选择国际货运代理组织或国际物流，为了保证国际货运时效、成本及安全，必须正确选择国际货运运输方式。国际货运中对运输方式的选择主要从以下几个方面考虑：

（1）国际货运运输成本。这是国际物流在运输方式选择上的首要考虑因素，其原因是如果运距太长，运费负担会较重。据统计，在外贸的价格中，物流费有时可占出品货价的30%~70%，对于煤炭、矿石等低价值货物，这一比例或许更高。

（2）国际货运速度。国际货运速度也很重要。这主要有两个原因：一个是运距长，需时日较多，资金占用时间长，加快速度有利于解放占用的资金；另一个是速度慢会错过好的价值而使经济效益下降。在各种物流形式中，航空货运有不容争议的高速度。在洲际运输中，用大陆桥运输取代海运，会获得提高物流速度的显著效果。

（3）国际货运中货物的特点及性质。货物的特点及性质有时对物流方式选择起决定作用。经常是由于国际物流方式的限制，有些货物无法进入国际物流而失去了市场时机。一般来说，各种包装杂货可以选择各种物流方式，而诸如水泥、石油、沥青、危险品等，选择范围则较窄。在国际货运中，选择汽车或飞机运输水泥显然是不恰当的。

（4）国际货运货物数量。因为国际物流距离往往超出了汽车等运输工具的经济里程，大数量货物也不可能选择航空运输，所以在运输方式选择上会受到限制。

（5）国际货运物流基础设施条件。由于国家之间发展的不平衡，在一个国家可以选择的物流方式，到另一个国家可能因为缺乏采用这种方式的必要基础设施而不能采用。在选择时，如不考虑这个问题，是无法形成有效的物流系统的。

（6）货物特点。海运时间长、费用低，体积或重量较大、价值较低的货物，比较适合采用海运；而相对的，体积或重量较小、价值较高的货物，则可以考虑采用空运。虽然空运的运费较高，但运输时间也短，可以更高效率地完成业务赚取利润。

跨境电商首先需要目的地的国内配送，有很多物流实体。这个过程本身就有风险。

进入海关时，由于货物的自由流动受到国界的限制，也面临风险。此外，还有自然环境的影响。如果发生洪水、台风、地震等自然灾害，交通将受到影响。

9.2.1.3 **贸易术语的分类**

《国际贸易术语解释通则》（International Rules for the Interpretation of Trade Terms，INCOTERMS）是由国际商会制定的国际贸易的基础性国际通行规则。通则中的贸易术语主要分为E组贸易术语、F组贸易术语、C组贸易术语、D组贸易术语

1. E组术语

EXW（在工厂交货）指当卖方在其所在地或产地将货物交给买方处置时，即完成交货。卖方不办理出口清关手续或将货物装上任何运输工具。通常指内陆交货，按合同规定的时间、地点把合同中规定的货物交付。

2. F组术语

FCA（货交承运人）指卖方只要将货物在指定的地点交给买方指定的承运人，并办理了出口清关手续，即完成交货。交货地点的选择对于在该地点装货和卸货的义务会产生影响。若卖方在其所在地交货，则卖方应负责装货；若卖方在任何其他地点交货，卖方不负责卸货。

FAS（装运港船边交货）指卖方在指定的装运港将货物交到船边，即完成交货。买方必须承担卖方交货后货物灭失或损坏的一切风险。

FOB（装运港船上交货）指当货物在指定的装运港越过船舷，卖方即完成交货。这意味着买方必须从该点起承担货物灭失或损坏的一切风险。

3. C组术语

CFR（成本加运费）指在装运港货物越过船舷卖方即完成交货。卖方必须支付将货物运至指定的目的港所需的运费和费用。但交货后货物灭失或损坏的风险，以及由各种事件造成的任何额外费用，由卖方转移到买方。

CIF（成本加保险费加运费）指在装运港当货物越过船舷时卖方即完成交货。卖方必须支付将货物运至目的港所需的运费和费用，但交货后货物灭失或损坏的风险及由各种事件造成的任何额外费用由卖方转移到买方。但是在CIF条件下，卖方还必须办理补偿买方货物在运输途中灭失或损坏风险的海运保险。

CPT（运费付至指定目的地）指卖方向其指定的承运人交货，卖方还必须支付将货物运至目的地的运费。由买方承担货交承运人后的一切风险和其他费用。承运人指在运输合同中承诺通过铁路、公路、空运、海运、内河运输或上述运输的联合方式履行运输或由他人履行运输的任何人。如果还使用接运的，承运人将货物运至约定的目的地，则风险自货物交给第一承运人时转移。要注意Carriage与Frieight的区别。Frieight指水上运输的运费，通常指用船来运，从港到港。Carriage是所有运费的统称，指各种运输方式下的运输。

CIP（运费保险费付至指定目的地）指卖方向其指定的承运人交货，卖方还必须支付将货物运至目的地的运费，即买方承担卖方交货之后的一切风险和额外费用。按照CIP术语，卖方还必须办理买方货物在运输途中灭失或损坏风险的保险。因此，由卖方订立保险合同并支付保险费。CIF和CIP中的Insurance是不一样的，CIF中指的是水上

运输保险，CIP 中的指的是全程货运保险。

4. D 组术语

DAF（边境交货）指当卖方在边境的指定地点和具体交货点，在毗邻国家海关边界前，将仍处于交货的运输工具上尚未卸下的货物交给买方处置，办妥货物出口清关手续但尚未办理进口清关手续时，即完成交货。注意：如果双方在定约时未能就具体的交货地点做出明确规定，卖方有权自行选择最适宜的边境地点作为交货地点。但如果该地点是位于进口国的港口，建议当事人采用 DES 或 DEQ。

DES（目的港船上交货）指在指定的目的港，货物在船上交给买方处置，但不办理货物进口清关手续，卖方即完成交货。卖方必须承担货物运至指定的目的港卸货前的一切风险和费用。如果当事人各方希望卖方负担卸货的风险和费用，则应使用 DEQ 术语。

DEQ（码头交货）指卖方在指定的目的港码头将货物交给买方处置，不办理进口清关手续，即完成交货。卖方应承担将货物运至指定的目的港并卸至码头的一切风险和费用。该术语要求买方办理进口清关手续并在进口时支付一切办理海关手续的费用、关税、税款和其他费用。

DDU（未完税交货）指卖方在指定的目的地将货物交给买方处置，不办理进口手续，也不必从交货的运输工具上将货物卸下，即完成交货。卖方应承担将货物运至指定的目的地的一切风险和费用，不包括在需要办理海关手续时在目的地国进口应交纳的任何税费。

DDP（完税后交货）指卖方在指定的目的地，办理完进口清关手续，将在交货运输工具上尚未卸下的货物交于买方，即完成交货义务。卖方必须承担将货物运至目的地的一切风险和费用，包括在需要办理海关手续时在目的地应交纳的任何进口税费。

9.2.2 贸易术语选择与风险

在跨境电商贸易中，可供买卖双方选用的国际贸易术语有很多。由于各种贸易术语都有其特定的含义，贸易术语不同，买卖双方所承担的责任、义务、风险也不同。贸易术语选择正确与否直接关系到买卖双方的经济利益，因此，它是双方都十分重视的问题之一。

在我国的对外贸易中，选用贸易术语时，一般要综合考虑以下几个因素：

1. 必须体现我国的对外政策

必须按照平等互利的原则，在双方自愿的基础上选择贸易术语。要选择双方熟悉的、对买卖双方都较为便利的贸易术语。如 FOB、CIF、CFR 3 种价格术语，已经成为各国商人经常使用的贸易术语。双方风险的划分是以装运港的船舷为界，这有利于双方履行合同。

2. 应考虑本国保险业和运输业的情况

出口时争取使用 CIF 术语，这将有利于促进我国保险业和运输业的发展，也有助于出口方做好船货衔接，按时履行合同。

3. 必须考虑国外港口装卸条件和港口惯例

各国港口装卸条件不同，装卸费和运费水平也不一样，并且某些港口还有一些习惯做法，交易中往往难以把握。如果进口时国外装运港的条件较差，费用较高，则力争采用 CIF 或 CFR 术语，或者用 FOB Stowed 或 FOB Trimmed。出口时，如果目的港条件较差，费用较高，应力争用 FOB 术语成交；如果必须使用 CIF 或 CFR 术语，则应选用其变形 CIF Exship's hold 或 CFR Exship's hold。

4. 应选择适合使用的运输方式

按照贸易术语的国际惯例，每种贸易术语都有其适用的运输方式。FOB、CFR 和 CIF 术语只适用于海洋运输和内河运输，而不适用于航空、铁路和公路运输。如果合同规定用空运、铁路或公路运送货物，则应选用 FCA、CPT 或 CIP 术语。在出口时，如果货物是以集装箱运输或多式联运方式运输的，不采用 FCA、CPT 和 CIP 术语而仍使用 FOB、CFR 或 CIF，则会存在将卖方的风险从货交承运人延伸到装运港、越过船舷的缺点。

5. 应考虑海上风险程度

在国际贸易中，出口方一般都不愿意用目的地交货类的贸易术语，如 DDU、DDP、DES、DEQ；进口方一般不愿意用出口国内陆交货的贸易术语，如 EXW。这主要是由于对国外情况不了解，谁都不愿意冒此风险。

6. 应考虑资金的融通和周转因素

如果以远期信用证或托收远期方式支付，则采用 CIF 或 CFR 条件对买方有利，因为这两种贸易术语的运费和保险费由卖方承担。卖方支出这两笔费用后，买方的付款却是远期的，因而买方得到了资金融通。如果采用即期信用证或托收即期支付，在运费、保险费所占成本比较大时，选择 FOB 对买方是有利的。因为在 FOB 术语下，一般是运费到付，买方可以减少开证金额和费用。此外，在出口时，卖方采用 CIF 或 CFR 术语可以及时装运，加速收汇；而如果采用 FOB 方式，买方船舶延期到达，将影响卖方获取提单的时间，从而影响卖方的资金周转。

7. 应考虑有利于安全收汇或安全收货的因素

在贸易术语的选用方面，涉及保障出口收汇和进口收货问题。在出口业务中，一般要求采用 CIF 术语而不是 FOB 术语，是有安全方面的考虑的。如果采用 FOB 术语，买方租船订舱有可能与承运人勾结，越过向银行赎单的正常渠道，承运人无单提货，随后采用破产的手段，骗取货物。同样，在进口业务中，一般要求采用 FOB 术语而不是 CIF 或 CFR 术语，也是有意义的。在 CIF 或 CFR 术语下，因为由国外卖方租船或订舱，如果国外卖方所安排的船只不当，或与承运人勾结出具假提单，将使进口方收不到货。

8. 应按实际需要灵活选择贸易术语

当国外买方在向我国购买大宗商品时，为了可以在运费和保险费上得到优惠，而要求自行租船装运货物和办理投保，适当地，出口企业也可以采用 FOB 术语。有些国家为了扶持本国保险业的发展，规定其进口贸易必须在本国投保，在此情况下，可以同意使用 FOB 术语以示合作。在进口业务中，如果进口的货物数量不多，也可采用 CIF 术语成交。

9.3 跨境电商交易的外部风险

9.3.1 政治环境与平台风险

9.3.1.1 政治环境风险

跨境电商业务中的政治风险是外国投资者因东道国或国际政治事件而遭受贸易损失的可能性。政治风险依程度轻重不同使跨境电商经营活动受到限制，支付、物流都可能会受到影响，会导致合同遭到片面修改与违约。

伴随着经贸摩擦、逆全球化、贸易保护主义等问题，国际政治环境存在诸多不稳定因素，不利于跨境电商贸易的健康发展。新冠肺炎疫情暴发后，为遏制病毒传播，各国（地区）对物流、贸易都采取了更严格的出入境管制措施和卫生检疫流程，通关审核要求提高。出入境管制增加了商品运输难度，严格的卫生检疫流程延长了通关时间，通关效率降低，运输成本、违约风险增加。建议企业关注相关国家（地区）政治、政策环境变化等风险因素，及时做出应变调整。

9.3.1.2 平台风险

（1）平台合规风险。一方面，平台合规风险可能涉及法律、财务、商业信誉、经营能力等多方面。企业不遵守平台运行规则可能导致警告、罚款、产品扣押、禁售、封号等多方面处罚，影响企业盈利、投资信心与正常运营。另一方面，也存在某些平台滥用市场支配地位，对跨境电商企业随意警告或封号，企业无处申诉的情况。如一些平台规定跨境电商 IP 地址不可随意变动，所以选择办公地点一定要格外注意，要选择可以长久使用的办公地点，避免遭遇不必要的制裁。因此，跨境电商企业应该充分了解平台准入规则并积极进行合规自查，建立合规体系。如企业的合法权益受到平台或其他方侵害，应通过合法途径，采用聘请法律专家、求助行业协会和专业组织等方式充分维护自身权益。

（2）平台信息风险。外贸企业开展跨境电商 B2B 出口，需要在跨境平台上公布企业的基本资料和供货信息，以便和进口方进行交易磋商和签约。但是，线上信息的真实性和可靠性有限，尤其是有关进口企业信用、资金变化情况的信息不足，会造成出口企业对国外买方的履约能力做出错误评估，造成较大风险。比如，进出口双方企业在跨境交易合同签订之后，进口方可能因为某些重大决策失误等特殊情况导致支付能力丧失，没有能力按照合同规定的方式和时间及时、足额付款。而出口企业并不能及时从平台获取买方资信下降或者支付能力不足的信息，可能已经依据平台前期的信息对进口方发货，则出口企业将会面临发货后收不回货款的风险。此外，跨境平台对企业重要信息的披露可能会给外贸出口企业带来不必要的麻烦和风险。比如，跨境 B2B 平台上公开的企业联络方式可能会导致企业受到一些骚扰，更严重的是，可能有一些不法分子会利用企业的信息冒名顶替进行出口以骗取货款，使出口企业遭受较大损失。

（3）平台倒闭风险。2017 年，唯品会投资的东南亚跨境电商平台 Ensogo 因融资中断，平台不得已下架整顿，但交易未完成的订单仍然可以继续直到交易完成。步步高旗下的 B2C 跨境电商进口平台云猴全球购是只专注跨境进口的平台，但面对流量成本、运营成本、监管成本越来越高的情况，该平台试图依靠进口平台实现在跨境电商领域单点突破的想法难以继续，于 2017 年被关停。新加坡跨境电商平台 ezbuy 是海外代购平台，买手在淘宝上代购中国商品，然后转手卖到新加坡，不赚差价，只赚佣金和运费。“双十一”和“双十二”期间，ezbuy 在淘宝上的 1.5 万个买手账号被阿里巴巴当作黄牛封禁，供应链断裂，导致平台面临倒闭风险。这个案例也说明现在很多跨境电商都是无货源模式，本身不生产，一旦供应链断裂，即陷入绝境。这也说明跨境电商卖方们要找实力雄厚的厂家，保证供货的稳定性和持续性。而产品的品质以及供货的稳定性要求供应商有持续的新品研发能力，保证交易的过程中不会出现断货的现象。对跨境电商卖方来说，只有持续地供货才会避免因为缺货被顾客投诉，从而提升店铺的价值，避免因平台倒闭陷入风险。

9.3.2 知识产权侵权与产品质量风险

9.3.2.1 知识产权侵权风险

跨境电商的全球性发展势头与知识产权保护的地域性特征之间存在先天性矛盾。B2C 模式下，跨境电商经营者即使在本国享有合法知识产权，在海外的知识产权利益也难以确保受到充分保护，甚至在海外平台可能面临产品下架等经营和诉讼风险。

（1）专利侵权（patent infringement），专利包括外观设计专利、实用专利、发明专利三个类型。

（2）版权侵权（copyright infringement），一般涉及一些经典形象的版权侵权（这些一般是机器人检测）和盗用他人的图片。

（3）商标侵权（trademark infringement），主要是商品或服务的标志侵权。

国外法律对品牌保护极为严格，不可以出现侵权产品，否则会面临非常严厉的处罚，最常见的就是强制关店。建议企业提高知识产权保护意识，高度自律，在确实存在侵权行为的情况下，应及时下架侵权商品，通过协商取得专利、商标或版权使用许可等方式和指控方进行和解，建立和发展自主品牌。

9.3.2.2 产品质量风险

该类风险集中体现为产品出口后被投诉发生安全事故或产品质量不达标。这可能使企业面临产品停止销售、行政处罚、产品召回乃至集体诉讼的风险。建议企业展开前端调查，核实相关投诉或索赔的事实依据、诉求和事件所处阶段，并在企业内部排查产品相关情况，客观评估涉案产品存在的质量或合规问题，结合对外签署的合同和已购买保险的情况预判整体风险，并适时增购产品责任险。

9.3.3 货款结算风险

此类风险表现为终端消费者无法按时结清货款造成合同违约、跨境物流生态化水平低导致订单无法完成、进口方信用不良等。

9.3.3.1 汇付方式下的结算风险

1. 全款前 T/T 风险

只要出口商确保货款到自己账户之前没有开展任何生产或备货行为，那么出口商基本上不存在任何风险。出口商必须注意的是货款到账和货款已汇出的概念区别：由于国际汇款通常需要几天到十几天不等的转移时间，所以进口商经常以钱已汇出作为理由要求出口商发货，出口商可能面临货款未到账的情况下发货导致的财物两空。另一种情况是进口方待出口商发货后，尽管无法轻易得到货物，但因为没有任何预先支出，很有可能在出口商发货后要求降价，会导致出口商非常被动，不但损失货物的一部分价格，还要面临是否自担运费拉回货物的选择。因此，通常出口商可以投保出口信用保险来防范风险。同时，这种付款方式对进口商也会造成付款后无法收到货物的风险，一般进口商不会轻易选择这种付款方式以规避可能的风险。

2. 预付款+余款支付方式的风险

这种付款方式属于部分前 T/T+部分后 T/T，风险在两个时间点做了转移：买方付了预付款后，承担所有风险；当卖方生产货物并装运但还未寄出提单时，风险由双方承担，承担比例看预付款与卖方货值的比较；卖方寄出提单，风险几乎全部转移到了卖方身上，并且无法再扭转，因此卖方可以投保出口信用保险来规避风险。

9.3.3.2 托收结算方式的风险

托收属于商业信用，银行办理托收业务时，既没有检查货运单据正确与否或完整与否的义务，也没有承担付款商必须付款的责任。托收虽然是通过银行办理，但银行只是作为出口商的受托人行事，并没有承担付款的责任，进口商不付款与银行无关。出口人向进口方收取货款靠的仍是进口方的商业信用。如果遭到进口方拒绝付款，除非另外有规定，银行没有代管货物的义务，出口商仍然应该关心货物的安全，直到对方付清货款为止。

托收对出口商的风险较大，D/A（承兑交单）比 D/P（付款交单）的风险更大。跟单托收方式是出口方先发货后收取货款，因此对出口商来说风险较大。进口方付款依赖于自身的商业信誉，如果进口方破产倒闭，丧失付款能力，或货物发运后进口地货物价格下跌，进口方借故拒不付款，或进口方事先没有领到进口许可证，或没有申请到外汇，被禁止进口或无力支付外汇等，出口商不但无法按时收回货款，还可能面临货款两空的损失。如果货物已经到达进口地，进口方借故不付款，出口商还要承担货物在目的地的提货、存仓、保险费用和可能变质、短量、短重的风险。如果货物转售他地，会产生数量与价格上的损失；如果货物转售不出去，出口商就要承担货物运回本国的费用以及承担可能因为存储时间过长被当地政府贱卖的损失等。虽然，上述损失出口商有权向进口方索赔，但在实践中，在进口方已经破产或逃匿的情况下，出口商即使可以追回一些赔偿，也难以弥补全部损失。尽管如此，在当今国际市场出口竞争日益激烈的情况下，出口商为了推销商品占领市场，有时也不得不采用托收方式。如果进口方信誉较好，出口方在国外又有自己的办事机构，则风险可以相对减少。

托收对进口商比较有利，可以免去开证的手续以及预付押金，还有可以预借货物的便利。当然托收对进口方也不是没有一点风险。如进口方付款后才取得货运单据、领取货物，如果发现货物与合同规定不符，或者根本就是假的，也会因此而蒙受损失，但总的来说，托收对进口方比较有利。如果进口商因商情变幻而拒不付款或者拒不承兑，或者承兑后拒不到期付款，或者故意拖延付款，出口商就有可能迟收货款、收不到货款。遇到这种情况，托收银行和代收银行是没有责任的。

但是就风险程度而言，付款交单比承兑交单更为安全。因为可采用付款交单，一般银行一定要等进口商付了货款之后才交单，出口商可以避免财货两空。从理论上来说，只要进口商未付款，货运单据仍在银行，货权仍归出口商，出口商仍可将货物转卖给他人或者运回。相对来说，承兑交单风险比较大，因为进口商有可能不来承兑，或者签署了承兑书，取走提单等单据后，到期日不来付款或者少付款。

在托收结算的运作中，出口商可采取下列措施以降低风险：

（1）应对进口商的资信和经营作风有所了解。

（2）及时了解进口国的市场销售状况。

（3）了解行市行情。

（4）了解进口国的外贸、外汇管制政策。

（5）弄清进口国海关和卫生检疫当局的规章。

（6）要求进口商预付一部分款项，即付一部分订金。

（7）尽可能做 D/P，不做或少做 D/A。

（8）进口方最好有代理商，万一发生意外，也能在进口国办理存货、保险、转运或运回等事宜。

（9）在托收业务中各地为降低风险、安全收汇，曾采取过各种防范措施。如要求进口商预付一定比例的押金，但是也一种情况除外，即对方能够提供的押金数额过小，不能满足出口商对保障出口收汇的需求。

9.3.3.3 信用证支付的风险

信用证风险对于进口商和出口商是不同的，信用证项下作为受益人的出口商面临的主要风险有：

（1）进口商不按合同规定开证。信用证是银行根据开证申请人（即进口商）的要求或指示开立的，信用证的条款应与买卖合同一致。

（2）进口商伪造信用证诈骗。

（3）开证行的信用风险。信用证作为一种银行信用，在受益人提交了与信用条款完全一致的单据情况下，开证行对之承担首要的付款责任。

（4）进口商故意设置“软条款”。所谓信用证中的“软条款”，是指信用证中加列各种条款致使信用证下的开证付款与否不是取决于单证是否表面相符，而是取决于第三者的履约行为。

信用证项下作为申请人的进口商面临的风险有：

（1）伪造单据。出口商通过提交伪造单据、实际没有交货或交了毫无价值的货物骗取进口商货款。

（2）货物实质不符。进口商收到的货物可能迟装、短装或者质量低劣，致使无法按照预期出售货物而蒙受损失。特别是成组化运输容易如此，即出口商把货物装在托盘或集装箱中。

（3）提货担保中的风险。进口商尚未收到信用证项下单据时，已经得到通知到货了，这时进口商如不及时提货，将会遇到滞期罚款。

为防范信用证风险的发生，可以采用以下方式来尽量规避风险：

（1）掌握开证行的资信。开证行的资信直接关系到出口商及出口商银行的利益。因此，开证行最好是资信好、偿付能力强、与出口地银行有代理关系的银行。但开证行并不是由出口方选择的，因此在收到国外开来的信用证时，首先要关心的就是开证行的资信。对风险较大的开证行，应不予接受。

（2）谨慎签约。信用证虽然与合同是独立的，但信用证开出的依据却是合同。因此，出口商在签订合同时，合同中的付款条件一定要具体、明确、完善。例如，为防止进口商拖延开证，合同中应规定信用证的开出时间，明确信用证的种类，如为不可撤销、不可转让，应列明费用由谁承担等。

（3）认真审证。信用证方式实质上是通过信用证将出口商在合同项下的义务单据化了，出口商是否按合同履约可以从出口商是否提交信用证规定的单据看出。信用证是进口商根据贸易合同向开证行申请开立的，其内容应该与合同保持一致。然而，在实际业务中，可能会有多种原因致使开出的信用证与合同不一致，因此，出口商履约前需要认真审证，如果信用证与合同不符，应当先要求进口商修改信用证以防范风险。

（4）严格按信用证规定制单和交单。出口商应按信用证的要求，正确、及时地缮制所规定的各种单据并在规定的期限内交单。

（5）出口地银行严格审单。要求寄单行逐条逐句地审核单据以避免差错，为顺利收汇提供必要条件。

9.3.4 通关与信用风险

9.3.4.1 通关风险

主要表现为企业盗用他人信息“刷单”或“推单”、申报不实以及产品质量安全检测不合格等情形。企业将因此面临产品召回、罚款甚至刑事责任风险。跨境电商企业报关时应避免“刷单”与“推单”。“刷单”涉嫌走私，“推单”也属于不合规的经营方式，即便不构成走私犯罪，也可能构成申报不实的违规行为。同时企业应依法接受相关部门监管，并建立完善的产品召回制度。如在巴西，清关过程中常见的通关问题是高关税、买方不愿意通关、买方国家限制进口产品、侵权产品被海关扣押、申报价值与实际情况不符、货物需要在当地退回或丢弃并销毁。为了避免这些问题，企业应了解目的国产品的通关要求，尽量避免涉嫌侵权和仿冒产品，并如实申报产品价值。

9.3.4.2 信用风险

在跨境电商 B2B 出口交易中，一些信用不良的进口商往往利用线上交易过程的便利性进行欺诈，或者在交易行情发生不利的变化时故意毁约。比如，中国制造网上就有个别进口商利用线上有关企业信息审核体系的漏洞，使用虚假的企业信息进行买卖，骗取出口商的货物，或者以给予出口商不良评价作为威胁，迫使出口商降价或做出其他让步，使得出口商的经济利益受损。

此外，在跨境交易合同签订之后，出口商已经按合同规定发货，此时如果该货物的市场价格大幅下跌，一些诚信不足的进口商往往找各种理由拖延付款、不足额付款或者恶意拒绝付款，使得出口商面临发货后收不回货款的风险，或者由于索赔金额过低或索赔成本过高无法弥补损失的风险。

参考文献

［1］徐慧婷，陈志铁，李鸿冠．“亚马逊”平台店铺运营的主要环节及操作方法分析［J］．企业科技与发展，2021（8）：156-158.

［2］刘存丰．e-Bay、Wish、敦煌网跨境支付模式比较研究：基于中国出口商视角［J］．科技经济市场，2019（11）：144-147.

［3］兰青叶，谢德富，杨明．柳州螺蛳粉在东盟国家跨境电商平台的营销策略研究［J］．法制与经济，2022，31（1）：110-116.

［4］陈怡茹．我国跨境消费电商平台模式比较分析［J］．中国商论，2022（6）：28-30.

［5］韦大宇，王敏．我国企业开拓东盟跨境电商市场面临的挑战与对策［J］．对外经贸，2022（4）：52-55，130.

［6］郭慧贤．中国跨境电商平台建设探析：以全球速卖通为例［J］．中国市场，2022（2）：176-177.

［7］施珊珊．主要跨境电商平台比较分析：以亚马逊和速卖通为例［J］．商业故事，2016（10）：26.

［8］胡豪．亚马逊平台多维度选品的思路与方法探析［J］．中国商论，2021（22）：28-30.

［9］余华良，王炳焕，姬会英．亚马逊中小卖方选品策略［J］．合作经济与科技，2021（1）：62-64.

［10］陈月芝．国际经济贸易对公路运输经济的影响探究［J］．中国高新技术企业，2015（7）：11-12.

［11］李晓丽，吴威，刘玮辰．基于国际公路运输链的“一带一路”区域公路通达性分析［J］．地理研究，2020，39（11）：2552-2567.

［12］杨泽伟．跨国能源管道运输的争议解决机制［J］．法学，2007（12）：84-91.

［13］耿雪娇．浅谈国际能源过境管道运输中的法律问题［J］．新西部（理论版），

2016 (3): 56-57.

[14] 博诒辉. 现代物流特点及在经济发展中的地位和作用 [J]. 开放导报, 1998 (6): 44-45.

[15] 安然, 冯淑贞, 张文涛, 等. 应对加入国际公路运输公约 (TIR) 的道路运输标准化研究 [J]. 综合运输, 2017, 39 (12): 84-88.

[16] 杨振发. 中缅油气管道运输的若干国际法律问题 [J]. 昆明理工大学学报 (社会科学版), 2011, 11 (4): 16-21, 75.

[17] 卞凌鹤, 郭远扬. 基于 AliExpress 平台跨境电商直播营销分析 [J]. 商业经济, 2022 (2): 86-88, 190.

[18] 智雅. 跨境电商紧跟直播带货潮流 [N]. 中国服饰报, 2021-09-24 (13).

[19] 耿黎明. 直播: 开启跨境电商新未来 [J]. 中国商界, 2016 (8): 36-37.

[20] 刘馨蔚. 直播跨境电商潮流不可挡 [J]. 中国对外贸易, 2022 (5): 56-57.

[21] 刘蕊, 王达. 中国文化产品的国际传播路径创新研究: 以柳州螺蛳粉跨境电商直播为例 [J]. 文化创新比较研究, 2022, 6 (4): 144-147.

[22] 孙国辉, 崔新健, 王生辉. 国际市场营销 [M]. 北京: 中国人民大学出版社, 2012.

[23] 张星. 网络营销 [M]. 北京: 经济科学出版社, 2014.

[24] 何辉. 广告文案 [M]. 北京: 北京大学出版社, 2009.

[25] 速卖通大学. 跨境电商运营与管理 [M]. 北京: 电子工业出版社, 2017.

[26] 孟恬. 国际货物运输与保险 [M]. 北京: 对外经济贸易大学出版社, 2008.

[27] 季琼, 秦雯. 报关与报检实务 [M]. 北京: 高等教育出版社, 2020.

[28] 李志军. 商务谈判与礼仪 [M]. 北京: 中国纺织出版社, 2018.

[29] 胡丹婷. 国际贸易实务 [M]. 北京: 机械工业出版社, 2007.

[30] 蒋有光. 外贸商品学 [M]. 合肥: 合肥工业大学出版社, 2010.

[31] 张孟才. 国际贸易实务 [M]. 北京: 机械工业出版社, 2012.

[32] 高烽. 进出口商品名称与编码 [M]. 北京: 中国海关出版社, 2003.

[33] 孙金琳, 张芳. 外贸函电 [M]. 合肥: 中国科学技术大学出版社, 2020.

[34] 刘园, 颜新艳. 国际商务谈判 [M]. 北京: 中国人民大学出版社, 2011.

[35] 冯英健. 网络营销基础与实践 [M]. 北京: 清华大学出版社, 2013.

[36] 张夏恒. 跨境电子商务生态系统研究 [M]. 北京: 经济科学出版社, 2017.

[37] 宋晶, 刘轶华, 吴泽恩. 跨境电子商务实务 [M]. 北京: 电子工业出版社, 2019.

[38] 杨坚争, 杨立钒, 周杨. 网络广告学 [M]. 北京: 电子工业出版社, 2011.

[39] 韩琳琳, 张健. 跨境电子商务实务 [M]. 上海: 上海交通大学出版社, 2017.

[40] 孙韬. 跨境电商与国际物流: 机遇、模式与运作 [M]. 北京: 电子工业出版社, 2017.

[41] 李鹏博, 郑锴. B2B 跨境电商 [M]. 北京: 电子工业出版社, 2018.

［42］李文陆. 国际市场营销学［M］. 杭州：浙江大学出版社，2011.
［43］李威，王大超. 国际市场营销学［M］. 北京：机械工业出版社，2020.
［44］库马尔. 国际营销调研［M］. 陈宝明，译. 北京：中国人民大学出版社，2005.
［45］查道中，吴杨. 国际市场营销［M］. 合肥：中国科学技术大学出版社，2020.
［46］陈丽清. 商务谈判［M］. 北京：电子工业出版社，2011.
［47］戚研. 直播带货［M］. 北京：民主与建设出版社，2020.
［48］勾俊伟，张向南，刘勇. 直播营销［M］. 北京：人民邮电出版社，2017.
［49］农家庆. 跨境电商［M］. 北京：清华大学出版社，2020.
［50］李品媛. 现代商务谈判［M］. 大连：东北财经大学出版社，2005.
［51］王海松. 跨境电商［M］. 北京：机械工业出版社，2017.
［52］丁奕盛. 网络营销实战解析［M］. 北京：电子工业出版社，2015.
［53］林鸿熙，郑斌斌. 跨境电商营销［M］. 厦门：厦门大学出版社，2018.
［54］易传识网络科技. 跨境电商多平台运营［M］. 北京：电子工业出版社，2017.
［55］聂元昆. 商务谈判学［M］. 北京：高等教育出版社，2009.
［56］白东蕊，岳云康. 电子商务概论［M］. 北京：人民邮电出版社，2019.
［57］苏超艳. 报关理论与实务［M］. 北京：清华大学出版社，北京交通大学出版社，2010.
［58］吴建伟. 商务谈判策略［M］. 北京：中国人民大学出版社，2006.
［59］冷柏军. 国际贸易理论与实务［M］. 北京：中国财政出版社，2000.
［60］金晓晨. 国际商法［M］. 北京：首都经济贸易大学出版社，2012.
［61］甘碧群，曾伏娥. 国际市场营销学［M］. 北京：高等教育出版社，2014.